高校性骚扰防治机制研究

林建军　刘春玲　王献蜜
但淑华　黄　晶　唐　芳
著

国家社会科学基金项目成果（编号：15BFX109）

法律出版社
LAW PRESS CHINA
北京

图书在版编目(CIP)数据

高校性骚扰防治机制研究 / 林建军等著. -- 北京 : 法律出版社, 2023
ISBN 978-7-5197-7392-2

Ⅰ. ①高… Ⅱ. ①林… Ⅲ. ①高等学校-性犯罪-预防犯罪-研究-中国 Ⅳ. ①D924.344

中国版本图书馆CIP数据核字(2022)第238129号

高校性骚扰防治机制研究
GAOXIAO XINGSAORAO FANGZHI JIZHI YANJIU

林建军 刘春玲 王献蜜 但淑华 黄晶 唐芳 著

策划编辑 董昱
责任编辑 董昱
装帧设计 汪奇峰

出版发行 法律出版社
编辑统筹 法规出版分社
责任校对 张红蕊
责任印制 耿润瑜
经　　销 新华书店

开本 710毫米×1000毫米 1/16
印张 16.25 **字数** 215千
版本 2023年4月第1版
印次 2023年4月第1次印刷
印刷 北京新生代彩印制版有限公司

地址:北京市丰台区莲花池西里7号(100073)
网址:www.lawpress.com.cn
投稿邮箱:info@lawpress.com.cn
举报盗版邮箱:jbwq@lawpress.com.cn
销售电话:010-83938349
客服电话:010-83938350
咨询电话:010-63939796

书号:ISBN 978-7-5197-7392-2
定价:78.00元
凡购买本社图书,如有印装错误,我社负责退换。电话:010-83938349

目　录

绪　论

一、研究背景

高校性骚扰一定程度普遍存在，危害深远，亟待有效规制。近年来，部分高校教授的性骚扰丑闻屡屡被曝光，本课题对全国九所高校学生总计1631份有效调查问卷的统计数据显示，所有被调查的高校均存在一定比例的性骚扰，6.6%的学生回答本人遭遇过，29.2%的学生回答同学遭遇过，其中最常见的受害者是学生，最常见的实施者是教师，受害者不存在性别差异，而实施者存在性别差异，实施者中有较高比例是男性。显然，在我国高校性骚扰并非偶发，这不仅侵害了受害人合法权益和身心健康，也损害了高校教师的整体形象，破坏了公平安全的高等教育生态环境，危及高校的社会声誉。可谓影响面大、波及面广、危害极大，因此需要对防治高校性骚扰提出紧迫要求。

现行法律法规难以有效应对高校性骚扰，高校普遍缺乏性骚扰防治制度性规范，因此体系化建构高校性骚扰防治机制迫在眉睫。我国2005年8月修改的《妇女权益保障法》明确“禁止对妇女实施性骚扰”。2014年至今，我国行政机关和司法机关先后通过相关规定对性骚扰行为加以干预，2014年9月29日教育部发布的《关于建立健全高校师德建设长效机制的意见》、2018年11月8日教育部先后发布的《新时代高校教师职业行为十项准则》[①]和《关于高校教师师德失范行为处理的指导意见》[②]、2019年11月15日教育部发布的《关于加强和改进新时代师德师风建设的意见》明确高校教师职业行为准则，禁止实施性骚扰，并要求高校建立相应的处理机制。2018年

---

① 参见《新时代高校教师职业行为十项准则》“六、坚持言行雅正。为人师表，以身作则，举止文明，作风正派，自重自爱；不得与学生发生任何不正当关系，严禁任何形式的猥亵、性骚扰行为。”

② 参见《关于建立健全高校师德建设长效机制的意见》三、四、五。

12 月 12 日，最高人民法院发布《关于增加民事案件案由的通知》，在“教育机构责任纠纷”中增加了“性骚扰损害责任纠纷”案由，畅通了各类教育机构性骚扰受害人的司法救济通道。此外，2018 年 10 月 19 日最高人民检察院向教育部发出第一号检察建议书，建议“教育部和各地教育行政部门推动落实性违法犯罪人员从业禁止、校园性侵强制报告”[①] 等制度，健全预防性侵害中小学学生的顶层制度设计。该检察建议虽然直接指向中小学校发生的性侵害违法犯罪行为，但同样有助于威慑高校发生的性骚扰行为。2020 年 5 月 28 日通过的《民法典》第 1110 条明确规定了性骚扰的构成和单位防治的法律责任。上述法律规定和教育行政部门的举措积极回应了防治高校性骚扰的客观现实需求，有助于有效遏制高校性骚扰行为，但若要系统和有效地应对高校性骚扰，上述规定仍过于笼统，有待进一步深化、具体化和体系化。由于高校性骚扰既有各类性骚扰的共性，又具独特性，所以防治高校性骚扰，既需要采取一般性防治措施，也需要采取特殊性防治措施。而在中国目前全面防治所有性骚扰行为的一般性防治体系中，权利的基础要素有所缺失；在专门防治高校性骚扰行为的特殊性防治体系中，教育行政机关防治性骚扰的主体责任不明晰，高校防治责任不具体，绝大多数高校尚未建立防治性骚扰制度规范，防治的责任主体、防治内容、程序等结构性要素缺失，体系化建构高校性骚扰防治机制迫在眉睫。

防治高校性骚扰是现代法律文明发展的必然选择。1993 年，联合国通过《消除对妇女暴力行为宣言》，在第 2 条明确将“在工作场所、教育机构和其他场所的性骚扰”列入对妇女的暴力行为中，表明了国际社会反对性骚扰的决心和态度。我国建立高校性骚扰防治机制，是融入现代法治文明的国际发展潮流的必然需要，乃大势所趋。

---

① 《最高人民检察院工作报告》，载新华网，http：//www. xinhuanet. com/politics/2019 - 03/19/c_1124253998. htm？baike。

为此，本课题组聚焦高校性骚扰问题，对全国部分高校进行实证调研以掌握全国高校性骚扰发生的现状以及防治的现状；透过不同视角论证国家以及高校承担性骚扰防治义务的正当性，回答防治高校性骚扰的理据；同时借鉴我国港台地区以及美国高校防治性骚扰的经验，进而体系化地全面构建我国从国家层面到高校层面防治高校性骚扰的机制，明确防治体系及制度架构，以深化和丰富高校性骚扰防治的理论基础，体系化建构高校性骚扰防治机制，为我国有效防治高校性骚扰提供理论和实证支撑。

二、研究目的与意义

现状揭示：通过实证调研，全面掌握我国高校性骚扰现状，总结描述我国高校性骚扰防治的现有举措及其实施成效，揭示高校性骚扰防治的现实需求。

经验挖掘：通过对我国港台地区高校性骚扰防治法律规定与具体实践以及美国高校性骚扰防治成文法与判例法的归纳提炼，为本课题的研究提供借鉴。

理论完善：从多元视角深入揭示并论证国家及高校承担性骚扰防治义务的理论依据；归纳总结高校性骚扰防治的立法模式选择；探究国家和高校层面防治的功能定位；对高校性骚扰防治机制进行体系化取向的思考，为高校性骚扰防治提供一种理论解释。

服务立法：归纳总结并概括提炼具有普遍适用性和广泛解释力的国家层面一般性防治体系和高校层面特殊性防治体系，为国家出台防治高校性骚扰的法律法规和规范性文件提供了有力支持。

服务实践：为各高校构建性骚扰防治机制、制定和完善学校相关规章制度提供有益参考和实操范本。

三、文献综述

（一）国外相关研究的学术史梳理及研究动态

“性骚扰”最早在美国被提出并纳入法律视野加以规制，1972 年 2 月 28 日，美国《教育法修正案》第 9 条明确规定，在接受美国联邦政府财政支持的任何教育项目或教育活动中，任何人不得因为性别而被拒绝参加此类项目或活动、被剥夺此类项目或活动应有的待遇，或者受到歧视。[①] 第 9 条是美国联邦禁止教育领域性别歧视的法律，在其颁行后的一段时间，主要被用于解决校园内直接歧视女性员工以及校园体育项目领域直接歧视女生的问题，比如，基于性别拒绝录用或提升女性，禁止或限制女性参加某些体育项目等。美国《教育法修正案》第 9 条（Title Ⅸ of Education Amendments Act of 1972，以下简称第 9 条）通过时，“性骚扰”一词尚未提出，不涉及规制性骚扰的问题。之后，较公认的说法是 1974 年“性骚扰”一词首次在美国出现，1974 年美国康奈尔大学的一位物理学家的女行政助理卡米塔·伍德（Carmita Wood）因无法忍受物理学家不断向她提出的性要求而辞职。康奈尔大学的林·法利（Lin Farley）和她的同事苏珊·美耶（Susan Meyer）、卡伦·索维涅（Karen Sauvigne）在为卡米塔·伍德提供帮助时，首创了“性骚扰”一词。“法利在康奈尔大学教授的课程讨论的恰好是女雇员为躲避老板非分的性要求而不得不辞职的现象。法利和她的两个同事将这一现象称为‘性骚扰’。”[②] 之后，在司法实践中，美国联邦法院通过一系列判例逐渐明确并扩大第 9 条的适用范围，认为性骚扰属于性别歧视的一种形式，属

---

① Title Ⅸ of the Education Amendments of 1972: No person in the United States shall, on the basis of sex, be excluded from participation in, be denied the benefits of, or be subjected to discrimination under any education program or activity receiving Federal financial assistance.

② ［美］克拉拉·宾厄姆、［美］劳拉·利迪·甘斯勒：《洛伊斯的故事——一个改变美国性骚扰立法的里程碑案件》，纪建文译，法律出版社 2004 年版，第 77 页。

于第9条所禁止的性别歧视行为。同时，联邦法院的判例也逐渐拓宽第9条下性骚扰受害人的救济途径，允许受害人向联邦法院提起诉讼，并获得金钱赔偿。1979年，美国著名女权主义法学家密歇根大学教授凯瑟琳·麦金侬发表了《工作妇女的性骚扰》一文，提出了交换性骚扰的概念。1980年以后，美国平等就业机会委员会（EEOC）、国际劳工组织等采纳了麦金侬提出的交换性骚扰的概念，认定不受欢迎的性要求及其他与性有关的语言或身体动作构成性骚扰。此后，性骚扰不仅适用于工作场所，还扩大到学校等领域。①2001年美国教育部修订了《反性骚扰指南：被学校雇员、或第三方当事人骚扰的学生》，对校园内性骚扰的定义和应对机制进行了详细规定。司法实践中法院通过判例，对没有经过合理申诉程序处理学生性骚扰申诉事件的高校确立其应承担性别歧视、性骚扰与性侵害事件发生的责任。在国家立法和政府推动下，目前多数的美国大学都已经规定了相应的处理政策。在美国影响下，欧美地区很多国家开始重视高校性骚扰防治机制的构建，高校普遍建立了防治性骚扰机制。在欧盟，“2002年以前，欧盟只是以建议书的形式对成员国提倡反性骚扰，鉴于各国文化、历史传统不同，没有对性骚扰进行统一界定和立法。后来，鉴于性骚扰的普遍性，欧盟制定了关于性骚扰的统一立法，即2002年9月23日制定的《关于落实男女平等待遇条例》（2002/73/CE）。因此，从2005年10月5日以后，性骚扰行为在欧盟就开始受到严厉的制裁。由于该条例从2005年10月以后才开始生效，目前还没有欧盟法院关于该条例的判例。目前，欧盟范围内单独制定法律禁止性骚扰的成员国有法国、比利时、卢森堡和意大利”②。1993年，联合国通过的《消除对妇女暴力行为宣言》第2条明确将“在工作场所、教育机构和其他场所的性骚扰”列入对妇女的暴力行为中，要求各国采取有效措施消除行为人对妇女的

---

① 参见卢青：《性骚扰立法及其叙事模式》，载《人民法院报》2011年10月28日，第7版。

② 郑爱青：《欧盟及其主要成员国反性骚扰立法的主要内容》，载《妇女研究论丛》2006年第S1期。

性骚扰。

（二）国内相关研究的学术史梳理及研究动态

我国学界对性骚扰问题的关注始于20世纪90年代，早期主要从社会学、心理学等角度阐述性骚扰现状、危害和预防措施。随着"性骚扰"案件不断进入公众视野，性骚扰在《妇女权益保障法》修改前后受到较多关注，2005年8月修改后的《妇女权益保障法》明确规定"禁止性骚扰"。之后，性骚扰特别是职场性骚扰研究成为当时学术会议和学术研究的热点，聚焦领域也较为广泛地涉及性骚扰的法律界定、侵犯的客体、法律责任、举证责任、雇主责任等诸多法律问题，部分论著介绍了国外立法特别是美国防治性骚扰的法律制度。但是在2010年前，无论是本土研究，还是域外考察评介，主要集中于一般性骚扰和职场性骚扰，对校园性骚扰包括高校性骚扰问题的研究非常薄弱，研究成果寥寥。从2010年开始，高校性骚扰问题因个别知名教授性骚扰丑闻的曝光而浮出水面，引起社会广泛关注，这其中也包括学术界的关注研究。截至2022年12月31日，通过中国知网检索，以"性骚扰"为关键词，检索论文总计3892篇；以"高校性骚扰""高校学术性骚扰""高校学术领域性骚扰"为关键词，检索论文总计21篇，占全部性骚扰论文的0.54%；以"性骚扰+大学生"为关键词，检索论文总计32篇，占全部性骚扰论文的0.82%；以"校园性骚扰"为关键词，检索论文总计44篇，占全部性骚扰论文的1.13%。

从数据统计上看，高校性骚扰相关研究成果数量偏低，研究的广度深度也十分有限，相关研究涉及的主要问题如下：针对高校性骚扰的现状问题，学者们重点围绕高校性骚扰发生的总体状况、突出特点、主要危害、根本成因和具体成因及其相应的对策展开了比较深入的研究。关于高校性骚扰行为的状况、特点、成因，有学者在对高校学生进行问卷调查等实证考察基础上进行了总结分析（李佳源、方苏宁，2006；王献蜜、林建军、靳文静，

2019）；还有学者专门考察了高校女大学生遭受性骚扰的现状，并提出了防治针对女大学生性骚扰的具体对策（蒋梅，2020）；有学者对校园内性骚扰的主体进行分析，主张校园性骚扰的行为人或受害者应有一方是教师或者学生（朱家德，2005；窦武，2013）；有学者系统分析了性骚扰对高校大学生受害者所造成的生理、心理以及学业等方面的危害，包括出现不同程度的心理损伤、自信心受打击、学业受影响，严重的还会出现自杀行为，其中遭受言语性骚扰的男生打架和饮酒的比率更高，而遭受言语性骚扰的女生想过、尝试自杀自残的比率更高（邱立伟，2008；廉启国，2012）；有学者从性别视角进行分析，认为男权文化将女性当作性客体是女大学生遭遇性骚扰的深层原因，性骚扰背后的性别认知差异容易被忽略，“男性自制、女性自保”暗含性别刻板陷阱，要防范女大学生遭遇性骚扰，必须消除社会文化中的性别歧视，推动性别平等教育，女大学生自身也要培植警觉意识，学会自我保护（万琼华，2006；黄河，2010）。

针对高校性骚扰的防治问题，有学者专门就高校何以承担性骚扰防治责任的理论依据进行了阐释分析，提出了防治性骚扰所依据的控制监督理论、社会成本理论等（唐芳，2019）。部分学者围绕防治高校性骚扰的立法模式选择进行了探究，有学者主张制定专门的《性骚扰防治法》（刘旭东，2019）；有学者从民法、劳动法、行政法、刑法、民事诉讼法等不同专业视角对性骚扰防治进行研究，认为目前制定单行法的时机并不成熟，应构建以侵权法为支点、以私权利保护为中心的全面综合性法律规制体系（杨立新、张国宏，2005；张新宝、高燕竹，2006）；有学者分析了欧盟以保护人格尊严为权利基础的反性骚扰模式（骆东平、谭彬，2012）；还有研究者认为，通过修改现有法律或者制定专门法来防治性骚扰和救济受害人权利存在缓不济急的问题，目前应首先通过判例或者司法解释的方式对性骚扰行为予以规制。对防治高校性骚扰的路径及体系，有学者主张建构从国家层面到高校层面体系化的防治体系，实现以私权保护为中心、以国家层面的综合性法律为载体的防治体系，以及以行为预防为本、以高校内部的自治性规范为载体的防治体系（林建军，2019）；有学者提出了从网络行动到社会性别主流化的高校校园性骚扰治理路径（周小李，2020）；有学者主张高校性骚扰的主要困境表现为社会性别平等意识的缺失，性骚扰防范意识和维权意识的淡薄，推进性别平等教育，加强高校师德建设、形成平等和谐的高校性别文化是治理高校性骚扰问题的有效路径（邹明玮，2015）；多数学者建议，在《民法典》人格权编规定性自主权，同时将性骚扰作为侵害性自主权的行为，在侵权责任法编规定其侵权责任（杨立新，2005）。民法典颁布后，有学者以《民法典》规定的学校防治性骚扰的义务为基准，提出防治高校性骚扰的体系构想：在完善高校内部性骚扰的防治规则、受理投诉和调查处理等相关制度的同时，完善相关法律、政府行政管理和司法救济等相关制度（靳文静，2020）。部分学者介绍了部分国家和地区防治高校性骚扰的机制，如德国高校性骚扰法律规制体系（张艳，2022）；美国高校的性骚扰防治法律体系及其机制（刘春玲，2018）；澳大利亚高校性骚扰投诉处理机制与程序（张冉、欧阳添艺，2018）；日本高校性骚扰防治体系（张挺、徐文海，2019）；我国港台地区性骚扰防治机制（刘小楠，2014；但淑华，2019）。

综上所述，与本课题申报时国内极少开展高校性骚扰学术研究的状况相比，近几年的学术研究有所加强和深化，学者们开展了一定程度的有益探讨，为本书提供了有益的思想刺激，奠定了必要的研究基础，成为本书的重要思想和内容起点。但是总体而言，我国的高校性骚扰防治研究仍存在如下问题：一是高校性骚扰问题基本没有成为国内学术研究的主题和重点，相关调查和研究成果寥寥，高校性骚扰防治机制等方面的研究成果数量过少、深度有限、广度不够、体系性不强，也基本没有出现理论成长成熟必需的学术交锋，难以回应高校性骚扰防治的现实需要。二是从已有研究看，主要落足“高校性骚扰现状”和“防治体系”等问题，对高校何以承担防治责任的理论基础、权利基础以及防治的立法模式选择缺少必要阐释，削弱了现有学术成果的整体解释力及启发性。

四、研究内容与思路

（一）总体框架

高校性骚扰基本范畴厘定。开展高校性骚扰防治机制研究，应从规范性角度确立高校性骚扰这一核心概念的作用范围，明晰其内涵，确定其外延，特定化其类型，这是防治性骚扰研究的重要基础，将影响到防治的范围和对受害人保护的范围。

我国高校性骚扰发生与防治现状。通过实证调研，掌握我国高校性骚扰的现状、特点、类型、危害和成因；总结和评析我国有关性骚扰防治的现行法律及规范性文件，梳理分析高校性骚扰防治的现有举措。

高校性骚扰防治机制构建的理论依据。阐释国家和高校承担防治性骚扰义务、建立防治性骚扰机制的理论基础和法律基础，特别是从多元视角出发，依据控制和监督理论、社会责任理论、社会成本理论等，揭示高校承担性骚扰防治义务的理论依据。归纳总结防治高校性骚扰的立法模式选择。

我国港台地区及域外高校性骚扰防治机制经验借鉴。在考察我国港台地区性骚扰防治法律规定与高校防治机制，以及美国高校性骚扰防治成文法与判例法的基础上，总结分析其高校性骚扰防治机制的有益经验，为本课题的研究提供借鉴。

国家层面防治高校性骚扰机制研究。着眼于高校外部，构建国家层面旨在防治所有性骚扰包括高校性骚扰的防治机制。重点架构以受害人私权保护为中心，以高校外部国家层面的综合性法律为载体，综合实现权利确认、权利救济及违法行为惩戒等诸多功能定位的完备法律制度体系。

高校层面防治高校性骚扰机制构建。着眼于高校自身，构建高校自身旨在有针对性地防治高校性骚扰的机制。重点架构以高校性骚扰行为预防为本，以高校内部的自治性规范为载体，以组织架构、制度架构、程序架构为核心内容的高校内部防治体系。

（二）研究重点难点

研究重点：国家层面高校性骚扰防治机制的构建，以及高校自身性骚扰防治机制的构建。

研究难点：要全面准确把握高校内性骚扰发生的总体情况有较大难度，课题组通过覆盖面较宽的问卷调查，获取了扎实详尽的相关信息；要揭示并论证高校自身防治性骚扰的义务、责任有理论上的难度，课题组从多元视角进行深入分析和阐释，力求夯实理论基础；高校层面的性骚扰防治，如何科学合理地建立以组织架构、制度架构、程序架构为核心内容的防治机制也是研究难点。

（三）研究思路

本课题从我国高校内性骚扰发生和性骚扰防治的现状与问题出发，在借鉴域外高校性骚扰防治立法和域外高校防治性骚扰机制经验的基础上，深入揭示高校性骚扰防治的理论基础和现实要求，构建并论证国家层面和高校层面应确立的性骚扰防治机制。

具体研究思路与技术路线图如图 0－1 所示：

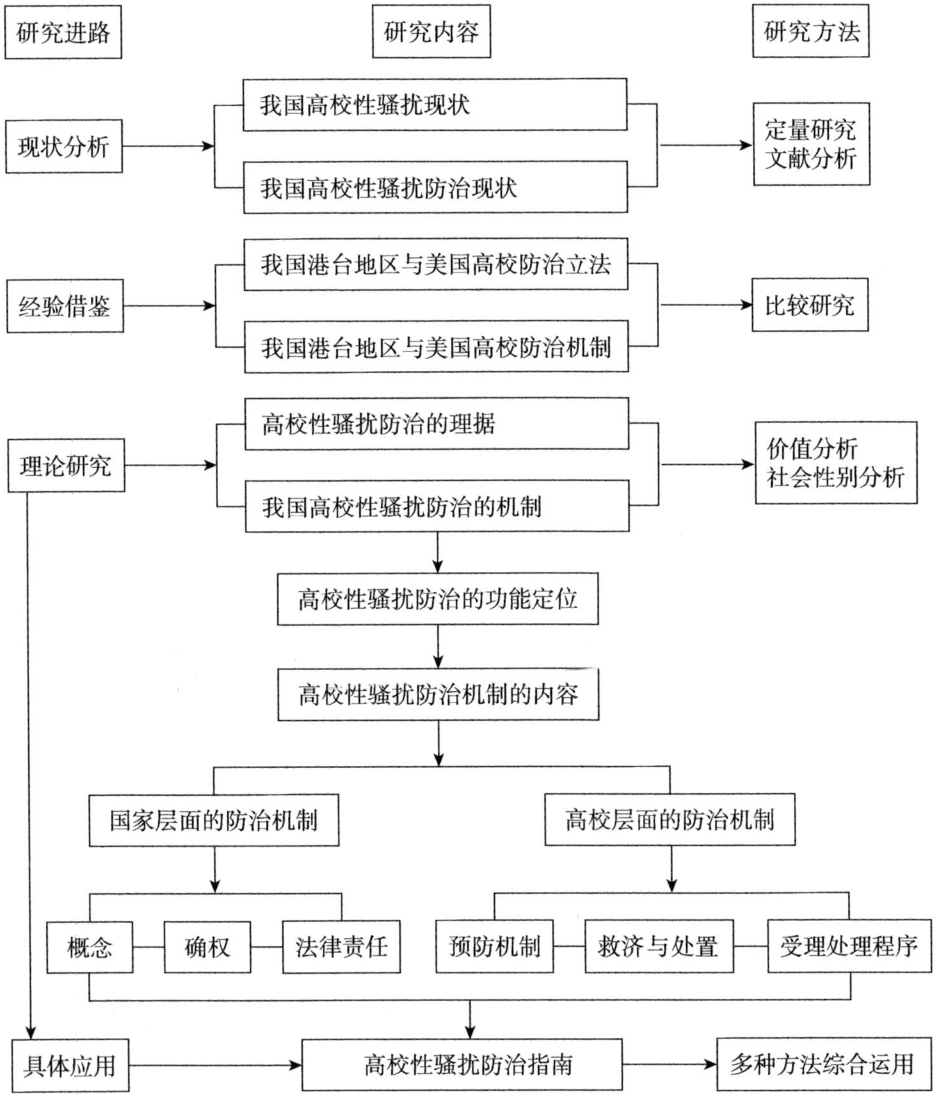

图 0－1　高校性骚扰防治与技术路线

五、学术价值与应用价值

（一）学术价值

本课题为高校性骚扰防治理据提供了一种解释路径，具有基础性理论意义。性骚扰何以被法律规制，防治的权利基础何在，高校何以承担防治性骚扰义务，对这些基础问题的理论阐发，是进一步探讨防治高校性骚扰机制的逻辑前提。本书对此进行了阐释分析，为构建防治体系奠定了理论基础，也为同类研究提供了一种解释思路，有助于深化防治高校性骚扰理论研究。

首次体系化建构了融贯统一的高校性骚扰防治体系。全面揭示了防治的内在权利基础，归纳总结了防治的立法模式选择，探究了国家和高校层面防治的功能定位，进而首次对高校性骚扰防治机制进行了体系化取向的思考，概括出具有普遍适用性和广泛解释力的国家层面一般性防治体系和高校层面特殊性防治体系，为国家出台防治高校性骚扰的法律法规和规范性文件提供了有力的学理支持。

在深入考察美国防治高校性骚扰机制的基础上，全面翔实地介绍了美国防治高校性骚扰的立法缘起及演变发展进程、从联邦层面到高校层面的防治法律政策体系以及相应的防治内容，为我国开展防治高校性骚扰研究提供了有益的域外镜鉴。

（二）应用价值

对我国九所高校的性骚扰发生状况和防治的状况进行了扎实详尽的实证调查，并进行了科学的统计分析，形成了详实的实证调研报告，有助于把握我国防治高校性骚扰的基本情况，为我国完善相关制度提供了现实依据。根据调查情况提出了国家和高校层面如何防治高校性骚扰的具体建议，为我国制定防治高校性骚扰相关法律法规和各高校制定相应的学校规章制度提供了有益参考。

六、研究方法

定量研究：本研究通过调查问卷法收集定量数据。根据高校的类型，选取有代表性的九所高校进行问卷调查，了解掌握我国高校性骚扰的现状、类型、成因、大学生对防治性骚扰的需求，以及我国高校目前防治性骚扰的现状。

比较研究：通过与域外高校性骚扰防治法律规范和域外高校性骚扰防治机制的比较研究，为我国高校防治性骚扰机制研究提供借鉴和论据。

价值分析：运用法的人权保障、平等、公正等基本价值理念，分析国家和高校作为性骚扰防治义务主体的正当性和必然性，建构高校性骚扰防治机制。

社会性别分析：高校预防性骚扰对实现男女平等、维护女大学生权益有重要意义。本课题运用社会性别视角，对有关高校性骚扰的认知、性骚扰发生现状及防治现状等问题进行了问卷调查及全面的性别差异化分析，力求防治机制的构建更具性别意识，如性骚扰案件处理人员组成要有一定比例的女性等。

七、主要观点及创新之处

（一）主要观点

高校性骚扰具有双重意涵、双重属性。一方面，高校性骚扰具有与所有性骚扰“同质化”的一般意涵、一般属性；另一方面，高校性骚扰又在行为性质、当事双方的关系、侵害的客体以及行为后果等方面异于其他性骚扰的特殊意涵、特殊属性。

本课题通过采取定量方法对全国高校 1631 名大学生问卷调查的研究发现，高校性骚扰的发生率为 6.6%，重复发生率为 51.4%，不存在性别差异；最常见的受害者是学生，最常见的实施者是教师，受害者不存在性别差异，而实施者存在性别差异，教师实施者中有较高比例是男性，学生实施者中有较高比例是女性；高校性骚扰的特点主要体现在学生自我保护意识较差、师生间存在权力关系、隐蔽性强、受害者求助率低等方面。

国家和高校承担性骚扰防治义务具有正当性。性骚扰成为社会问题、法律问题，源于现代社会人格尊严观念和权利意识的觉醒。公民享有的人格尊严、性自主权、平等权、受教育权等权利为国家创设了性骚扰防治义务，多项权利基础决定了各国防治性骚扰选择综合性分散立法或专门立法的不同立法模式。高校基于控制监督理论、社会责任理论、最优社会成本选择理论等应承担防治性骚扰义务。

高校性骚扰防治机制具有复合性功能定位。高校性骚扰的双重属性使其防治机制应兼具一般性防治功能和特殊性防治功能的复合性功能定位。前者以受害人私权保护为中心、以国家层面的综合性法律为载体，旨在实现对所有性骚扰的一般性防治；后者以性骚扰行为预防为本、以高校内部的自治性规范为载体，旨在实现针对高校性骚扰的特殊性防治。

高校性骚扰防治机制是国家层面和高校层面的综合性、多层级防治机制。高校性骚扰防治机制的复合性功能定位应内化在外部国家层面和内部高校层面两个防治体系之中，是一个私法公法综合并用，国家立法、教育行政机关文件以及高校校规等多层级并存的防治体系。国家层面应构建旨在防治所有性骚扰包括高校性骚扰的防治机制，重点建构以受害人私权保护为中心，以综合实现权利确认、权利救济及违法行为惩戒等功能为核心内容的法律体系。高校层面应构建旨在有针对性地防治高校性骚扰的机制，重点建构以高校性骚扰行为预防为本，以高校内部的自治性规范为载体，以组织架构、制度架构、程序架构为基本架构，以防治主体、防治内容（行为预防、行为处置与受害人保护）、防治程序等结构性要素为核心内容的高校内部制度性规范体系。

（二）创新之处

制度创新：首次体系化建构了意义关联、融贯统一的高校性骚扰防治体系，包括国家层面一般性防治体系和高校层面特殊性防治体系，为国家出台防治高校性骚扰的法律法规和规范性文件提供了有力的学理支持。该防治体系的构建，有本课题 1631 份调查问卷实证调研结论的扎实支撑，有系统的学理论证奠基理论基石，有我国港台地区以及美国高校性骚扰机制详尽考察为镜鉴，具有普遍的适用性和广泛的解释力。

理论创新：从人权与国家权力关系出发揭示了国家承担性骚扰防治义务的理论依据。从社会责任理论、控制监督理论、最优社会成本选择理论等出发全面揭示了高校性骚扰防治的理论基础。

研究方法创新：本课题运用社会性别视角，对有关高校性骚扰的认知、性骚扰发生现状及防治现状等问题进行了问卷调查及全面的性别差异化分析，力求高校性骚扰防治机制的构建更具性别意识，如性骚扰案件处理人员组成要有一定比例的女性等。

第一章

高校性骚扰基本范畴厘定

诠释高校性骚扰的基本范畴，厘定其内涵、外延与类别，是高校性骚扰被抽象认知的前提，是认识高校性骚扰的首要关注对象和必须回答的问题，同时也可以确保高校性骚扰这一核心概念在本书中具有确定性、同一性和连贯性。

一、高校性骚扰内涵的双重面向

性骚扰防治源于人的尊严的理念和人的权利意识的觉醒，性骚扰行为于20世纪70年代最早在西方被问题化对待并纳入法律视野，性骚扰概念于20世纪末传入我国，并逐渐在社会生活和社会科学研究领域被广泛运用，进而慢慢形成本土认知和建构。

高校性骚扰是形形色色性骚扰中的一种，就其内涵而言，蕴含着所有性骚扰共同具有的和自身所独有的双重意涵；就其性质而言，兼具一般和特殊双重属性。与其他职场性骚扰等各类性骚扰相比，高校性骚扰同时兼具所有性骚扰的一般性和自身的特殊性。

（一）高校性骚扰内涵的一般性

置于更宽泛的性骚扰的范畴审视高校性骚扰，其属于性骚扰的一种类型，与其他职场性骚扰、公共场所的性骚扰等所有各类性骚扰同为“性骚扰”家族的成员，均可被抽象为“同质化”的存在，均具有“同质化”的本质属性和特征。从学理层面对这种同质性、一般性进行理论抽象，探究其内在同一性，是认识和诠释高校性骚扰的基础，这种性骚扰的一般性主要体现在如下方面：

1. 行为性质上，性骚扰具有“性本质”

无论性骚扰的主体、行为方式、发生地点等多么不同，其行为本质是同一的，即性骚扰行为均具有意图宣泄性冲动或寻求性满足的“性本质”“性色彩”。易言之，在各类骚扰行为中，性骚扰必然是带有“性意味”“性内容”的骚扰，具体表现为不受欢迎的性暗示、性挑逗、性要求乃至性接触等具有“性色彩”的言语、行为等。本课题组对全国九所高校的学生进行了调查，总计1631份有效调查问卷的统计数据显示，性骚扰的“性本质”特征也符合多数学生对性骚扰行为的认知，有51.3%的学生认为，性骚扰是一种带有“性色彩”具有性取向的骚扰行为。

认定某个行为是否具有“性本质”“性色彩”，并不一定取决于接触被骚扰者的身体或接触身体的特定部位，需注意考察行为发生的具体文化环境，不同社会以及不同文化对性骚扰的容忍度存在一定差异，如在某些文化中，见面打招呼的身体接触是正常行为，而在有些文化中这些行为可能被视为一种禁忌。

从跨文化的视角考察不同文化中的性骚扰定义，性骚扰具有“性本质”“性色彩”成为一个通用标准。“1990年5月，欧共体部长会议通过一项《保障工作场所男女两性人格尊严决议书》，其中对性骚扰界定如下：‘具有性本质的行为，或其他基于性所产生的行为’。”① “根据日本《人事院规则》，性骚扰指‘给他人造成不悦的性方面的言行’。”② 美国平等就业机会委员会将性骚扰定义为：“不受欢迎的性接近、性好处的要求，其他具有性内容的言辞或身体动作。”③ 耶鲁大学对性骚扰（sexual harassment）的定义是：性骚扰包括校园内或校园外发生的不受欢迎的性挑逗（sexual advances）、要求性好处（requests for sexual favors），或者其他不受欢迎的符

① 骆东平、谭彬：《欧盟式性骚扰概念界定的深层分析》，载《山西师大学报（社会科学版）》2012年第1期。

② 张挺、徐文海：《程序法视角下日本高校性骚扰防治体系探析》，载《比较教育研究》2019年第12期。

③ 胡田野：《美国性骚扰法律制度及其借鉴意义》，载《河北法学》2004年第6期。

合下列情形之一的具有性本质的语言或身体动作：（1）明示或默示表明顺从该行为是个人职业和学业状况的条件；（2）顺从或拒绝该行为是做出职业决定、学业评估、成绩评定或获得提升的基础；（3）该行为具有不合理阻扰一个人工作、学业表现的目的或效果，或者该行为制造了一个令人感到害怕或敌意的学习或工作环境。

2. 被骚扰者主观意愿上，性骚扰“不受欢迎”

从被骚扰者的主观意愿看，所有性骚扰都是“不受欢迎”的、违背被骚扰者意愿的行为，是对被骚扰者尊严的践踏和冒犯。“不受欢迎”是所有文化中性骚扰的共同特征，也是性骚扰有别于你情我愿的调情行为或两情相悦的恋爱行为的关键。不受欢迎的单方追求行为，即行为人在明知不受欢迎的情况下仍一再邀约，如打电话、寄送物品或盯梢等，使对方感到困扰、冒犯的，也可能被认定为性骚扰。[①] 本课题组对全国九所高校学生进行的总计1631份有效调查问卷的统计数据显示，80.4%的被调查大学生认为性骚扰是一种违背他人意愿、冒犯性的、不受欢迎的行为，由此可见，“不受欢迎”的标准符合绝大多数学生的认知。

“不受欢迎”“冒犯”是被害人的主观感受，如何甄别这种判断是否客观？一些国家和地区引入了“理性人”“合理人”的客观标准，根据同等或类似情况下“理性人”的正常反应，同时结合被骚扰者的主观感受，判断被投诉的行为是否足以使受害人感到侮辱、冒犯从而构成性骚扰。

判断行为是否“不受欢迎”，我国香港特别行政区主要采取“合理人”标准，即一名合理的人若身处与被害人相同的情境，在顾及所有情况后，应

---

① 我国台湾地区行政管理机构已于2018年4月通过台湾内政主管部门研拟的“纠缠行为防制法草案”，明确规定出于对特定人的爱恋、喜好，对该本人、亲属或生活关系密切者反复或持续监视、盯梢、拨打无声电话、要求约会、寄送物品等，使人心生厌恶或畏怖等纠缠行为。一旦我国台湾地区立法机构审议通过该法，前述纠缠行为便不仅仅构成性骚扰，行为人还可能面临刑罚。参见萧昭君：《校园性骚扰：不可小看的性别歧视》，载黄淑玲、游美惠主编：《性别向度与台湾社会》，台北，巨流图书股份有限公司2018年版，第245页。

预期会感到受冒犯、侮辱或威吓，则可认定该行为为性骚扰。此观点相对客观，在操作上较为便利，但忽略了男性与女性之间，以及男性、女性内部由于社会规范、成长背景等差异，在对与“性”有关言行的接受程度上可能存在的个体差异，会降低对被害人的保护水平。我国台湾地区对此则采取个案标准，其“性别平等教育法施行细则”第2条规定：“性骚扰之认定，应就个案审酌事件发生之背景、工作环境、当事人之关系、行为人之言词、行为及相对人之认知等具体事实为之。”

判断行为是否“不受欢迎”，美国教育部OCR于2001年发布新的指引——《修订后的性骚扰指引：学校员工、学生或第三方对学生的骚扰》(Revised Sexual Harassment Guidance：Harassment of Students by School Employees，Other Students，or Third Parties 以下简称《2001年指引》）指出应结合个案情况进行判断，美国教育部2020年第9条新规强调按照“理性人”的标准进行判断。美国教育部《2001年指引》对是否发生性骚扰行为或发生的行为是否是受欢迎的争议，明确指出应结合事件全部情况就争议作出判断，具体可结合以下信息（证据）加以判断：（1）对指控事件的任何证人的证词。(2）关于指称受骚扰的学生和骚扰者的可信度（信用）的证据。例如，应比较每个人陈述的详细程度和一致性，来确定谁在讲真话。评估可信度的另一种方法是，看看是否缺失逻辑上应该存在的证据。(3）指称的骚扰者之前被认定曾骚扰他人的证据可能支持指称受骚扰的学生的可信度；相反，如果发现指称受骚扰的学生曾对其他个人提出过虚假指控，其申诉可信度将被削弱。(4）指称受骚扰的学生在指称的骚扰行为发生之后的反应或行为的证据。例如，是否有目击者在指称的事件发生后立即看到该学生表现很沮丧。需要注意的是，有些学生在遭受性骚扰可能出现延迟反应的现象。例如，学生最初可能没有表现出受到骚扰的迹象，但在骚扰发生几周甚至几个月之后，学生的行为可能会有显著变化，包括难以专注于学术工作、抑郁症状以及希望在学校避开某些个人或某些地点等。(5）关于指称受到骚扰的学生是否在指称的事件发生后不久提出投诉或采取其他行动抗议该行为的证据。例如，没有立即提出投诉可能只是反映了对报复的恐惧或对申诉人可能得不到信任的恐惧，而不必然表明指称的骚扰事件没有发生。（6）同时期形成的其他证据。例如，指称受到骚扰的学生在行为发生后不久就记录了发生的行为及其反应（例如，在日记或信件中）；学生在行为发生后不久就告诉了其他人（朋友、家长）发生的行为以及他或她对此的反应。此外，如果指控的性骚扰与学校员工和其学生之间所谓的“同意”性关系有关，且被骚扰的学生是大学生的话，美国教育部人权办公室（the Office for Civil Rights of the United States Department of Education，以下简称 OCR）将考虑以下因素，以作出行为是否是受欢迎的判定：（1）行为的性质和学校员工与学生的关系，包括影响程度（权衡员工对学生的影响程度时需要考虑学生年龄）、员工对学生的权威或控制。（2）学生是否在法律上或实际上无法同意有关性行为。例如，学生的年龄可能会影响其这样做的能力。同样，某些类型的残疾可能会影响学生表达同意的能力。美国耶鲁大学的政策还为如何确定对方是否“同意”提供了明确指引。根据耶鲁大学的政策，进行性活动时应取得对方确定性同意，确定性同意是明确、积极、自愿从事具体性行为的同意。①同意必须是积极的、明确的。虽然表达同意并不必须是口头方式，但明确的语言是表达和认定同意的最可靠的方式，即采用“是”才是“同意”（yes means yes），摒弃“不”是“不同意”（no means no）的观点，没有说“不”（no）不等于同意。②同意必须是自愿的。换言之，同意不能通过威胁、胁迫或武力获得，这些情形下获得的“同意”不构成政策所要求的确定性同意。③表达同意的人必须是清醒的、有表达同意能力的人，即同意不能从一个不具有或欠缺表达同意能力的人那里获得。如果一个人身体或精神处于无能力状态，她或他是不能表达同意的。比如，正在睡觉的人或因为喝酒、服用药物（drugs）而使身体或精神处于无能力状态的人，以及未达到法定表达同意年龄的人等。[①] 据此，明知或者应当知道一个人缺乏表达同意的能力而与之发生性行为的将构成性侵。④同意必须是针对当下的某一个具体的性行为而做出的。对某一个或某些性行为的同意，不构成对另外一些性行为的同意；过去对某一种性行为的同意，不构成将来对该同一种性行为的同意。每一次的每一种性行为都应当获得对方确定同意。⑤同意可以随时被撤回。耶鲁大学设计并公布了一些具体范例，来说明并帮助大家理解什么情况下构成确定性同意，什么情况下缺乏确定性同意。[②] 耶鲁大学执行确定性同意政策的重点是鼓励人们通过沟通交流，了解并尊重对方的意愿和底线，从而获得积极的、相互尊重的和满足双方意愿的性体验。

判断对受害人是否构成“不受欢迎”和“冒犯”，还应特别注意在师生之间不平等权利关系模式下受害人的真实意愿，因为教师和学生之间存在支配性“权力关系”，难以形成平等基础上作为合意前提的受害人的“意思自由”，处于权力关系中劣势地位的受害人即使不欢迎，但常常碍于对方是导师等原因，如果拒绝可能面对学业受损的后果。由此，以双方形成“合意”、受害人同意或者“外观上意思自由”为理由抗辩否认性骚扰行为存在显然不妥。“在性骚扰案中，受害者常常被‘利诱’或被‘威逼’。加害者以就业、升职、加薪、考评等方面的好处加以引诱，受害者或是担心失去工作或晋升机会，或是担心会招致报复，容忍和默许了性骚扰的行为。从表象上看，受害者并没有强烈抗拒，而且这种行为可能会持续一段时间，看似为‘自愿’，实则受害者内心对性骚扰行为并‘不欢迎’。”[③] 被骚扰者因为害怕丧失某种

---

① 美国各州对能够对从事性行为表达同意的年龄的规定不尽相同，有的州规定为 18 岁，如加州、佛罗里达州等；有的州规定为 17 岁，如得克萨斯州、纽约州和新墨西哥州等；有的州规定为 16 岁，如缅因州、印第安纳州、康涅狄格州、马里兰州等。参见 https：//apps. rainn. org/policy/? _ ga = 2. 122796939. 1439449500. 1586395957 – 1984136567. 1581203079。

② 参见 http：//smr. yale. edu/sites/default/files/files/Sexual – Misconduct – Scenarios. pdf。

③ 宋少鹏：《何为性骚扰?：观念分歧与范式之争——2014 年教师节前后“性学派”对“女权派”的质疑》，载《妇女研究论丛》2014 年第 6 期。

权益或对自己产生不利，可能无法开口要求对方停止性骚扰行为[①]，此时被害人要证明该行为不受其欢迎便更为困难。“1986 年，美国最高法院在 Meritor Saving Bank v. Vinson 案中，将‘受欢迎’与‘自愿’两种概念加以区分，支持判断性骚扰行为的核心特征不在于该项行为是否出于受害人‘自愿’，而在于它是否‘不受欢迎’。”[②]

3. 侵害客体上，性骚扰侵犯人的尊严和性自主权

高校性骚扰具有与所有性骚扰“同质化”的一般属性，无论哪种类别的性骚扰，高校性骚扰也好，职场性骚扰也罢，双方当事人均属于民法上的平等民事主体，性骚扰行为均属于两个私主体之间的民事侵权行为，构成对他人人格尊严的玷污、对他人身体和性利益的侵扰，侵害了受害人的人格尊严和性自主权。

人格尊严为人所固有，体现人的理性和主体性，拥有做人的尊严是人得以享有其他所有权利的前提和基础。性骚扰违背人的意愿，缺乏对人尊严的尊重和敬畏，侵犯了人的尊严。从实定法的规定看，我国《民法典》《妇女权益保障法》等均在人身权利（人格权）的法律规范中作出规制性骚扰的规定。

性自主权是自然人遵从自身意愿支配性利益、决定性行为的人格权。行使性自主权，个人应达到法定年龄，具备性行为能力。否则，对尚未具备性行为能力的未成年人实施性骚扰，或者具有性行为能力而违背其意愿强行实施具有性色彩的性侵扰行为，构成对性自主权的侵害。虽然性自主权尚未明确载入我国现行法律，但在学术上已被广泛认同。

4. 行为后果上，性骚扰违法性相对轻微

从性骚扰的行为手段和行为后果看，性骚扰有别于性暴力、性侵害，其

---

① 参见高凤仙：《性骚扰及性侵害之定义》，载《月旦法学杂志》2012 年第 8 期。

② 宋少鹏：《何为性骚扰?：观念分歧与范式之争——2014 年教师节前后“性学派”对“女权派”的质疑》，载《妇女研究论丛》2014 年第 6 期。

程度相对较轻，尚未构成刑事犯罪。从语义上看，骚扰与暴力的程度不同，骚扰指“使不安宁；扰乱”；[①] 暴力指“强暴的力量”。[②] 显然，骚扰的程度相对较轻，指一种扰乱人的安宁从而令人烦恼的行为；而暴力则指有形的强制性武力。从后果上看，暴力常使人身体遭受伤害，后果较严重；而性骚扰或者没有对身体造成直接伤害或者伤害程度不严重。“与性骚扰常常相提并论的是性暴力。性暴力是指在违背他人意愿或在他人丧失行为能力的情况下，对受害人采取的肢体性行为。性暴力包括性侵害、强暴、殴打、家庭暴力、约会暴力等。性暴力的危害程度要高于性骚扰。”[③] 性侵害是性暴力的一种，是指任何未经对方同意的性接触，包括强奸、猥亵等。性接触须得到他人确定性同意，否则将可能构成性侵害。这方面较难区分的是单纯构成性骚扰的猥亵行为和已经构成犯罪的猥亵行为，其根本区别在于“强制”与否，如果行为人实施猥亵行为时因受害人拒绝而即行停止，可认定为不构成“强制”，属于构成治安违法行为的性骚扰范畴；而如果行为人以暴力胁迫等方式实施猥亵的，则构成“强制”，应认定为猥亵犯罪。

从我国港台地区的规定和做法看，对高校性骚扰行为严重程度的规定不尽相同。台湾地区是将性骚扰界定为严重程度介于性侵害和性霸凌之间的一种违法行为。其“性别平等教育法”规定了三种校园性别事件，即性侵害、性骚扰和性霸凌[④]。性侵害是“性侵害犯罪防治法”中规定的性侵害犯罪行

---

① 参见中国社会科学院语言研究所词典编辑室编：《现代汉语词典》，商务印书馆2009年版，第1177页。

② 参见中国社会科学院语言研究所词典编辑室编：《现代汉语词典》，商务印书馆2009年版，第1446－1447页。

③ 林杰：《美国高等教育反性骚扰的法案与判例》，载《比较教育研究》2015年第3期。

④ 性霸凌概念及其相关规定系我国台湾地区2011年修订“性别平等教育法”时所增加。

为[①]；性骚扰是未达性侵害程度的一般违法行为，其严重程度和对被害人的负面影响不如性侵害高，不构成犯罪。“性骚扰防治法”第2条规定：“本法所称性骚扰，系指性侵害犯罪以外，对他人实施违反其意愿而与性或性别有关之行为。”至于性骚扰与性霸凌的关系，“性别平等教育法”未予明确，学界对此也尚未形成一致见解，但从该法第2条不难看出，性霸凌和敌意环境性骚扰的表现形式均可是“透过语言、肢体或其他暴力，对于他人的性别特征、性别特质、性倾向或性别认同进行贬抑、攻击或威胁的行为”,[②] 但后者的构成须“致影响他人之人格尊严、学习或工作之机会或表现者”，而前者无此结果要件，其定义中的“非属性骚扰者”也是就其违法程度而言。增加性霸凌概念的理由是对行为人“发挥教育辅导之作用”，这有别于对性骚扰行为人“依相关法律或法规规定惩处”的态度[③]，也印证了其违法程度是相对轻微的。与之相反，香港特别行政区《性别歧视条例》对性骚扰行为的严重程度虽未作明确规定，但据平等机会委员会《防止校园性骚扰的问与答》的阐释，无论行为严重程度如何，均可能构成高校性骚扰。一方面，不受欢迎的行为不一定要多次出现，一次就足以构成性骚扰。另一方面，高校内部的性骚扰投诉程序不影响投诉人向校外法定机构投诉或报案，高校在校外程序结束后恢复内部调查，这意味着即使是已构成刑事案件的严重行为仍可被认定为高校性骚扰，并可适用高校内部机制予以处置。

综上所述，性骚扰包括高校性骚扰是行为人为满足自己的性需求，通过

---

① 性侵害犯罪是指刑法及其特别法所订之下列各罪：强制性交罪、加重强制性交罪、强制猥亵罪、加重强制猥亵罪、乘机性交猥亵罪、强制性交猥亵罪之加重结果犯、性交或猥亵未满16岁男女罪、利用权势性交或猥亵罪、诈术性交罪、强盗强制性交罪、海盗强制性交罪、掳人勒赎强制性交罪。参见高凤仙：《性侵害及性骚扰之理论与实务》，台北，五南图书出版股份有限公司2019年版，第118页。

② 事实上，我国台湾地区在2011年“性别平等教育法”增加“性霸凌”概念之前，这些行为通常也确是被当作性骚扰处理的。

③ 参见我国台湾地区“性别平等教育法”制定理由。

语言、行为和环境设置等方式故意实施的，违背他人意愿或不受他人欢迎、侵犯他人人格尊严和性自主权的行为。“本质上是一种基于性因素而实施的不受欢迎的行为。”①

（二）高校性骚扰内涵的特殊性

立足于高校性骚扰自身审视，高校性骚扰属于性骚扰家族中一种相对独立的类别，与其他形形色色性骚扰属于“不同质”的存在。与其他性骚扰相比，“高校”的限定反映了高校性骚扰在行为主体、行为性质、行为后果等方面有别于其他性骚扰的特殊性。

1. 主体一方是高校师生

高校性骚扰是指主体一方是高校师生的性骚扰，“高校”非指“高校场域”而是指“高校师生”，即当事人中的一方是高校中的教职工或学生，主体身份是认定高校性骚扰的决定因素，也是高校性骚扰与职场、公共场所性骚扰的主要不同。考察我国港台地区认定高校性骚扰的标准，其决定性因素是主体的特定身份，即性骚扰行为人或被害人须为高校的教职员工或学生。

根据我国台湾地区“性别平等教育法”第2条，“校园性骚扰”则是性骚扰事件的一方为学校校长、教师、职员、工友或学生，他方为学生。前述主体之间的性骚扰，即便发生在高校校园以外的场域，如高校学生在校外实习期间受到的来自实习单位指导老师的性骚扰，或在由大学举办或资助的学术旅程中受到的来自教职员工或其他学生的性骚扰，也属于高校性骚扰。

如何确定教职员工和学生的范围，我国台湾地区“校园性侵害性骚扰或性霸凌防治准则”（以下简称“防治准则”）第9条第2款作出了宽泛的阐释，作为高校性骚扰主体一方的教师不独指专任教师，也包括兼任教师、代

① 张伟、段世飞：《美国大学校园性骚扰行为及其应对机制研究》，载《比较教育研究》2017年第4期。

理教师、代课教师、护理教师、教官及其他执行教学、研究或教育实习的人员；职员、工友是指教师以外固定或定期执行学校事务的人员；学生则既包括具有学籍的学生，也包括接受进修推广教育者或交换学生。在我国香港特别行政区，教职员工和学生甚至包括尚未入职或入学，而正在谋求获得该高校雇佣或谋求成为该高校学生的人，即高校对主体一方为高校求职者或准学生的性骚扰也负有防治义务和责任。但是我国港台地区在高校性骚扰的主体范围上的规定也存在区别。香港特别行政区《性别歧视条例》对在雇佣范畴和教育范畴的性骚扰均作出了明确规定，故其高校性骚扰也包括雇佣范畴（发生在教职员工之间）的性骚扰和教育范畴（发生在学生之间，或教职员工与学生之间）的性骚扰。而台湾地区“性别平等教育法”的目标在于保护学生的受教育权，故其高校性骚扰的一方当事人须为学生，而发生在高校教职员工之间的性骚扰属于职场性骚扰，而非高校性骚扰，由“性别工作平等法”调整。

2. 教师滥用学术权力是特殊属性

从行为性质上看，高校性骚扰具有双重属性。一方面，具有所有性骚扰的共性——“性”的属性、“性”的色彩；另一方面，又有高校自身的内在独特性——“学术”属性、“学术”色彩，这是高校性骚扰与其他职场等种类性骚扰的关键区别。这里的“学术”，是指与高校教学、科学研究、学习等活动相关的各类事项，具体包括课程设计、教学计划、学习方法、学业成绩评定、考核考试规则、学位授予与毕业条件等事务。[①] 高校是学术圣地，以尊崇和研究学术为本，教师基于职业身份得以行使的权力也有别于其他公权力，是一种学校所特有的进行学术评断的“学术”权力，这种“学术”权力可以体现为教师对任教学生的课程进行考核，对指导学生的科学研究项目、学年学位和毕业论文进行评审。在高校性骚扰中，拥有学术权力的教师

① 参见李惠宗：《教育行政法要义》，台北，元照出版有限公司2004年版，第400页。

对学生实施性骚扰，自然具有了“学术”属性、“学术”意味，教师违背了教师的职业操守和职业规范，是教师对学术权力的一种滥用。这类高校性骚扰相对于其他高校中发生的学生之间、教师之间的高校性骚扰，更具高校的“学术”色彩，更具高校内在独特属性，凸显了高校性骚扰有别于其他性骚扰的特殊属性。本课题组对1631名大学生的调查显示，有465人（29.2%）报告身边同学在学校中遭遇过性骚扰。高校中遭受性骚扰的对象主要是学生。1631名被调查的学生认为，学生是高校中遭受性骚扰的主要对象，占76.9%，其次任课老师也是被骚扰的对象，占10.5%。

3. 侵害学生接受高等教育的权利是特殊侵权客体

从性骚扰行为侵害的客体上看，高校性骚扰侵犯的客体具有双重属性，一方面，高校性骚扰和所有性骚扰一样，侵害了受害人的人格尊严和性自主权。另一方面，受害人为学生的，高校性骚扰作为一种特殊性骚扰，有别于其他性骚扰的关键是侵犯了学生接受高等教育的权利，如同作为特殊性骚扰的职场性骚扰侵犯了雇员的劳动权一样。高校性骚扰侵害了学生接受高等教育的权利，对学生享受教育福祉、获得公平教育机会造成负面影响。所有民众，特别是儿童，具有与生俱来即须通过接受教育与学习以达成人性化成长与发展的权利。[①] 根据我国《宪法》[②]《教育法》[③]《高等教育法》[④]，公民有接受教育包括高等教育的权利。对公民接受高等教育的权利，国家应予保障。在高校中，教师学术领域的性骚扰行为会使学生处于不安全的、歧视性的、不文明的教育环境中，损害了学生通过接受高等教育全面自由健康发展以及接受平等、公平教育的机会，从根本上影响学生通过高等教育以达到自我实现的终极目标。“人本身的人格建构，并非与生俱来，而是经过长期持

---

① 参见李仁淼：《教育法与教育人权》，台北，元照出版有限公司2017年版，第4页。

② 参见《宪法》第46条。

③ 参见《教育法》第9条、第30条、第37条。

④ 参见《高等教育法》第9条。

续的历程累积，由他身边信赖的人与环境，学习而发展。因此，教育者与教育环境，对个人的人格型塑，具有关键性的影响。一个从事教育的人或环境，本身如果不是自由的，不可能让一个接受其教育的人，真正发现自我、发展自我而实现自我。”① 从此意义上说，教师学术领域的性骚扰行为也是一种侵害学生接受高等教育权利的行为。

4. 影响学生学业和学术发展是特殊侵权后果

从行为后果上看，在高校性骚扰中，教师滥用学术权力对学生实施性骚扰的，不仅侵害了学生身心健康，其直接后果常常是对学生的身心、学业乃至学术发展造成负面影响；还会间接影响到教师的整体形象、高校师生关系、高校声誉以及高等教育生态环境等，可谓影响面大、波及面广、危害深远。本课题对全国九所高校的学生进行了调查，总计 1631 份有效调查问卷的统计数据显示，学生认为，受害者心理上被羞辱占 92.3%、名誉上被污名的占 69.9%、心理问题躯体化的占 56.2%。而与学生间的性骚扰相比，教师对学生的学术领域性骚扰则有更多重的伤害：学生认为，升学就业受阻的占 40.6%，师生关系恶化对教师信任降低的占 57.8%，影响和谐文明校园环境的占 53%。显然，学术领域性骚扰比校园中的其他性骚扰对学生产生了更严重、更多重的危害后果。

综上所述，本课题组认为，高校性骚扰就是主体一方为高校师生的性骚扰，是行为人通过语言、行为等多种方式，违背受害人意愿所实施的具有“性意味”“性色彩”的骚扰行为。其中，教师滥用学术权力性骚扰学生的，该行为侵害了学生接受高等教育的权利，损害了学生学业成绩或学术发展等利益。

---

① 许育典：《学校法制与学校行政》，台北，元照出版有限公司 2014 年版，第 49 页。

（三）需辨析的性骚扰观念

在多元的现代社会，各国对高校性骚扰的论述虽然形成了一些相对接近、相对确定的共识，但在一个充满差异的多元世界里，不同国家不同文化对高校性骚扰意涵的认识不可能以一种观念呈现，还存在一些不同理解不同规范，如性骚扰是否当然构成性别歧视等认识。同时，还有个别认识上的困惑需要澄清，如行为人的意愿是否影响性骚扰的认定，这里一并加以探讨。

1. 性骚扰是否当然构成性别歧视

对性骚扰是否构成性别歧视，不同国家和地区存在不同认识和做法。美国学者凯瑟琳·A. 麦金侬指出："性骚扰最主要的错误是性别歧视，表现在：（1）区别对待；（2）制造敌意环境，从而阻碍了妇女的机会平等，制造了性别歧视。"[①] 部分国家将性骚扰定性为性别歧视行为，如美国等国家将性骚扰行为视为歧视行为，采取消除歧视的平权模式规制性骚扰包括高校性骚扰。认为性骚扰与性别歧视紧密相连，性骚扰行为与两性不平等的社会角色和社会地位有关，女性长期处于男性附庸地位，女性易受性攻击成为受害者，性骚扰正是这种不平等关系的一种外化表现。由此，性骚扰概念也被扩展到"性别歧视"的范畴。美国《教育法修正案》第 9 条的实施细则以及美国教育部发布的第 9 条实施指引，都遵循了美国联邦最高法院判例中确定的原则，认为性骚扰是性别歧视的一种形式，属于第 9 条所禁止的性别歧视的范畴。[②]

我国台湾地区将所有性别歧视定性为性骚扰，"性别平等教育法"将性骚扰的内涵从性意味进一步扩展到了性别范畴。我国台湾地区"性别平等教

---

① 宋少鹏：《何为性骚扰？：观念分歧与范式之争——2014 年教师节前后"性学派"对"女权派"的质疑》，载《妇女研究论丛》2014 年第 6 期。

② 参见刘春玲：《美国防治高校性骚扰的制度与实践——第九条下高校的主要义务》，载《妇女研究论丛》2018 年第 1 期。

育法”第2条规定：性骚扰是“指符合下列情形之一，且未达性侵害之程度者：（一）以明示或暗示之方式，从事不受欢迎且具有性意味或性别歧视之言词或行为，致影响他人之人格尊严、学习、或工作之机会或表现者。（二）以性或性别有关之行为，作为自己或他人获得、丧失或减损其学习或工作有关权益之条件者”。显然，在台湾地区，即使行为人的言行举止可能并不具有任何性方面的意味，但若其有性别歧视行为，表现在对具有特定生理性别、性倾向、性别特质或性别认同的个人或群体进行侮辱、贬抑或敌视等，使后者的人格尊严、学习机会、学业表现等受到不利影响，其同样构成性骚扰。例如，教师在课堂上说“漂亮的女生可以提升男学生的学习动机”，或评价某女生说“没想到这么漂亮的脸蛋还会有脑袋”[①] 等。针对同样情形，我国香港特别行政区则仅认定为一般性别歧视，不认定构成性骚扰。香港特别行政区《性别歧视条例》第2（5）条规定：“就本条例而言，任何人（不论如何描述其身份）（a）如（i）对一名女性提出不受欢迎的性要求，或提出不受欢迎的获取性方面的好处的要求；或（ii）就一名女性作出其他不受欢迎并涉及性的行径，[②] 而在有关情况下，一名合理的人在顾及所有情况后，应会预期该女性会感到受冒犯、侮辱或威吓；或（b）如自行或联同其他人作出涉及性的行径，而该行径造成对该名女性属有敌意或具威吓性的环境，该人即属对该女性作出性骚扰。”同时，《性别歧视条例》第2（8）条将前述概念扩张至男性为被害人的情形。

对性骚扰概念中是否强调性别歧视的意涵，本课题认同相当多的性骚扰行为是社会中处于性别中心和主导地位的男性基于性别歧视观念对处于性别附属地位的女性所施加的一种贬损歧视行为，是两性不平等社会地位的投

---

① 萧昭君：《校园性骚扰：不可小看的性别歧视》，载黄淑玲、游美惠主编：《性别向度与台湾社会》，台北，巨流图书股份有限公司2018年版。

② “涉及性的行径（conduct of a sexual nature）包括对一名女性或在其在场时作出涉及性的陈述，不论该陈述是以口头或书面作出。”参见我国香港特别行政区《性别歧视条例》第2（7）条。

射。从本课题采取定量方法对全国九所高校 1631 名大学生问卷调查的研究发现，受害人和行为人确实存在性别差异，同时存在权力关系的特点。数据显示，6.6%的学生回答本人遭遇过，29.2%的学生回答同学遭遇过，重复发生率为51.4%，不存在性别差异；最常见的受害者是学生，最常见的实施者是教师，受害者不存在性别差异，但实施者存在性别差异，教师实施者中有较高比例是男性，学生实施者中有较高比例是女性；高校性骚扰的特点主要体现在学生自我保护意识较差、师生间存在权力关系、隐蔽性强等方面。“与两性扮演的社会角色有关，女性由于长期扮演男性附庸的角色、缺乏权力，更容易受到攻击成为受害者，性骚扰正是这种男女不平等关系的表现。”[①] 但在现代社会中，男性对女性基于性别歧视的性骚扰行为尽管是性骚扰行为的主要部分，只是毕竟不是全部，此外还存在同性间以及女性对男性实施的性骚扰。将性骚扰定性为男性对女性的性别歧视行为的单一性别模式预设，难以全面周延地覆盖现实生活中存在的全部性骚扰行为。基于此，本课题组认为，性别歧视的意涵在性骚扰概念中不具有最大限度的一般性，其对性别的预设比较单一，所以本书没有将“性别歧视”的意涵概括进性骚扰概念之中。我国港台地区高校性骚扰的主体范围都非常宽泛。在行为人和被害人性别上，二者均具有多元性，既包括男性对女性的性骚扰，也包括女性对男性或同性之间的性骚扰。[②]

2. 性骚扰行为人的主观意愿是否成为构成要件

通常意义上，性骚扰行为人的主观状态上具有过错，行为人实施性骚扰不是意图表达正常爱恋一样的人类美好情感，不是希望建立正常的恋爱关

---

① 林建军:《性骚扰的法律界定》，载《法学杂志》2007 年第 5 期。

② 我国香港特别行政区《性别歧视条例》在强调性骚扰被害人主要为女性的同时，通过扩张解释的方式，将男性为被害人的性骚扰也纳入其调整范畴。我国台湾地区则是在“性别平等教育法”草案研拟过程中即认识到“两性平等”一词事实上无法完全涵盖多元复杂的“性别平等”问题，故采用了更能体现多元平等精神与内涵的性别平等概念，从而使对特定生理性别、性倾向、性别特质或性别认同的个人或群体进行的骚扰或歧视均可被认定为性骚扰。

系，而是明知或完全有理由知道本人的行为不受欢迎、不被接受，对被骚扰者而言是带有冒犯性、侵扰性、压迫性的行为，却为满足宣泄个人的性心理、生理需求而放任这种结果发生，对受害人肆无忌惮地无所顾忌地付诸实施，从而具有主观上的过错。当然，行为人实施性骚扰时的心理状态须通过具体的外显行为反映出来，否则，如果行为人没有实施性骚扰言行，无论其内心是否有性骚扰意图，均不构成性骚扰。

但是，需要强调性骚扰的构成与行为人的意愿无关。即使行为人没有性骚扰的主观意愿，如只是嬉戏性质的行为，或不能证明其具有性骚扰意愿，只要行为本身符合性骚扰的定义，不影响认定其构成性骚扰。①

二、高校性骚扰的类型化

高校性骚扰具有复杂性和多样性，除了对高校性骚扰的种类作个别分散研究外，有必要将根本特征上相同或相近的高校性骚扰进行类属划分，“进行类型化解释与体系化建构。”② 此种思维是抽象理解和把握高校性骚扰研究的基本思维方法。

（一）基于双方当事人地位分为学术性骚扰、职务性骚扰和一般性骚扰

高校性骚扰可根据主体的不同区分为学生之间、教职工之间、学生和教职工之间、教职工或学生与校外人员之间四类情形。高校这几类情形的性骚扰又可根据双方当事人的地位区分为学术性骚扰、职务性骚扰和一般性骚扰。

高校学术性骚扰专指高校教师利用其职业身份及学术权力，违背学生意愿，不受学生欢迎，通过语言、行为等多种方式，对学生实施的同时兼具性

---

① 参见我国香港特别行政区平等机会委员会《制定校园性骚扰政策》。

② 黎敏：《“宪法体系化”再思考——限权宪法原理下的限权原则体系与宪法价值秩序》，载《政法论坛》2017 年第 2 期。

意味和学术意味的骚扰行为。学术性骚扰是 Till，Frank J. 于 1980 年向美国教育部全国妇女教育计划咨询委员会提供的《性骚扰：针对学生的性骚扰报告》中首次提出。Frank 认为，学术领域性骚扰（Academic sexual harassment）“是指对学生的性欲和性认同方面滥用权力，导致妨碍或者损害学生充分享受到教育的福祉、氛围和机会”。[①] 对这类性骚扰，如果跳出高校审视两者关系，师生双方也是平等的民事主体之间的关系；而立足高校内部审视两者关系，双方存在着不对等的权力关系，属于特殊的主体关系，行为人是拥有学术权力掌控学术资源的教师，这种权力主要体现为“组织、督促和指导学生完成规定的学习或研究任务，对学生学业表现给予客观公正的评价”，[②] 在此种失衡的不平等的权力关系中，双方于性骚扰发生时的态度、行为选择常常与双方地位存在内在行为逻辑联系，处于优势地位的教师会对受害学生构成直接或间接地控制和威压，使处于劣势地位的学生很难抗衡，常常屈从、妥协于教师以获取学业就业利益。否则，学生一旦抵抗，则可能付出学业就业利益丧失或减损的代价。为此，在所有的高校性骚扰行为中，学术性骚扰比较鲜明地体现出高校作为学术组织的内在独特性，教师性骚扰学生的性质更为复杂，社会影响更恶劣，学生受伤害更深，故本书重点聚焦此类性骚扰加以探讨，并将此类性骚扰界定为高校学术性骚扰。

高校职务性骚扰是指高校教职员工不当滥用自身的职务地位和权限，对学校师生实施的性骚扰，通常发生在有一定行政职务的教职工利用职务便利对学生实施的性骚扰。除学术性骚扰和职务性骚扰之外，其他教师之间、学生之间、学生对教师以及教职工或学生为一方和校外人员之间发生的性骚

---

① Till，Frank J. Sexual Harassment，*A Report on the Sexual Harassment of Students. National Advisory Council on Women's Educational Programs*，*Washington*，D. C. 1980. 8. https：//files. eric. ed. gov/fulltext/ED197242. pdf.

② 周小李：《学术领域性骚扰中的寒蝉效应分析》，载《山西师大学报（社会科学版）》2016 年第 2 期。

扰，当事人双方居于平等的法律地位，具有平等的民事主体身份，相互之间不存在权力关系，不受权力关系支配，是一种侵犯人格权的侵权行为，属于通常意义的性骚扰，本课题组统称为高校一般性骚扰。

（二）基于对受害人的影响分为交换型性骚扰和敌意环境型性骚扰

高校性骚扰通常分为交换型性骚扰/交换利益性骚扰和敌意环境型性骚扰两种类型。交换型性骚扰指拥有权力的教职工以获得某种学业上的好处为条件向学生提出性要求，明示或暗示在性方面予以合作或容忍其性要求会有助于学生获得更好的学业成绩或学术发展等，并根据学生的服从程度做出相应的学业安排和利益分配，体现了双方之间的利益交换。交换型性骚扰的行为人仅限于对学生拥有学术权力负有学业指导或监管责任的教职工。敌意环境型性骚扰指不受欢迎的性要求或其他行为，妨碍了学生的学业成绩等，或者制造出侵犯性的、恶劣的、不安全、不友善、不平等的、敌意有害的受教育环境。敌意环境型性骚扰通常要求达到足够严重或普遍的程度。敌意环境型性骚扰既可能是教师和其他员工实施的，也可能是由其他学生或第三方实施的。美国教育部《2001 年指引》将校园性骚扰分为交换型性骚扰和敌意环境型性骚扰，对如何评估某一行为是否具有严重性和普遍性以致构成敌意环境时，美国教育人权办公室建议根据个案具体情况，运用常识和“理性人”的标准，综合以下因素作出判断：（1）对学生受教育状况的影响程度。如学生是否因此成绩下滑甚至退学等。（2）行为的程度、频率和持续时间。严重性骚扰行为，如触碰学生生殖器等，单次行为即可认定；如果行为不甚严重，就需考虑行为的频率和持续时间。行为性质程度越严重，对频率和持续时间要求越低，否则要求越高。（3）被指称性骚扰者与被骚扰者之间的关系。存在不对等权力关系的教职工对学生实施性骚扰，相比学生之间实施的性骚扰，前者更有可能构成敌意环境型性骚扰。（4）事件或行为所涉人数。一人作出的性骚扰言论或行为相比一群人作出的性骚扰言行，一群人的言行更可能构成敌意环境型性骚扰。同样，性骚扰也可以针对一个人或一群人。行为对群体的影响可能因行为类型和背景而异，某些类型的行为可能存在“数量上的安全”。如针对一个人相比针对一群人的性嘲笑，前者更易让人心生恐惧，更易构成敌意环境型性骚扰。（5）被指称骚扰者和被骚扰者的年龄和性别。年龄大的孩子对年龄小的孩子的性骚扰更容易造成恐惧，因而更可能被认定为构成敌意环境型性骚扰。（6）学校规模、事件发生地点及其发生背景。发生在小环境里的性骚扰行为，比如，校车、宿舍、休息厅等，受害人躲避的可能性变小，因此更容易造成受害者恐惧，因此，发生在小环境的行为通常比发生在更广阔区域的行为更容易被认定为构成敌意环境型性骚扰。（7）学校发生的一系列事件，不是涉及同一学生的，即使每一起事件本身都是不足以构成敌意环境，但放在一起考虑可能会制造一个敌意环境。我国港台地区在界定高校性骚扰概念时均采用了较为通行的交换利益性骚扰和敌意环境型性骚扰的分类方法。

（三）基于表现形式分为语言骚扰、行为骚扰和环境型骚扰

高校性骚扰的表现形式具有多样性，概括而言，可分为语言、行为、环境型等形式。语言骚扰指带有性意涵的贬低、侮辱言论，包括口头语言，如讲黄色笑话、追问某人性生活；通过手机短信、微信发送黄色淫秽语言文字，尤其是随着网络技术的普及，借助现代网络媒介实施性骚扰的行为频频出现，成为一种重要的语言骚扰形式。行为骚扰指触摸、猥亵隐私或敏感部位，作出挑逗或低级下流动作，强吻、或强迫发生性关系等。[①] 环境型性骚扰指通过在所处环境中布置、展示色情淫秽照片、图片、物品、播放色情淫秽音像制品等，向被骚扰者传递性暗示。本课题组对全国九所高校的学生进行了调查，总计1631份有效调查问卷的统计数据显示，性骚扰形式多种多

---

① 参见我国台湾地区“性别平等教育法”制定理由。

样，被调查学生认为，主要表现形式为实施猥亵等行为占92%、做下流动作占79.5%、暴露性器官占66.5%、满足性需求的偷窥偷拍占63.8%、邀请看淫秽文字图片占53.9%、提出性要求占51.8%、使用挑逗性语言占43.8%等，可谓形形色色。《民法典》在人格权编第1010条中列明了语言、图像、行为等形式的性骚扰："违背他人意愿，以言语、文字、图像、肢体行为等方式对他人实施性骚扰的，受害人有权依法请求行为人承担民事责任。"

第二章

我国高校性骚扰现状与防治现状实证考察

为全面掌握我国高校性骚扰现状，总结描述我国高校性骚扰防治的现有举措及实施成效，揭示高校性骚扰防治的现实需求，课题组采取问卷调查的形式，以全国九所普通高等学校的学生为调查对象开展了问卷调查，对学生采用分阶段抽样方案回收有效问卷1631份。

一、调查对象与调查方法

（一）调查对象

本研究以全体普通高等学校的被调查学生为调查对象，普通高等学校是指由教育部或省级教育行政部门（含自治区、直辖市等）主管的实行全日制高等教育的学校，包括全日制大学和学院、高等职业技术学院/职业学院、高等专科学校。

（二）调查方法

本研究采用分阶段抽样方案，共分三个阶段进行抽样。

第一个阶段：抽取学校所在地区。采用分层及简单随机抽样方法，以地区作为分层因素，将全国按照地理位置划分为七个地区，分别是：华东地区（包括山东、江苏、安徽、浙江、福建、上海）、华南地区（包括广东、广西、海南）、华中地区（包括湖北、湖南、河南、江西）、华北地区（包括北京、天津、河北、山西、内蒙古）、西北地区（包括宁夏、新疆、青海、陕西、甘肃）、西南地区（包括四川、云南、贵州、西藏、重庆）以及东北地区（包括辽宁、吉林、黑龙江）。

第二个阶段：抽取学校。以2016年教育部公布的全国2595所普通高等学校名单为抽样框，在每个地区采用简单随机的方法抽取1所普通高校（北京3所），抽样结果如下：华东地区（江苏），扬州大学（江苏扬州）；华南地区（广东），暨南大学（广东广州）；华中地区（河南），河南科技大学（河南洛阳）；华北地区（北京），北京大学、对外经济贸易大学、中华女子学院；西北地区（陕西），西北政法大学（陕西西安）；西南地区（贵州），贵州大学（贵州贵阳）；东北地区（辽宁），吉林大学（吉林长春）。

第三个阶段：抽取被调查学生。在所抽取的学校中，从一年级至四年级，在每个年级的所有班级中采用整群抽样方法随机抽取一个班，所抽取班级的全部被调查学生均为调查对象。

（三）资料收集与分析方法

采用自填式调查问卷，由经过培训的调查员负责组织问卷发放、现场质量监控及问卷收集、现场审核工作。共发放1712份问卷，收回1698份问卷，问卷回收率为99.18%；回收的问卷经过研究人员再次审核后剔除无效问卷，得到有效问卷1631份，有效回收率为95.27%。有效问卷经过录入、清洁后采用SPSS 23.0统计分析软件进行分析，包括描述性分析及交互分析。

二、调查结果

1631份有效调查问卷的统计数据显示，所有被调查高校均存在一定比例的性骚扰，6.6%学生回答自己遭遇过，29.2%的学生回答同学遭遇过。调查数据显示，仅有2.0%的被调查学生反映所在学校有相关性骚扰防治的规定，5.5%的学生反映所在学校有性骚扰防治相关主管部门，近50%的学生认为高校缺乏防治机制是性骚扰问题频发且没有得到有效遏制的重要原因。具体情况如下：

（一）对性骚扰的认知

1. 大学生认为高校存在性骚扰现象，但发生率不太高

调查数据显示，有15.8%的被调查大学生认为高校中不存在性骚扰现象，而认为高校存在性骚扰且经常发生的被调查大学生占7.6%，认为存在性骚扰但发生率不太高的被调查大学生所占比例为40.2%（见图2－1）。

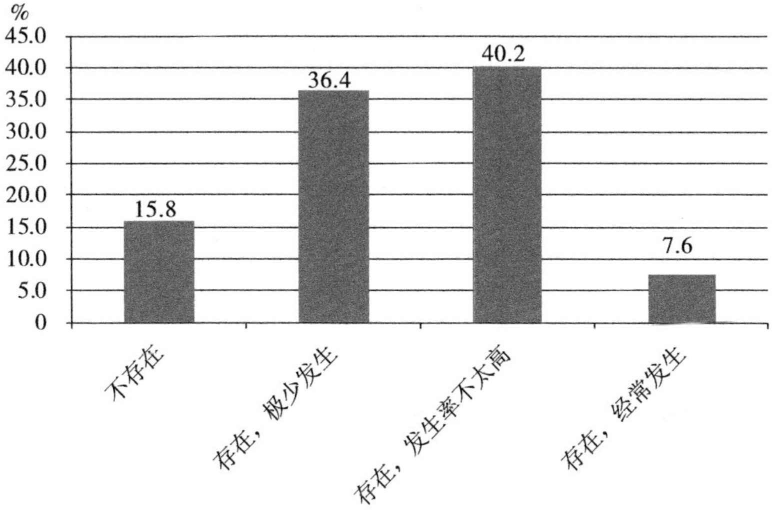

图2－1　被调查大学生对高校中性骚扰现象存在现状的认知情况

2. 大部分大学生认同性骚扰是一种违背他人意愿且带有冒犯性的不受欢迎的行为

调查数据显示，80.4%的被调查大学生认为性骚扰是一种违背他人意愿、冒犯性的、不受欢迎的行为，持有这种看法的被调查大学生所占比例最高；所占比例排第二的是认为性骚扰是一种带有性色彩、具有性取向的骚扰行为，占51.3%；所占比例排第三的是认为性骚扰是单纯寻求满足个人性生理、心理需求的行为，与相互吸引无关，占47.9%（见表2－1）。

表 2－1　被调查大学生对性骚扰行为的看法

单位:%

对性骚扰行为的看法	频次	百分比
性骚扰是违背他人意愿、冒犯性的、不受欢迎的行为	1311	80.4
性骚扰是一种带有性色彩、具有性取向的骚扰行为	836	51.3
性骚扰是单纯寻求满足个人性生理、心理需求的行为，与相互吸引无关	780	47.9
性骚扰是一种性别歧视行为	150	9.2
性骚扰是一种相互调情行为	179	11.0
其他想法	60	3.7
没有想法	65	4.0

3. 大部分学生认为高校中不应该发生性骚扰行为

调查数据显示，62.5%的被调查大学生认为高校中不应该发生性骚扰行为；54.4%的被调查大学生认为高校应采取措施杜绝性骚扰行为的发生；但有15.5%的被调查大学生认为高校中性骚扰行为属于正常现象，不必大惊小怪（见图2－2）。

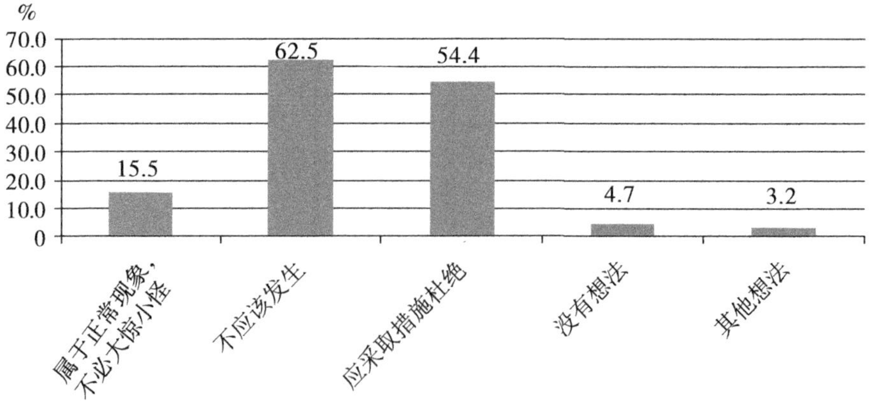

图 2－2　被调查大学生对高校中性骚扰行为的看法

4. 大学生认为高校中性骚扰实施者主要是学生，其次是系主任或领导

被调查大学生认为在高校中性骚扰的实施者最常见的是学生，其次是系主任/领导及学生辅导员，如图 2－3 所示。有 18.7% 的被调查大学生选择其他人，主要是校外社会人员或者混入校内的社会人员。

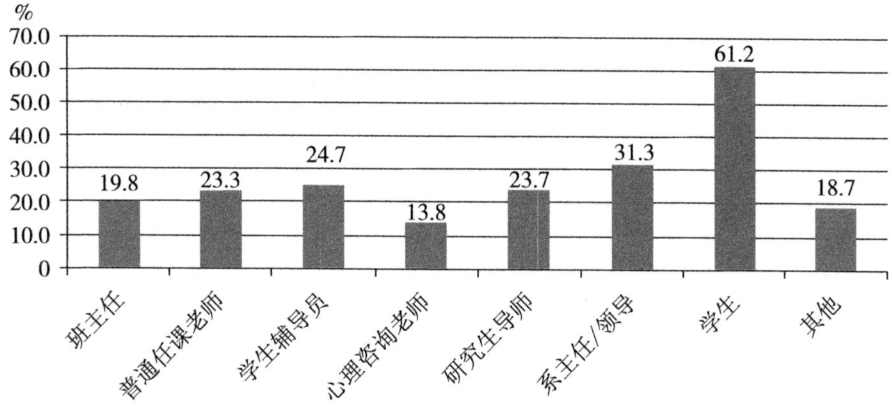

图 2－3　被调查大学生对性骚扰实施者身份的看法

5. 大学生认为高校中性骚扰侵犯了受害者的意愿

调查数据显示，52.7% 的被调查大学生认为性骚扰是违背受害人意愿的行为，34.7% 的被调查大学生认为无论受害人自身是否存在问题，均不得实施性骚扰，还有 10.4% 的被调查大学生则认为有些受害人自身存在一定问题，另有 2.2% 的被调查大学生对受害人有其他看法。

6. 大学生认为最常见的性骚扰行为是故意猥亵、触碰对方身体敏感部位

被调查大学生认为最可能界定为性骚扰的具体行为表现占前三位的分别是：搂抱等挑逗行为、低俗下流动作以及暴露性器官（见表 2－2）。

表 2－2　被调查大学生对性骚扰行为具体表现的界定

单位：%

性骚扰的表现	频次	百分比
故意猥亵、触碰对方身体敏感部位	1493	92.0
搂抱等挑逗行为或低俗下流动作等	1289	79.5
暴露性器官	1079	66.5
寻求满足自身性生理、心理需求的偷窥偷拍	1035	63.8
给对方讲黄段子或通过短信、微信、邮件等发送黄段子	934	57.6
亲吻对方身体部位	883	54.4
邀请对方观看色情淫秽音像制品或文字、图片、物品等	874	53.9
提出带有交换条件的性要求	840	51.8
用眼睛盯对方身体敏感部位	728	44.9
谈话时或在电话、短信、微信、邮件等形式的往来中使用挑逗性语言	710	43.8
评论羞辱对方身材	598	36.9
讲述自己的性经历	492	30.4
其他	61	3.7

7. 大学生认为高校中存在性骚扰的原因主要是实施性骚扰者个人有性心理问题

被调查大学生认为高校中存在性骚扰最常见的前三位原因分别是个人因素（行为人）、教育因素和权力关系（见表 2－3）。

表 2－3　被调查大学生对高校中存在性骚扰的原因的看法

单位：%

存在性骚扰的原因	频次	百分比
个人因素（行为人）：实施性骚扰者有性心理问题等	1391	85.8
教育因素：缺乏相应教育，被骚扰者防范意识不够，不懂得如何自我保护	955	58.9
权力关系：性骚扰双方存在权力不平等关系等	835	51.5

续表

存在性骚扰的原因	频次	百分比
社会因素：社会的“默许”“宽容”纵容了性骚扰行为等	828	51.0
法律因素：规制性骚扰相关法律法规的缺失等	810	49.9
学校因素：学校缺乏相应的预防及监管制度等	791	48.8
个人因素（受害人）：被骚扰者存在问题，如穿着暴露等	726	44.8
其他	45	2.8

8. 性骚扰给受害者带来的危害主要是心理方面的影响，甚至会出现抑郁症状

被调查大学生认为性骚扰给受害者带来的影响/危害首先体现在心理方面，使受害者感到被羞辱，心理脆弱敏感恐惧，没有安全感；其次是名誉方面，受害者被污名化，被同学或周围人歧视（见表2－4）。

表2－4　被调查大学生对性骚扰给受害者带来的影响/危害的看法

单位：%

性骚扰对受害者的影响/危害原因	频次	百分比
心理方面：甚至出现抑郁症等	1501	92.3
名誉方面：被污名化，被同学或周围人歧视等	1137	69.9
师生关系：受害者会失去对教师的信任，影响师生关系等	940	57.8
身体方面：长期的心理影响会躯体化，经常感觉身体不舒服等	914	56.2
校园环境：影响和谐、文明的校园环境等	863	53.0
学业、工作方面：影响升学/就业等	661	40.6
没有影响	108	6.6
其他	53	3.3

9. 大学生普遍认为高校有防治性骚扰的义务

调查数据显示，95.1%的被调查大学生认为高校有义务防治性骚扰。

（二）高校性骚扰发生的状况

1. 高校性骚扰发生率为6.6%

在1631名被调查大学生中，有107人（6.6%）在学校中遭遇过性骚扰。

2. 校园性骚扰的重复发生率高，遭遇过两次及以上性骚扰的学生占51.4%

根据遭遇校园性骚扰的被调查大学生报告（n＝107），性骚扰的发生频率为1次的占48.6%，然后是发生频率在2次及4次以上的，均占24.3%（见图2－4）。

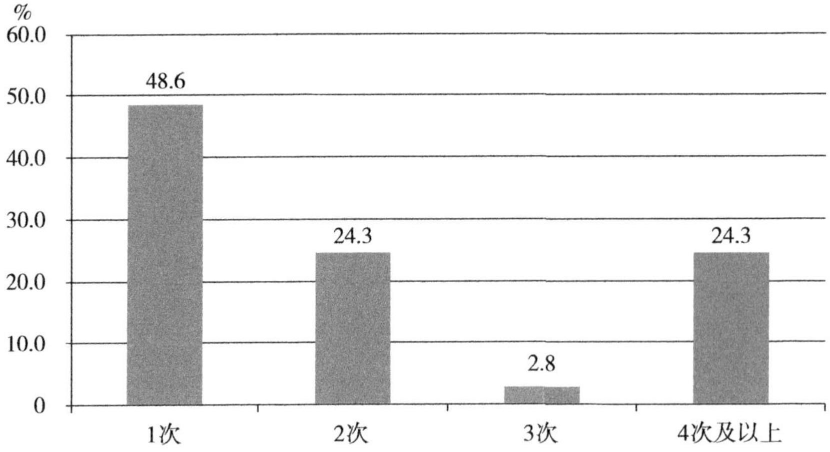

图2－4　被性骚扰大学生遭遇校园性骚扰的频率（n＝107）

3. 遭遇性骚扰的学生报告的性骚扰实施者最常见的是同学

根据曾遭遇过性骚扰的被调查大学生报告（n＝107），在高校中性骚扰的实施者最常见的是同学，然后是普通任课老师、班主任和辅导员，其他主要是指校外社会人员（见图2－5）。

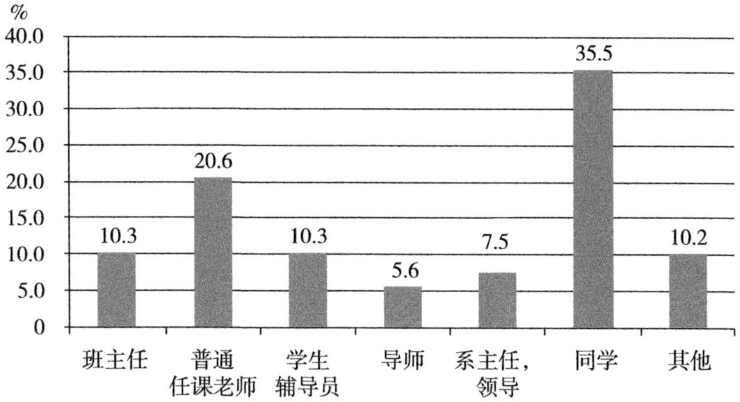

图 2－5　被骚扰者报告的高校中性骚扰实施者（n＝107）

4. 大学生认为身边同学在学校遭遇性骚扰的发生率较高

在 1631 名被调查大学生中，有 465 人（29.2%）报告身边同学在学校中遭遇过性骚扰。

5. 高校中遭受性骚扰的对象主要是学生

1631 名被调查大学生认为，学生是高校中遭受性骚扰的主要对象，占 76.9%，其次是任课老师，占 10.5%（见图 2－6）。

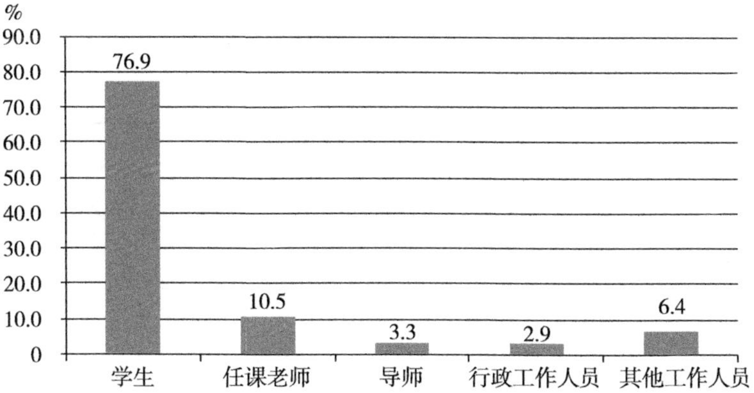

图 2－6　高校中遭受性骚扰的对象

6. 高校性骚扰常发生的地点主要是校园中比较隐蔽的地方

调查数据显示，被调查大学生认为高校性骚扰主要发生在校园中比较隐蔽的地方（48.9%），其次是校园外（20.5%）及教师办公室（19.2%）（见图2-7）。

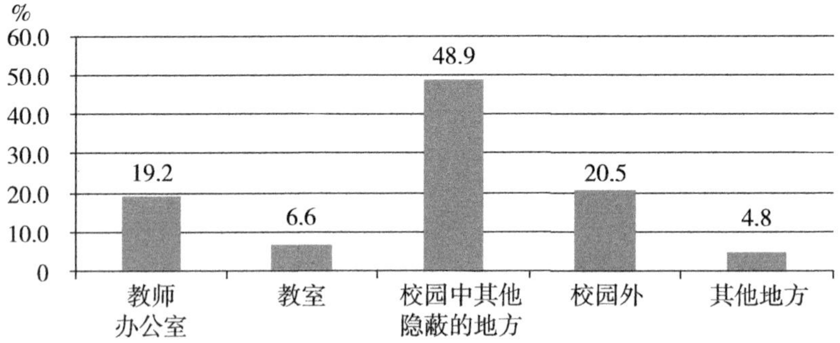

图2-7　高校性骚扰常发生的地点

7. 高校性骚扰与其他类型（场所）的性骚扰相比所具有的特点主要表现在学生的自我保护意识差

被调查大学生认为高校性骚扰与其他类型（场所）的性骚扰相比，其特点主要表现在：一是被调查大学生的自我保护意识差（54.6%），二是师生间存在权力关系（44.2%），三是高校性骚扰具有极大的隐蔽性（43.8%）（见图2-8）。

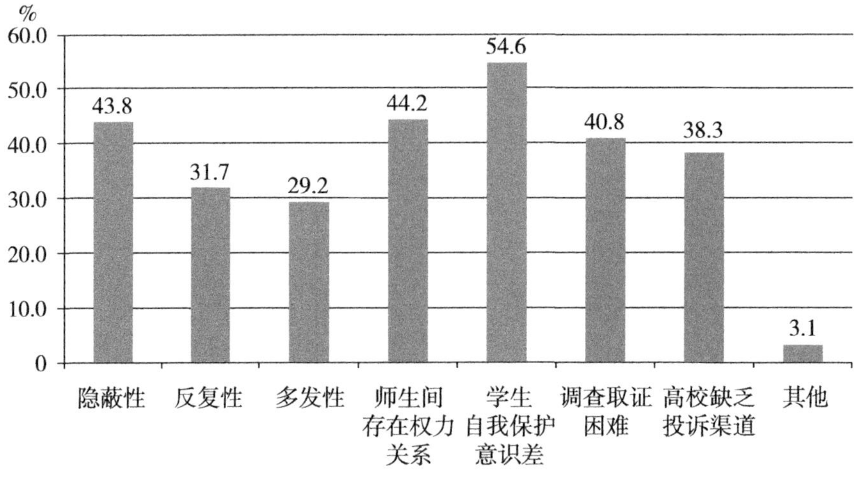

图2-8　高校性骚扰的特点

8. 大学生认为遭遇性骚扰时可以采取的应对措施首先应是向公安机关报警

被调查大学生认为在高校中遭遇性骚扰时，可以采取的应对措施首先是向公安机关报警（71.2%），其次是向学校有关部门报告（63.5%），以及严厉制止（62.3%）（见表2-5）。

表2-5　被调查大学生对遭遇性骚扰时可以采取的应对措施的看法

单位：%

应对措施	频次	百分比
向公安机关报警	1160	71.2
向学校有关部门报告	1035	63.5
严厉制止	1015	62.3
向老师或辅导员报告	783	48.1
告诉父母家人	708	43.5
弄清情况并向好友求助	692	42.5
找人报复	151	9.3
装作没发生，忍气吞声	101	6.2
其他	47	2.9

（三）高校性骚扰防治的状况

1. 目前采取的主要防治措施

（1）所在学校采取的主要防治措施是宣传教育。

调查发现，目前高校采取的防治性骚扰措施最常见的是宣传性骚扰防治知识（47.6%）、为受害人提供心理辅导等帮助（40.7%）以及设立投诉部门负责处理性骚扰事件（32.6%）（见表2-6）。

表 2－6　所在学校采取的防治性骚扰措施情况

单位:%

防治性骚扰的措施	频次	百分比
宣传性骚扰防治知识	756	47.6
为受害人提供心理辅导等帮助	646	40.7
设立投诉部门负责处理性骚扰事件	518	32.6
通过培训，提升师生自我保护意识和能力	502	31.6
不知道	497	31.3
制定防治性骚扰相关规定，加强管理监督机制	448	28.2
保护投诉者不受打击报复	346	21.8
其他	47	3.0

（2）绝大多数高校目前没有防治性骚扰的相关规定。

调查数据显示，33 名被调查大学生（2.0%）报告目前所在学校有防治性骚扰的相关规定，1181 名被调查大学生（74.0%）不知道目前所在学校是否有防治性骚扰的相关规定。

（3）高校中处理实施性骚扰的教职工部门主要是纪监审、教务处。

调查数据显示，88 名被调查大学生（5.5%）报告目前所在学校有处理实施性骚扰的教职工部门，1181 名被调查大学生（74.0%）不知道目前所在学校是否有处理实施性骚扰的教职工部门。

目前学校处理实施性骚扰的教职工部门主要是纪监审、教务处（见图 2－9）。

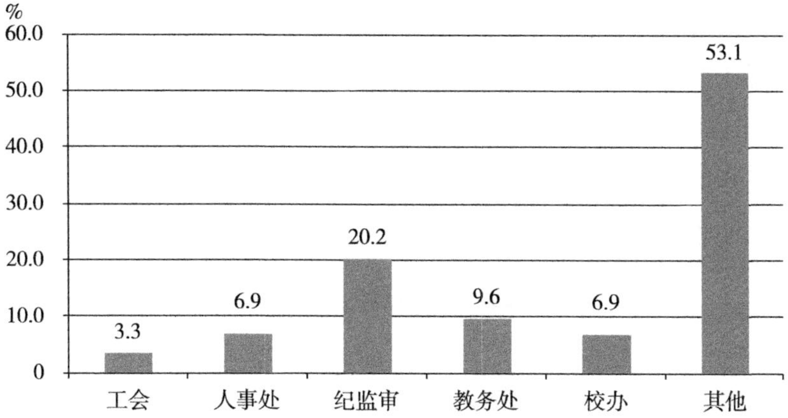

图 2－9　目前所在学校处理实施性骚扰的教职工部门

（4）高校中处理实施性骚扰的学生部门主要是学生工作委员会。

调查数据显示，100 名被调查大学生（6.3%）报告目前所在学校有处理实施性骚扰的学生的相关部门，1228 名被调查学生（76.8%）不知道目前所在学校是否有处理实施性骚扰的学生的相关部门。

目前学校处理实施性骚扰的学生的相关部门主要是学生工作委员会（见图 2－10）。

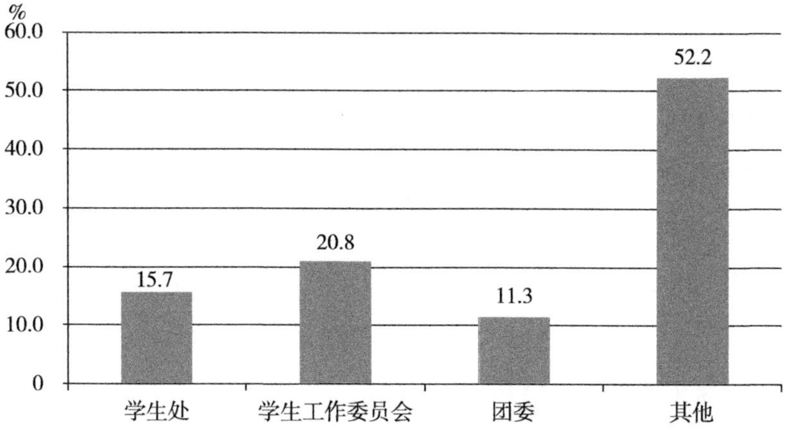

图 2－10　目前所在学校处理实施性骚扰的学生的部门

（5）遭受性骚扰的受害人向学校有关部门求助时学校会展开调查、公正处理。

调查数据显示，137 名被调查大学生（8.5%）认为身边遭受性骚扰的受害人曾向学校有关部门求助过，1115 名被调查大学生（68.8%）不知道身边遭受性骚扰的受害人是否曾向学校有关部门求助过。

遭受性骚扰的学生求助后，学校比较常用的处理措施是展开调查，查明真相后公正处理，并在必要时寻求公安机关处理（见表 2－7）。

表 2－7 遭受性骚扰学生求助后所在学校采取的处理措施

单位：%

处理措施	频次	百分比
展开调查，查明真相后公正处理	231	17.9
必要时寻求公安机关处理	146	11.3
不了了之	104	8.0
必要时，帮助寻求法院诉讼程序解决	95	7.4
其他处理措施	18	1.4
不知道	698	54.0

（6）大学生认为在遭遇性骚扰时受害人报警或起诉的比例较低。

调查数据显示，347 名被调查大学生（21.8%）认为在高校受到性骚扰时受害人会向公安机关报警，209 名被调查大学生（12.9%）认为在高校受到性骚扰时受害人会向法院起诉。

2. 高校性骚扰防治应采取的主要措施

（1）高校防治性骚扰应该采取的原则主要是依法依规处理。

调查数据显示，49.6% 的被调查大学生认为高校在防治性骚扰时首先应采取的原则是依法依规处理，其次是应该主动介入（25.4%），以及从重处理（15.1%）（见图 2－11）。

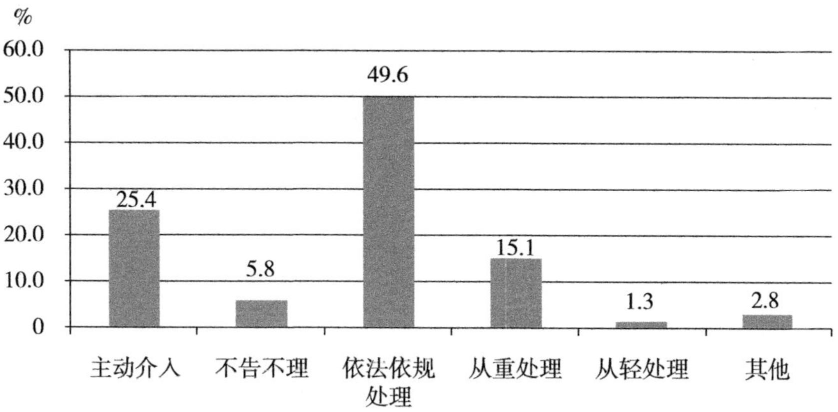

图 2－11　高校防治性骚扰应该采取的原则

（2）高校应该采取的预防性骚扰的措施包括预防知识宣教、防治性骚扰规章制度的建立以及加强对防治性骚扰规章的监督管理。

被调查大学生认为，高校最应该采取的预防性骚扰的措施分别是：开设相关课程或讲座，使被调查大学生认识与性骚扰相关的知识，预防出现性骚扰行为；建立相关的规定和制度，加强对高校性骚扰的监督和管理；制定相应的投诉机制和程序，对实施者和受害者均进行教育和辅导（见表 2－8）。

表 2－8　高校应该采取的预防性骚扰的措施

单位：%

预防措施	频次	百分比
开设相关课程或讲座，使被调查大学生认识与性骚扰相关的知识，预防出现性骚扰行为	1138	69.9
建立相关的规定和制度，加强对高校性骚扰的监督和管理	1054	64.8
制定相应的投诉机制和程序，对实施者和受害者均进行教育和辅导	1021	62.8
在校园中普及宣传防治性骚扰的相关法律和理念，倡导建立和谐文明的学习环境	892	54.8
成立专门的部门负责处理此类事件	865	53.2
其他	71	4.4

（3）大部分学生认为高校应成立专门防治性骚扰的机构。

调查数据显示，77.3%的被调查大学生认为高校有必要成立专门防治性骚扰的机构，8.3%的被调查大学生则认为高校没有必要成立专门防治性骚扰的机构（见图2－12）。

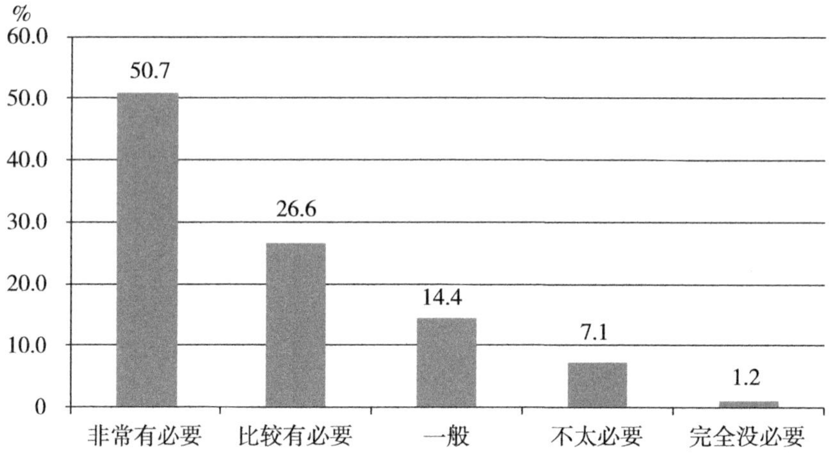

图2－12　高校成立专门防治性骚扰的机构的必要性

（4）高校对实施性骚扰的教师首先应该采取的处理方式是撤销教师资格。

调查数据显示，被调查大学生认为高校对实施性骚扰的教师最应该采取的处理措施首先是撤销教师资格（24.5%），其次是给予校内处分（14.2%），以及移交司法机关（12.6%）（见图2－13）。

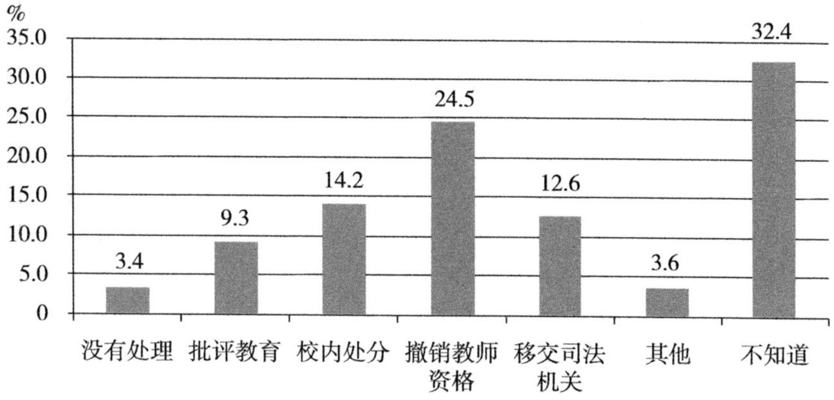

图 2-13　高校对实施性骚扰的教师的处理方式

（5）高校对实施性骚扰的学生首先应该采取的处理方式是开除学籍。

调查数据显示，被调查大学生认为高校对实施性骚扰的学生应该采取的处理方式首先是开除学籍（17.8%），其次是校内处分（13.0%），以及批评教育（10.1%）（见图 2-14）。

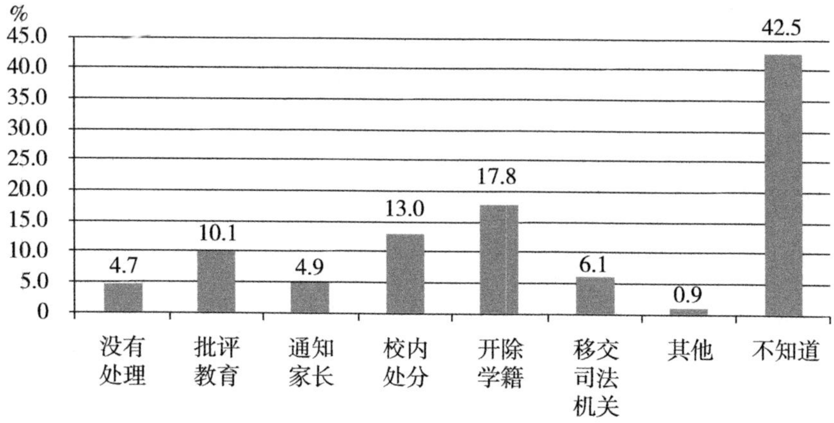

图 2-14　高校对实施性骚扰的学生应该采取的处理方式

（6）高校在保护和救助性骚扰受害人方面应做好保密措施并提供心理辅导和咨询。

调查数据显示，被调查大学生认为高校应为性骚扰受害人保密（26.2%）、提供心理辅导和咨询（21.1%），以及鼓励其主动求助（16.9%）等（见表2－9）。

表2－9　高校应保护和救助性骚扰受害人的方式

单位：%

保护和救助受害人的方式	频次	百分比
保密	426	26.2
提供心理辅导和咨询	344	21.1
鼓励其主动求助	275	16.9
帮助取证，维护其合法权益	273	16.8
严厉惩治性骚扰实施者	161	9.9
提供保护，使其免受报复	113	6.9
其他	35	2.2

（7）大部分学生认为学校应该对性骚扰的发生承担责任。

调查数据显示，78.0%的被调查大学生认为学校应该对性骚扰的发生承担责任，而8.2%的被调查大学生则认为学校不应该对性骚扰的发生承担责任（见图2－15）。

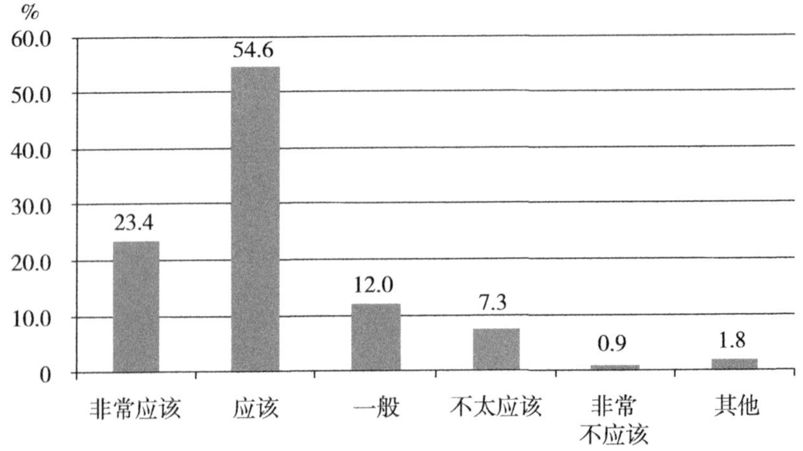

图2－15　被调查大学生对学校在面对性骚扰发生时应承担责任的看法

（四）性骚扰发生的性别、年级及专业差异分析

经过交互分析发现，性骚扰的发生存在着年级差异，主要表现为本科阶段与研究生阶段之间的差异，本科阶段性骚扰的发生率显著高于研究生阶段的发生率，但在本科四个年级之间性骚扰的发生率不存在显著性差异。在性别和专业方面性骚扰的发生率没有显著性差异。性骚扰的发生在家庭所在地方面也存在显著性差异，来自乡镇的学生遭遇性骚扰发生率最高，其次是来自农村的学生，而来自城市的学生遭遇性骚扰发生率较低。学生是否担任学生干部对性骚扰的发生没有显著性影响（见表2－10）。

表2－10　性骚扰发生的性别、年级、专业及家庭所在地差异

单位:%

影响因素	遭遇过性骚扰的占比		χ^2	P
性别	男	7.1	1.748	0.186
	女	5.5		
本科年级	本科一年级	5.3	5.808	0.121
	本科二年级	7.0		
	本科三年级	9.6		
	本科四年级	7.4		
本科与研究生	本科	7.1	6.892	0.009
	硕士研究生及以上	1.4		
专业	文史类	5.6	1.546	0.214
	理工类	7.1		
家庭所在地	城市	4.0	8.069	0.018
	乡镇	8.1		
	农村	7.2		

续表

影响因素	遭遇过性骚扰的占比		χ^2	P
担任学生干部情况	班级干部	5.8	9.667	0.085
	院系干部	4.6		
	校级干部	13.8		
	社团负责人	7.0		
	其他干部	6.3		

说明：χ^2 表示卡方检验的统计量，P 表示卡方检验的概率值。

（五）遭遇过高校性骚扰与未遭遇过高校性骚扰的学生间的差异分析

1. 对高校性骚扰现状的认识差异

遭遇过性骚扰者与没有遭遇过性骚扰者对高校性骚扰现象的认知差异主要体现在以下方面（如表2－11所示）：

（1）两者对高校中是否存在性骚扰现象的看法存在统计学上显著性差异（$P<0.05$）。

遭遇过性骚扰者认为高校性骚扰现象存在的比例显著低于没有遭遇过性骚扰者，有29.5%遭遇性骚扰者认为高校性骚扰不存在，而14.9%没有遭遇性骚扰者认为高校性骚扰不存在，但认为高校性骚扰经常发生的比例则是遭遇过性骚扰者显著高于没有遭遇过性骚扰者，15.2%遭遇过性骚扰者认为高校中经常发生性骚扰，而只有6.9%没有遭遇过性骚扰者认为高校中经常发生性骚扰（见表2－11）。

（2）两者对高校中发生性骚扰现象的看法存在统计学上显著性差异（$P<0.05$）。

51.9%遭遇过性骚扰者认为性骚扰在高校中属于正常现象，不必大惊小怪（51.9% vs 13.0%），而64.7%没有遭遇过性骚扰的学生认为高校中不应该发生性骚扰（64.7% vs 33.0%），55.9%没有遭遇过性骚扰的学生认为应该采取措施杜绝高校性骚扰现象（55.9% vs 31.1%）（见表2－11）。

（3）两者对高校性骚扰实施者的看法存在统计上显著性差异（$P < 0.05$）。

两者对班主任、研究生导师以及系主任/领导是否是性骚扰实施者的看法存在显著性差异，有38.5%遭遇过性骚扰的学生认为班主任通常是高校性骚扰的实施者，而有18.5%没有遭遇过性骚扰的学生认为班主任通常是高校性骚扰的实施者（见表2-11）。认为研究生导师和系主任/领导通常是性骚扰实施者的比例则是没有遭遇过性骚扰的学生高于遭遇过性骚扰的学生，分别有15.4%和16.3%遭遇过性骚扰学生认为研究生导师和系主任/领导通常是性骚扰实施者，而没有遭遇过性骚扰学生中则分别有24.3%和32.4%认为研究生导师和系主任/领导通常是性骚扰实施者（见表2-11）。两者对普通任课老师、学生辅导员、心理咨询老师以及学生是否是性骚扰实施者的看法没有统计学显著性差异（见表2-11）。

（4）两者对身边同学是否遭遇性骚扰的看法存在统计学上显著性差异（$P < 0.05$）。

58.1%遭遇过性骚扰的学生认为身边同学也遭遇过性骚扰，而没有遭遇过性骚扰的学生认为身边同学遭遇过性骚扰的比例则是27.1%，两者有显著性差异（见表2-11）。

（5）两者对高校性骚扰发生地点的看法存在统计学上显著性差异（$P < 0.05$）。

分别有29.0%、26.2%、22.4%以及13.1%遭遇过性骚扰的学生认为教师办公室、教室、校园中其他隐蔽的地方以及校园外，如宾馆、公园等是高校性骚扰通常发生的地点，但在没有遭遇过性骚扰的学生中，则分别有18.6%、5.1%、50.9%和20.8%的学生认为教师办公室、教室、校园中其他隐蔽的地方以及校园外，如宾馆、公园等是高校性骚扰通常发生的地点，可见，两者的差异主要体现在遭遇性骚扰的学生认为教师办公室和教室是主要发生高校性骚扰的地方（见表2-11）。

（6）两者对高校性骚扰的特点的看法存在统计学上显著性差异（$P<0.05$）。

与其他场所的性骚扰相比，44.3%遭遇过性骚扰的学生认为高校性骚扰具有“多发性”的特点，31.1%遭遇过性骚扰的学生认为性骚扰具有“师生间存在权力关系”的特点，34.9%遭遇过性骚扰的学生认为性骚扰具有“学生自我保护意识差”的特点，19.8%遭遇过性骚扰的学生认为性骚扰具有“调查取证困难”的特点，21.7%遭遇过性骚扰的学生认为性骚扰具有“高校中缺乏投诉渠道”的特点。而没有遭遇过性骚扰的学生中，则分别有28.1%、45.2%、55.8%、42.4%和39.7%的学生认为高校性骚扰具有“多发性”、“师生间存在权力关系”、“学生自我保护意识差”、“调查取证困难”以及“高校中缺乏投诉渠道”的特点。从以上数据可见，遭遇过性骚扰的学生认为高校性骚扰具有“多发性”的特点所占比例较高（见表2-11）。

（7）两者对高校性骚扰受害者的看法存在统计学上显著性差异（$P<0.05$）。

在高校性骚扰受害者中，38.1%曾遭遇过性骚扰的学生认为性骚扰是违背受害人意愿的行为；43.8%遭遇过性骚扰的学生认为无论受害人自身是否存在问题，行为人均不得实施性骚扰；17.1%遭遇过性骚扰的学生则认为有些受害人自身存在一定问题，还有1.0%曾遭遇过性骚扰的学生对高校性骚扰受害者有其他看法。而在没有遭遇过性骚扰的学生中，分别有53.8%、34.1%、9.8%和2.3%的学生认为性骚扰是违背受害人意愿的行为、无论受害人自身是否存在问题行为人均不得实施性骚扰、有些受害人自身存在一定问题以及有其他看法（见表2-11）。

（8）两者对性骚扰行为具体表现界定的看法存在统计学上显著性差异（$P<0.05$）。

曾遭遇过性骚扰的学生和没有遭遇过性骚扰的学生对性骚扰行为具体表现的界定，在“谈话时或在电话、短信、微信、邮件等形式的往来中使用挑逗性语言”、“提出带有交换条件的性要求”以及“讲述自己的性经历”这三个属于性骚扰行为的方面没有统计学显著性差异，分别有 36.8%、45.3%以及 23.6% 曾遭遇过性骚扰的学生认为在“谈话时或在电话、短信、微信、邮件等形式的往来中使用挑逗性语言”、“提出带有交换条件的性要求”以及“讲述自己的性经历”这三种行为属于性骚扰行为（见表 2－11）。两者对性骚扰行为具体表现界定有差异的地方表现在以下方面：74.5% 遭遇过性骚扰的学生认为“故意猥亵触碰对方身体敏感部位”属于性骚扰行为（74.5% vs 93.3%）；68.9% 遭遇过性骚扰的学生认为“搂抱等挑逗行为/低俗下流动作等”属于性骚扰行为（68.9% vs 80.1%）；54.7% 遭遇过性骚扰的学生认为“用眼睛盯对方身体敏感部位”属于性骚扰行为（54.7% vs 44.3%）；43.4% 遭遇过性骚扰的学生认为“给对方讲黄段子或通过短信、微信、邮件等发送黄段子”属于性骚扰行为（43.4% vs 58.6%）；26.4% 遭遇过性骚扰的学生认为“评论羞辱对方身材”属于性骚扰行为（26.4% vs 37.7%）；41.5% 遭遇过性骚扰的学生认为“亲吻对方身体部位”属于性骚扰行为（41.5% vs 55.5%）；29.2% 遭遇过性骚扰的学生认为“邀请对方观看色情淫秽音像制品或文字、图片、物品等”属于性骚扰行为（29.2% vs 55.7%）；41.5% 遭遇过性骚扰的学生认为“寻求满足自身性生理、心理需求的偷窥偷拍”属于性骚扰行为（41.5% vs 65.5%）；44.3% 遭遇过性骚扰的学生认为“暴露性器官”属于性骚扰行为（44.3% vs 68.2%）（见表 2－11）。

通过上述数据可见，在界定性骚扰行为的具体表现方面，除认为“用眼睛盯对方身体敏感部位”属于性骚扰行为外，遭遇过性骚扰者认为以上行为表现属于性骚扰行为的所占比例均显著低于没有遭遇过性骚扰的学生，可能因为遭遇过性骚扰的学生对性骚扰具体行为表现有更深刻的认识。因此，我们认为遭遇过性骚扰的学生对性骚扰行为具体表现的界定更为可靠，在他们看来，能够被界定为性骚扰的行为，所占比例从高到低如图 2－16 所示。

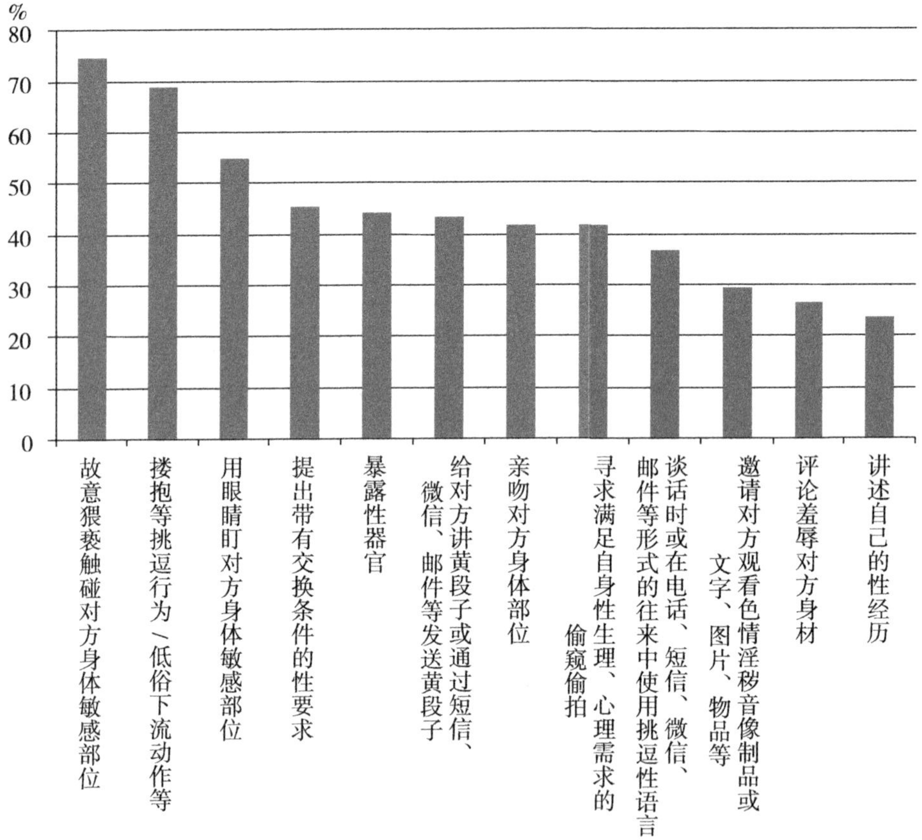

图2-16　遭遇过性骚扰的学生对性骚扰具体行为表现的界定

（9）两者对存在高校性骚扰原因的看法存在统计学上显著性差异（$P<0.05$）。

对高校中发生性骚扰的原因的看法，遭遇过性骚扰的学生与没有遭遇过性骚扰的学生对以下三个方面原因的看法没有统计学上显著性差异，分别是“被骚扰者个人存在问题，如穿着暴露”、“社会的‘默许’纵容了性骚扰行为”以及“性骚扰相关法律法规缺失”。分别有44.3%、45.3%和43.4%遭遇过性骚扰的学生认为高校性骚扰发生的原因是“被骚扰者个人存在问题，如穿着暴露”、“社会的‘默许’纵容了性骚扰行为”以及“性骚扰相关法律法规缺失”（见表2-11）。对高校中发生性骚扰的原因，遭遇过性骚扰的学生与没有遭遇过性骚扰的学生的看法存在显著性统计学差异的地方表现在以下方面：“实施性骚扰者个人有性心理问题”、“性骚扰双方存在权力不平等关系”、“学校缺乏相应的预防及监管制度”以及“缺乏相应教育，防范意识不够”。分别有67.0%、39.6%、28.3%和36.8%遭遇过性骚扰的学生认为高校性骚扰发生的原因是“实施性骚扰者个人有性心理问题”、“性骚扰双方存在权力不平等关系”、“学校缺乏相应的预防及监管制度”以及“缺乏相应教育，防范意识不够”。而在没有遭遇过性骚扰的学生中，认为高校性骚扰发生的原因是“实施性骚扰者个人有性心理问题”、“性骚扰双方存在权力不平等关系”、“学校缺乏相应的预防及监管制度”以及“缺乏相应教育，防范意识不够”的学生则分别占87.2%、52.4%、50.0%以及60.5%（见表2-11）。

（10）两者对性骚扰危害的看法存在统计学显著性差异（$P<0.05$）。

遭遇过性骚扰的学生和没有遭遇过性骚扰的学生对性骚扰所带来的心理、身体、名誉、工作学业、师生关系、校园环境等各方面的影响的看法均有统计学显著性差异（见表2-11）。分别有71.0%、41.1%、41.1%、39.3%、33.6%、26.2%遭遇过性骚扰的学生认为性骚扰会带来心理方面的影响、身体方面的影响、名誉方面的影响、师生关系方面的影响、校园环境方面的影响以及学业工作方面的影响，此比例均低于没有遭遇过性骚扰的学生报告的比例。有24.3%遭遇过性骚扰的学生认为性骚扰没有影响，而没有遭遇过性骚扰的学生中只有5.4%的学生认为性骚扰没有影响（见表2-11）。

（11）两者对遭遇性骚扰时应对措施的看法存在统计学显著性差异（$P<0.05$）。

在遭遇性骚扰时的应对措施方面，33.6%和8.4%遭遇过性骚扰的学生认为在遇到性骚扰时被害人的应对措施是“弄清情况并向好友求助”以及“找人报复”，除对这两种应对方式的看法没有显著性差异外，遭遇过性骚扰的学生与没有遭遇过性骚扰的学生对其他应对措施的看法均有统计学显著性差异。分别有33.6%、41.1%、46.7%、30.9%、37.4%以及23.4%遭遇性骚扰的学生认为遇到性骚扰时被害人的应对措施是“装作没发生，忍气吞声”、“严厉制止”、“向公安机关报警”、“向老师或辅导员报告”、“向学校有关部门报告”以及“告诉父母家人”（见表2-11）。遭遇过性骚扰的学生选择“装作没发生，忍气吞声”的比例显著高于没有遭遇过性骚扰的学生，而其他应对措施所占的比例均是没有遭遇过性骚扰的学生显著高于遭遇过性骚扰的学生。

（12）两者对高校防治性骚扰义务的看法存在统计学上显著性差异（$P<0.05$）。

87.5%遭遇过性骚扰的学生认为高校有防治性骚扰的义务，而没有遭遇过性骚扰的学生认为高校有防治性骚扰义务的所占比例为95.6%，两者有统计学显著性差异（见表2-11）。

表2-11　遭遇过性骚扰的学生与没有遭遇过性骚扰的学生对高校性骚扰及其发生现状的认知差异分析

单位：%

对高校性骚扰的认知		遭遇过性骚扰的占比		χ^2	P
		是	否		
高校中是否存在性骚扰	不存在	29.5	14.9	29.889	0
	存在，极少发生	22.9	37.4		
	存在，发生率不太高	32.4	40.8		
	经常发生	15.2	6.9		
对高校中性骚扰现象的看法	属于正常现象，不必大惊小怪	51.9	13.0	114.618	0
	不应该发生	33.0	64.7	42.497	0
	应采取措施杜绝	31.1	55.9	24.518	0
	没有想法	4.7	4.8	0	0.984

续表

对高校性骚扰的认知		遭遇过性骚扰的占比		χ^2	P
		是	否		
对高校性骚扰实施者身份的看法	班主任	38.5	18.5	24.520	0
	普通任课老师	26.9	23.1	0.809	0.368
	学生辅导员	25.0	24.7	0.004	0.951
	心理咨询老师	13.5	13.8	0.009	0.923
	研究生导师	15.4	24.3	4.300	0.038
	系主任/领导	16.3	32.4	11.645	0.001
	学生	62.5	60.9	0.100	0.751
对身边同学是否遭遇性骚扰的看法	是	58.1	27.1	45.476	0
对高校性骚扰受害者身份的看法	学生	65.7	77.7	10.832	0.029
	任课老师	17.1	10.0		
	导师	6.7	3.0		
	行政工作人员	3.8	2.8		
	其他工作人员	6.7	6.4		
对高校性骚扰发生地点的看法	教师办公室	29.0	18.6	97.739	0
	教室	26.2	5.1		
	校园中其他隐蔽的地方	22.4	50.9		
	校园外，如宾馆、公园等	13.1	20.8		
	其他地方	9.3	4.5		

续表

对高校性骚扰的认知		遭遇过性骚扰的占比		χ^2	P
		是	否		
高校性骚扰的特点，与其他性骚扰相比	隐蔽性	44.3	43.7	0.017	0.896
	反复性	37.7	31.3	1.877	0.171
	多发性	44.3	28.1	12.664	0
	师生间存在权力关系	31.1	45.2	7.955	0.005
	学生自我保护意识差	34.9	55.8	17.521	0
	调查取证困难	19.8	42.4	20.850	0
	高校中缺乏投诉渠道	21.7	39.7	13.586	0
对高校性骚扰受害者的看法	违背受害人意愿的行为	38.1	53.8	13.274	0.004
	无论受害人自身是否存在问题，均不得实施性骚扰	43.8	34.1		
	有些受害人自身存在一定问题	17.1	9.8	13.274	0.004
	其他看法	1.0	2.3		
对性骚扰行为具体表现界定的看法	故意猥亵触碰对方身体敏感部位	74.5	93.3	47.963	0
	搂抱等挑逗行为/低俗下流动作等	68.9	80.1	7.704	0.006
	用眼睛盯对方身体敏感部位	54.7	44.3	4.308	0.038
	给对方讲黄段子或通过短信、微信、邮件等发送黄段子	43.4	58.6	9.423	0.002
	谈话时或在电话、短信、微信、邮件等形式的往来中使用挑逗性语言	36.8	44.4	2.332	0.127
	评论羞辱对方身材	26.4	37.7	5.435	0.020
	提出带有交换条件的性要求	45.3	52.3	1.981	0.159

续表

对高校性骚扰的认知		遭遇过性骚扰的占比		χ^2	P
		是	否		
	亲吻对方身体部位	41.5	55.5	7.775	0.005
	讲述自己的性经历	23.6	30.7	2.408	0.121
	邀请对方观看色情淫秽音像制品或文字、图片、物品等	29.2	55.7	27.958	0
	寻求满足自身性生理、心理需求的偷窥偷拍	41.5	65.5	24.767	0
	暴露性器官	44.3	68.2	25.446	0
对存在高校性骚扰原因的看法	实施性骚扰者个人有性心理问题	67.0	87.2	33.521	0
	被骚扰者个人存在问题，如穿着暴露	44.3	44.7	0.006	0.936
	性骚扰双方存在权力不平等关系	39.6	52.4	6.491	0.011
	学校缺乏相应的预防及监管制度	28.3	50.0	18.725	0
	社会的“默许”纵容了性骚扰行为	45.3	51.4	1.462	0.227
	规制性骚扰相关法律法规缺失	43.4	50.5	1.997	0.158
	缺乏相应教育，防范意识不够	36.8	60.5	22.984	0
对性骚扰危害的看法	没有影响	24.3	5.4	57.359	0
	心理方面影响	71.0	93.8	72.835	0
	身体方面影响	41.1	57.4	10.801	0.001
	名誉方面影响	41.1	72.1	45.892	0
	学业、工作方面影响	26.2	41.5	9.772	0.002
	影响师生关系	39.3	59.2	16.326	0
	影响校园环境	33.6	54.4	17.266	0

续表

对高校性骚扰的认知		遭遇过性骚扰的占比		χ^2	P
		是	否		
对遭遇性骚扰时应对措施的看法	装作没发生，忍气吞声	33.6	4.3	147.73	0
	严厉制止	41.1	63.9	22.052	0
	弄清情况并向好友求助	33.6	43.2	3.715	0.054
	向公安机关报警	46.7	72.9	33.391	0
	向老师或辅导员报告	30.9	49.4	13.847	0
	向学校有关部门报告	37.4	65.6	34.404	0
	告诉父母家人	23.4	45.0	18.957	0
	找人报复	8.4	9.4	0.107	0.744
对高校防治性骚扰义务的看法	有义务	87.5	95.6	12.578	0

2. 对高校性骚扰防治现状的认识差异

（1）遭遇过性骚扰者与没有遭遇过性骚扰者对学校目前采取的防治性骚扰的某些措施的看法存在统计学显著性差异（$P<0.05$）。

学校采取的防治性骚扰的措施，在“宣传性骚扰防治知识”、“通过培训提升学生自我保护意识和能力”以及“为受害人提供心理辅导等帮助”方面两者的看法没有显著性差异，分别有46.0%、33.0%以及40.0%遭遇过性骚扰的学生认为学校针对高校性骚扰采取的现有措施是“宣传性骚扰防治知识”、“通过培训提升学生自我保护意识和能力”以及“为受害人提供心理辅导等帮助”。两者对学校采取的以下防治性骚扰措施的看法有显著性差异，42.0%遭遇过性骚扰的学生认为学校采取的现有防治性骚扰措施是“设立投诉部门负责处理性骚扰事件”，而没有遭遇过性骚扰的学生中则有32.1%的学生认为学校采取的现有防治性骚扰措施是“设立投诉部门负责处理性骚扰事件”；对学校采取的“制定防治性骚扰相关规定，加强管理监督机制”的措施的看法，遭遇过性骚扰的学生和没有遭遇过性骚扰的学生所占比例分别是 18.0% 和 29.0%，差异显著；遭遇过性骚扰者与没有遭遇过性骚扰者对学校采取的“保护投诉者不受到打击报复”的措施的看法存在统计学显著性差异（11.0% vs 22.5%）（见表 2-12）。

（2）遭遇过性骚扰者与没有遭遇过性骚扰者对高校采取的防治性骚扰相关规定的看法存在统计学显著性差异（$P<0.05$）。

8.4% 遭遇过性骚扰的学生报告学校有防治性骚扰的相关规定，49.5% 遭遇过性骚扰的学生报告学校没有防治性骚扰的相关规定，还有 42.1% 遭遇过性骚扰的学生不知道学校有没有防治性骚扰的相关规定。在没有遭遇过性骚扰的学生中，只有 1.6% 的学生报告学校有防治性骚扰的相关规定，22.6% 的学生报告学校没有防治性骚扰的相关规定，还有 75.5% 的学生不知道学校有没有防治性骚扰的相关规定（见表 2-12）。

（3）遭遇过性骚扰者与没有遭遇过性骚扰者对高校处理教职工实施性骚扰的相关部门的认识存在统计学显著性差异（$P<0.05$）。

10.6% 遭遇过性骚扰的学生报告学校有处理教职工实施性骚扰的相关部门，45.2% 遭遇过性骚扰的学生报告学校没有处理教职工实施性骚扰的相关部门，还有 44.2% 遭遇过性骚扰的学生报告自己不知道学校是否有处理教职工实施性骚扰的相关部门。在没有遭遇过性骚扰的学生中，有 5.2% 的学生报告学校有处理教职工实施性骚扰的相关部门，有 18.8% 的学生报告学校没有处理教职工实施性骚扰的相关部门，有 76.0% 的学生报告不知道学校是否有处理教职工实施性骚扰的相关部门。

对于高校具体处理教职工实施性骚扰的部门，遭遇过性骚扰的学生和没有遭遇过性骚扰的学生的认识也存在统计学显著性差异，遭遇过性骚扰的学生有较高比例认为是人事处、工会、校办在处理教职工实施的性骚扰，分别占 22.9%、16.9% 和 13.3%；没有遭遇过性骚扰的学生认为是人事处、工会、校办在处理教职工实施的性骚扰的所占比例则分别是 5.8%、2.4% 和

6.3%。遭遇过性骚扰的学生认为是教务处来处理教职工实施性骚扰的所占比例（3.6%）显著低于没有遭遇过性骚扰的学生（10.0%）（见表2-12）。

（4）遭遇过性骚扰者与没有遭遇过性骚扰者对高校处理学生实施性骚扰的相关部门的认识有统计学显著性差异（$P<0.05$）。

13.0%遭遇过性骚扰的学生报告学校有处理学生实施性骚扰的相关部门，37.0%遭遇过性骚扰的学生报告学校没有处理学生实施性骚扰的相关部门，还有50.0%遭遇过性骚扰的学生报告自己不知道学校是否有处理学生实施性骚扰的相关部门。在没有遭遇过性骚扰的学生中，有5.8%的学生报告学校有处理学生实施性骚扰的相关部门，有15.6%的学生报告学校没有处理学生实施性骚扰的相关部门，有78.6%的学生报告不知道学校是否有处理学生实施性骚扰的相关部门。

对于高校具体处理学生实施性骚扰的部门，遭遇过性骚扰的学生和没有遭遇过性骚扰的学生的认识也存在统计学显著性差异，遭遇过性骚扰的学生中有较高比例认为是学生处在处理学生实施的性骚扰，占40.2%；没有遭遇过性骚扰的学生认为是学生处在处理学生实施的性骚扰的所占比例则是13.6%。遭遇过性骚扰的学生认为是由学生工作委员会、团委来处理学生实施性骚扰的所占比例（18.3%、9.8%）低于没有遭遇过性骚扰的学生（21.1%、11.5%）。分别有31.7%和53.8%遭遇过性骚扰和没有遭遇过性骚扰的学生报告自己不知道学校处理学生实施的性骚扰的相关部门是哪个部门（见表2-12）。

（5）遭遇过性骚扰者与没有遭遇过性骚扰者对性骚扰受害人向学校有关部门求助情况的认识以及对学校处理措施的认识均存在统计学显著性差异（$P<0.05$）。

有26.4%遭遇过性骚扰的学生认为性骚扰受害人在遭遇性骚扰后会向学校有关部门求助，而没有遭遇过性骚扰的学生则只有7.2%认为性骚扰受害人在遭遇性骚扰后会向学校有关部门求助。分别有 40.6% 和 21.5% 遭遇过性骚扰和没有遭遇过性骚扰的学生认为性骚扰受害人不会向学校有关部门求助，还有 33.0% 和 71.1% 遭遇过性骚扰和没有遭遇过性骚扰的学生则不知道性骚扰受害人是否会向学校有关部门求助。

27.6% 遭遇过性骚扰的学生认为性骚扰受害人向学校有关部门求助后，学校的处理措施是“不了了之”和“展开调查，查明真相后公正处理”，该比例高于没有遭遇过性骚扰的学生所报告的比例（6.9% 和 17.3%）。21.1% 遭遇过性骚扰的学生认为性骚扰受害人向学校有关部门求助后，学校的处理措施是“在必要时寻求公安机关处理”，而没有遭遇过性骚扰的学生认为学校会采取该处理措施的比例则是 10.7%。3.9% 遭遇过性骚扰的学生认为性骚扰受害人向学校有关部门求助后，学校的处理措施是“必要时帮助寻求法院诉讼程序解决”，而没有遭遇过性骚扰的学生认为学校会采取该处理措施的比例则是 7.5%。2.6% 遭遇过性骚扰的学生认为性骚扰受害人向学校有关部门求助后，学校会“采取其他处理措施”，而没有遭遇过性骚扰的学生认为学校会采取该处理措施的比例则是 1.3%。17.2% 遭遇过性骚扰的学生不知道性骚扰受害人向学校有关部门求助后，学校的处理措施是什么，而没有遭遇过性骚扰的学生报告不知道学校会采取什么处理措施的比例则是 56.2%（见表2－12）。

（6）遭遇过性骚扰者与没有遭遇过性骚扰者对性骚扰受害人向公安机关报警的看法及受害人向法院提起诉讼的看法均存在统计学显著性差异（$P<0.05$）。

38.4% 遭遇过性骚扰的学生认为性骚扰受害人会向公安机关报警，23.2% 遭遇过性骚扰的学生认为性骚扰受害人不会向公安机关报警；而在没有遭遇过性骚扰的学生中，有 20.7% 的学生认为性骚扰受害人会向公安机关报警，18.4% 的学生则认为性骚扰受害人不会向公安机关报警。分别有 38.4% 和 60.9% 遭遇过性骚扰和没有遭遇过性骚扰的学生认为他们不知道性骚扰受害人是否会向公安机关报警。

25.0% 遭遇过性骚扰的学生认为性骚扰受害人会向法院提起诉讼，32.7% 遭遇过性骚扰的学生认为性骚扰受害人不会向法院提起诉讼；而在没有遭遇过性骚扰的学生中，有 12.1% 的学生认为性骚扰受害人会向法院提起诉讼，23.4% 的学生则认为性骚扰受害人不会向法院提起诉讼。分别有 42.3% 和 64.5% 遭遇过性骚扰和没有遭遇过性骚扰的学生认为他们不知道性骚扰受害人是否会向法院提起诉讼（见表 2－12）。

表 2－12　遭遇过性骚扰者与没有遭遇过性骚扰者对高校性骚扰防治现状的看法差异分析

单位：%

<table>
<tr><th colspan="2" rowspan="2">高校性骚扰防治现状</th><th colspan="2">遭遇过性骚扰</th><th rowspan="2">χ^2</th><th rowspan="2">P</th></tr>
<tr><th>是</th><th>否</th></tr>
<tr><td rowspan="7">学校采取的防治性骚扰的措施</td><td>宣传性骚扰防治知识</td><td>46.0</td><td>47.8</td><td>0.118</td><td>0.731</td></tr>
<tr><td>通过培训提升学生自我保护意识和能力</td><td>33.0</td><td>31.3</td><td>0.121</td><td>0.728</td></tr>
<tr><td>设立投诉部门负责处理性骚扰事件</td><td>42.0</td><td>32.1</td><td>4.213</td><td>0.040</td></tr>
<tr><td>制定防治性骚扰相关规定，加强管理监督机制</td><td>18.0</td><td>29.0</td><td>5.547</td><td>0.019</td></tr>
<tr><td>为受害人提供心理辅导等帮助</td><td>40.0</td><td>40.6</td><td>0.014</td><td>0.905</td></tr>
<tr><td>保护投诉者不受到打击报复</td><td>11.0</td><td>22.5</td><td>7.266</td><td>0.007</td></tr>
<tr><td>不知道</td><td>16.0</td><td>32.4</td><td>11.747</td><td>0.001</td></tr>
<tr><td rowspan="3">学校是否有防治性骚扰的相关规定</td><td>有</td><td>8.4</td><td>1.6</td><td rowspan="3">68.063</td><td rowspan="3">0</td></tr>
<tr><td>没有</td><td>49.5</td><td>22.6</td></tr>
<tr><td>不知道</td><td>42.1</td><td>75.8</td></tr>
<tr><td rowspan="3">学校是否有处理教职工实施性骚扰的相关部门</td><td>有</td><td>10.6</td><td>5.2</td><td rowspan="3">51.494</td><td rowspan="3">0</td></tr>
<tr><td>没有</td><td>45.2</td><td>18.8</td></tr>
<tr><td>不知道</td><td>44.2</td><td>76.0</td></tr>
</table>

续表

高校性骚扰防治现状		遭遇过性骚扰		χ^2	P
		是	否		
学校处理教职工实施性骚扰的部门	工会	16.9	2.4	101.086	0
	人事处	22.9	5.8		
	纪监审	9.6	21.0		
	教务处	3.6	10.0		
	校办	13.3	6.3		
	其他	33.7	54.6		
学校是否有处理学生实施性骚扰的相关部门	有	13.0	5.8	42.952	0
	没有	37.0	15.6		
	不知道	50.0	78.6		
学校处理学生实施性骚扰的部门	学生处	40.2	13.6	42.044	0
	学生工作委员会	18.3	21.1		
	团委	9.8	11.5		
	其他	31.7	53.8		
遭遇性骚扰者向学校有关部门求助	是	26.4	7.2	79.792	0
	否	40.6	21.5		
	不知道	33.0	71.3		
遭遇性骚扰者向学校有关部门求助后，学校处理措施	不了了之	27.6	6.9	71.564	0
	展开调查，查明真相后公正处理	27.6	17.3		
	必要时寻求公安机关处理	21.1	10.7		
	必要时帮助寻求法院诉讼程序解决	3.9	7.5		
	其他处理措施	2.6	1.3		
	不知道	17.2	56.2		

续表

高校性骚扰防治现状		遭遇过性骚扰		χ^2	P
		是	否		
性骚扰受害人向公安机关报警	是	38.4	20.7	22.296	0
	否	23.2	18.4		
	不知道	38.4	60.9		
性骚扰受害人向法院提起诉讼	是	25.0	12.1	23.639	0
	否	32.7	23.4		
	不知道	42.3	64.5		

三、对高校防治性骚扰应采取措施的认识差异

（1）遭遇过性骚扰者与没有遭遇过性骚扰者对高校防治性骚扰应采取原则的看法存在统计学显著性差异（$P<0.05$）。

48.5%遭遇过性骚扰的学生认为高校防治性骚扰的原则应该是“依法依规处理”，有17.5%遭遇过性骚扰的学生认为高校防治性骚扰的原则应该是“主动介入”及“从重处理”，9.3%遭遇过性骚扰的学生认为高校防治性骚扰的原则应该是“不告不理”，还有6.2%遭遇过性骚扰的学生认为高校防治性骚扰的原则应该是“从轻处理”。而在没有遭遇过性骚扰的学生中，认为高校防治性骚扰的原则应该是“依法依规处理”、“主动介入”、“从重处理”、“不告不理”以及“从轻处理”的所占比例则分别是49.6%、25.9%、14.9%、5.6%以及1.0%。

遭遇过性骚扰者与没有遭遇过性骚扰者对高校防治性骚扰应采取原则的看法存在统计学显著性差异，差异主要体现在对“主动介入”以及“从轻处理”的原则上，没有遭遇过性骚扰的学生认为应“主动介入”的所占比例高于遭遇过性骚扰的学生，而遭遇过性骚扰的学生认为应该“从轻处理”的所占比例高于没有遭遇过性骚扰的学生（见表2-13）。

（2）遭遇过性骚扰者与没有遭遇过性骚扰者对高校防治性骚扰应采取的

某些具体措施的看法存在统计学显著性差异（$P<0.05$）。

对于高校应采取的防治性骚扰的具体措施，遭遇过性骚扰的学生中，有55.2%的学生认为防治措施应该是“建立相关的规定和制度”以及“制定相应的投诉机制和程序”，48.6%的学生认为防治措施应该是“成立专门的部门负责处理此类事件”，45.7%的学生认为防治措施应该是“开设相关课程或讲座”，34.3%的学生认为防治措施应该是“在校园中普及宣传防治性骚扰的相关法律和理念”。

遭遇过性骚扰者与没有遭遇过性骚扰者对高校防治性骚扰应采取的具体措施的看法存在统计学显著性差异。与遭遇过性骚扰的学生相比，在没有遭遇过性骚扰的学生中，较高比例学生认为防治措施应该是“开设相关课程或讲座”（71.7%）、“建立相关的规定和制度”（65.6%）、“制定相应的投诉机制和程序”（63.3%）、“在校园中普及宣传防治性骚扰的相关法律和理念”（56.4%）以及“成立专门的部门负责处理此类事件”（53.5%）（见表2－13）。

（3）遭遇过性骚扰者与没有遭遇过性骚扰者对高校成立防治性骚扰机构的必要性的看法存在统计学显著性差异（$P<0.05$）。

在遭遇过性骚扰的学生中，57.1%的学生认为高校非常有必要成立防治性骚扰机构，认为比较有必要成立防治性骚扰机构的学生占9.5%，认为高校成立防治性骚扰机构必要性一般的学生占27.6%，认为不太必要和完全没必要的学生所占比例均为2.9%。而在没有遭遇过性骚扰的学生中，认为非常有必要和比较有必要的分别占50.3%和27.9%，认为必要性一般的占13.3%，认为不太必要以及完全没必要的分别占7.4%和1.1%（见表2－13）。

（4）遭遇过性骚扰者与没有遭遇过性骚扰者对高校处理教职工实施性骚扰应采取的措施看法存在统计学显著性差异（$P<0.05$）。

从图2－17可以看出，两者的看法差异主要体现在对学校不处理以及采取校内处分的处理措施方面，遭遇过性骚扰者有较高比例认为学校采取了这两种处理方式，而没有遭遇过性骚扰者不知道学校该如何处理的学生所占比例显著高于遭遇过性骚扰的学生所占比例。

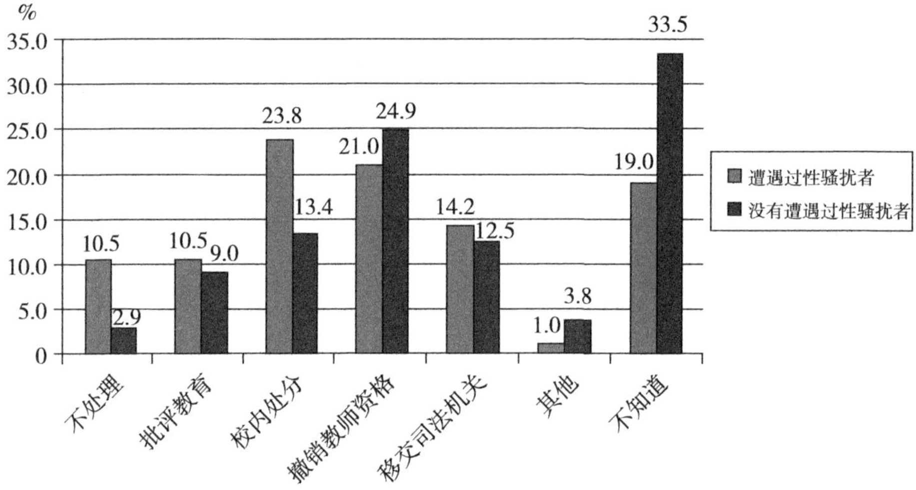

图 2－17　遭遇过性骚扰者与没有遭遇过性骚扰者对高校处理教职工实施性骚扰应采取的措施看法差异

（5）遭遇过性骚扰者与没有遭遇过性骚扰者对高校处理学生实施性骚扰应采取的措施看法存在统计学显著性差异（$P<0.05$）。

由图 2－18 可见，遭遇过性骚扰者与没有遭遇过性骚扰者对高校处理学生实施性骚扰应采取的措施看法差异主要体现在学校采取不处理的措施方面，较高比例遭遇过性骚扰的学生认为学校没有采取处理措施，而没有遭遇过性骚扰的学生则有较高比例不知道学校应采取的措施（见图 2－18）。

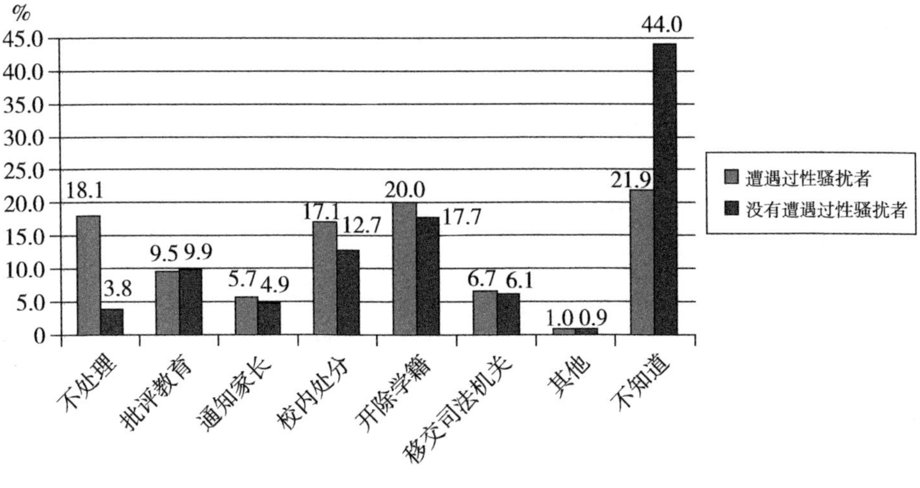

图 2－18 遭遇过性骚扰者与没有遭遇过性骚扰者对高校处理学生实施性骚扰应采取的措施看法差异

（6）遭遇过性骚扰者与没有遭遇过性骚扰者对高校应如何保护和救助性骚扰受害人的看法存在统计学显著性差异（$P < 0.05$）。

从图 2－19 可以看出，遭遇过性骚扰者与没有遭遇过性骚扰者对高校应如何保护和救助性骚扰受害人的看法差异主要体现在“帮助取证，维护权益”方面，有较高比例遭遇过性骚扰的学生认为学校应该帮助性骚扰受害人取证，从而帮助他们维护权益。

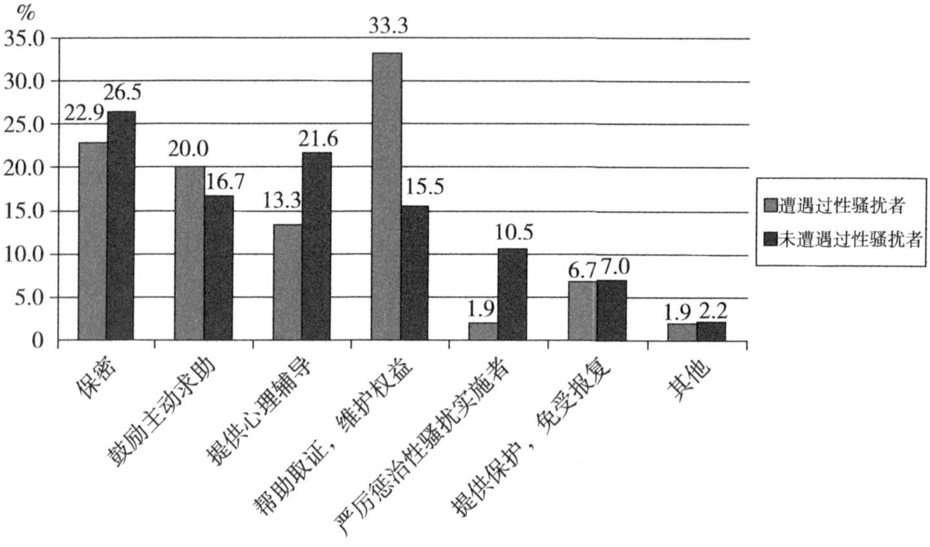

图 2-19 遭遇过性骚扰者与没有遭遇过性骚扰者对高校应如何保护和救助性骚扰受害人的看法差异

（7）遭遇过性骚扰者与没有遭遇过性骚扰者对高校应否对防治性骚扰发生承担责任的看法存在统计学显著性差异（P<0.05）。

77.9%遭遇过性骚扰者认为高校应该对性骚扰发生承担责任，16.4%遭遇过性骚扰者认为高校不应该对性骚扰发生承担责任。在没有遭遇过性骚扰者中，有78.2%认为高校应该对性骚扰发生承担责任，而只有7.7%认为高校不应该对性骚扰发生承担责任（见表2-13）。

表 2 - 13　遭遇过性骚扰者与没有遭遇过性骚扰者对高校防治性骚扰应采取措施的看法差异分析

单位：%

高校防治性骚扰应采取的措施		遭遇过性骚扰		χ^2	P
		是	否		
高校防治性骚扰应采取的原则	主动介入	17.5	25.9	25.018	0
	不告不理	9.3	5.6		
	依法依规处理	48.5	49.6		
	从重处理	17.5	14.9		
	从轻处理	6.2	1.0		
	其他	1.0	3.0		
	开设相关课程或讲座	45.7	71.7	31.649	0
	制定相应的投诉机制和程序	55.2	63.3	2.719	0.099
	建立相关的规定和制度	55.2	65.6	4.621	0.032
	成立专门的部门负责处理此类事件	48.6	53.5	0.943	0.332
	在校园中普及宣传防治性骚扰的相关法律和理念	34.3	56.4	19.331	0
高校成立防治性骚扰机构的必要性	非常有必要	57.1	50.3	32.877	0
	比较有必要	9.5	27.9		
	一般	27.6	13.3		
	不太必要	2.9	7.4		
	完全没必要	2.9	1.1		
高校处理实施性骚扰教职工应采取的措施	不处理	10.5	2.9	33.563	0
	批评教育	10.5	9.0		
	校内处分	23.8	13.4		
	撤销教师资格	21.0	24.9		
	移交司法机关	14.2	12.5		
	其他	1.0	3.8		
	不知道	19.0	33.5		

续表

高校防治性骚扰应采取的措施		遭遇过性骚扰		χ^2	P
		是	否		
高校处理学生实施性骚扰应采取的措施	不处理	18.1	3.8	56.037	0
	批评教育	9.5	9.9		
	通知家长	5.7	4.9		
	校内处分	17.1	12.7		
	开除学籍	20.0	17.7		
	移交司法机关	6.7	6.1		
	其他	1.0	0.9		
	不知道	21.9	44.0		
高校应如何保护和救助性骚扰受害人	保密	22.9	26.5	30.415	0
	鼓励主动求助	20.0	16.7		
	提供心理辅导	13.3	21.6		
	帮助取证，维护权益	33.3	15.5		
	严厉惩治性骚扰实施者	1.9	10.5		
	提供保护，免受报复	6.7	7.0		
	其他	1.9	2.2		
高校对性骚扰发生应否承担责任	非常应该	35.6	22.7	25.280	0
	应该	42.3	55.5		
	一般	4.8	12.2		
	不太应该	13.5	6.9		
	非常不应该	2.9	0.8		
	其他	1.0	1.9		

四、性别差异分析

（一）不同性别学生对高校性骚扰的认知差异分析

（1）不同性别学生对高校中是否存在性骚扰的认识存在统计学显著性差

异（$P<0.05$）。

男生中认为高校不存在性骚扰（18.7%）以及性骚扰经常发生（9.0%）的比例高于女生，而女生中则有较高比例认为高校存在性骚扰但极少发生（39.1%）以及高校存在性骚扰但发生率不太高（43.4%）（见表2－14）。

（2）不同性别学生对高校中存在的性骚扰现象的某些看法存在统计学显著性差异（$P<0.05$）。

不同性别学生对高校中存在的性骚扰现象的看法差异主要体现在两个方面：首先是对“高校性骚扰现象属于正常现象，不必大惊小怪”的看法存在显著性差异，男生中有较高比例认为高校性骚扰属于正常现象，不必大惊小怪；其次是对“应采取措施杜绝性骚扰”的看法存在差异，女生中有较高比例认为应采取措施杜绝高校性骚扰（见表2－14）。

（3）不同性别学生对高校性骚扰实施者身份的看法存在统计学显著性差异（$P<0.05$）。

不同性别学生对高校性骚扰实施者身份的看法差异表现在“学生辅导员”及“心理咨询老师”这两种身份，有较高比例的男生认为高校性骚扰的实施者是“学生辅导员”及“心理咨询老师”（见表2－14）。

（4）不同性别学生对高校性骚扰受害者的看法存在统计学显著性差异（$P<0.05$）。

有较高比例的男生认为性骚扰“是违背受害人意愿的行为”，而有较高比例的女生则认为“无论受害人自身是否存在问题，行为人均不得实施性骚扰”（见表2－14）。

（5）不同性别学生对高校性骚扰行为具体表现的界定均存在统计学显著性差异（$P<0.05$）。

本研究中，对高校性骚扰具体行为表现的界定包括：“故意猥亵触碰对方身体敏感部位”、“搂抱等挑逗行为/低俗下流动作等”、“用眼睛盯对方身体敏感部位”、“给对方讲黄段子或通过短信、微信、邮件等发送黄段子”、“谈话时或在电话、短信、微信、邮件等形式的往来中使用挑逗性语言”、“评论羞辱对方身材”、“提出带有交换条件的性要求”、“亲吻对方身体部位”、“讲述自己的性经历”、“邀请对方观看色情淫秽音像制品或文字、图片、物品等”、“寻求满足自身性生理、心理需求的偷窥、偷拍”以及“暴露性器官”（见表2-14）。

不同性别学生对以上行为的界定均存在统计学显著性差异。与男生相比，女生中有较高比例学生认为以上行为均属于高校性骚扰的行为表现（见表2-14）。

（6）不同性别学生对存在高校性骚扰原因的看法有统计学显著性差异（$P<0.05$）。

不同性别学生对存在高校性骚扰原因是“被骚扰者个人存在问题，穿着暴露”这一看法不存在统计学显著性差异，而对其他存在高校性骚扰的原因看法均存在统计学显著性差异。

女生中有较高比例认为高校存在性骚扰的原因是：“实施性骚扰者个人有性心理问题”、“性骚扰双方存在权力不平等关系”、“学校缺乏相应的预防及监管制度”、“社会的‘默许’纵容了性骚扰行为”、“规制性骚扰相关法律法规缺失”以及“缺乏相应教育，受害人防范意识不够”（见表2-14）。

（7）不同性别学生对性骚扰危害的看法存在统计学显著性差异（$P<0.05$）。

男生中有较高比例认为性骚扰没有影响，而女生中则有较高比例认为性骚扰会带来心理、身体、名誉、学业、工作、师生关系及校园环境等方面的影响（见表2-14）。

表 2－14　对高校性骚扰认知的性别差异分析

单位：%

对高校性骚扰的认知		性别		χ^2	P
		男	女		
高校中是否存在性骚扰	不存在	18.7	11.5	22.778	0
	存在，极少发生	34.4	39.1		
	存在，发生率不太高	38.0	43.4		
	经常发生	9.0	5.9		
对高校中性骚扰现象的看法	客观存在	21.1	7.4	56.900	0
	不应该发生	62.2	62.8	0.061	0.806
	应采取措施杜绝	48.6	63.1	33.341	0
	没有想法	4.3	5.3	0.832	0.362
对高校性骚扰实施者身份看法	班主任	21.2	17.8	2.862	0.091
	普通任课老师	23.9	22.7	0.287	0.592
	学生辅导员	27.8	21.1	9.364	0.002
	心理咨询老师	15.9	11.0	7.787	0.005
	研究生导师	23.7	23.7	0	0.999
	系主任/领导	31.7	31.3	0.032	0.858
	学生	61.9	60.4	0.388	0.534
对高校性骚扰受害者的看法	是违背受害人意愿的行为	56.7	47.6	23.412	0
	无论受害人自身是否存在问题，均不得实施性骚扰	30.7	39.8		
	有些受害人自身存在一定问题	11.1	9.3		
	其他看法	1.4	3.4		

续表

对高校性骚扰的认知		性别		χ^2	P
		男	女		
对性骚扰行为具体表现界定的看法	故意猥亵触碰对方身体敏感部位	89.5	96.8	30.188	0
	搂抱等挑逗行为/低俗下流动作等	73.9	87.5	44.270	0
	用眼睛盯对方身体敏感部位	38.1	54.2	40.876	0
	给对方讲黄段子或通过短信、微信、邮件等发送黄段子	50.7	67.6	45.754	0
	谈话时或在电话、短信、微信、邮件等形式的往来中使用挑逗性语言	38.5	51.4	26.209	0
	评论羞辱对方身材	30.0	47.1	49.242	0
	提出带有交换条件的性要求	41.6	66.4	96.609	0
	亲吻对方身体部位	49.1	62.9	30.108	0
	讲述自己的性经历	22.7	41.4	64.017	0
	邀请对方观看色情淫秽音像制品或文字、图片、物品等	46.3	65.2	56.795	0
	寻求满足自身性生理、心理需求的偷窥、偷拍	55.4	76.4	75.539	0
	暴露性器官	57.5	79.8	87.728	0

续表

对高校性骚扰的认知		性别		χ^2	P
		男	女		
对存在高校性骚扰原因的看法	实施性骚扰者个人有性心理问题	82.0	91.2	27.198	0
	被骚扰者个人存在问题，穿着暴露	45.8	43.6	0.783	0.376
	性骚扰双方存在权力不平等关系	49.0	55.2	6.133	0.013
	学校缺乏相应的预防及监管制度	43.1	57.4	32.122	0
	社会的“默许”纵容了性骚扰行为	46.1	58.3	23.192	0
	规制性骚扰相关法律法规缺失	43.4	59.9	42.619	0
	缺乏相应教育，防范意识不够	54.6	65.5	19.314	0
对性骚扰危害的看法	没有影响	8.1	4.0	11.273	0.001
	心理方面影响	89.9	96.2	22.162	0
	身体方面影响	48.2	67.8	61.122	0
	名誉方面影响	64.6	78.1	33.931	0
	学业、工作方面影响	33.7	50.1	43.770	0
	影响师生关系	52.4	65.9	29.128	0
	影响校园环境	47.6	61.8	31.759	0
对高校防治性骚扰义务的看法	有义务	94.5	96.0	1.830	0.176

（二）不同性别学生对高校性骚扰发生现状看法的差异分析

（1）不同性别学生遭遇性骚扰的现状不存在统计学显著性差异（$P > 0.05$，见表2－15）。

（2）不同性别学生遭遇性骚扰的频率不存在统计学显著性差异（$P > 0.05$，见表 2－15）。

（3）不同性别学生对性骚扰实施者身份的看法存在统计学显著性差异（$P < 0.05$）。

男生中有较高比例学生认为高校性骚扰的实施者是同学、班主任/导师/系主任/领导及辅导员。而女生中则有较高比例学生认为高校性骚扰的实施者是同学（见表 2－15）。

（4）不同性别学生对身边学生遭遇性骚扰的现状看法不存在统计学显著性差异（$P > 0.05$，见表 2－15）。

（5）不同性别学生对高校性骚扰受害者身份的看法存在统计学显著性差异（$P < 0.05$）。

男生中有较高比例学生认为高校性骚扰受害者是同学、任课老师，而女生中则有较高比例学生认为高校性骚扰受害者是学生、任课老师和其他工作人员（见表 2－15）。

（6）不同性别学生对高校性骚扰发生地点的看法存在统计学显著性差异（$P < 0.05$）。

男生中有较高比例学生认为高校性骚扰发生地点是“校园中其他隐蔽的地方”、“教师办公室”以及“校园外，如宾馆、公园等”，而女生中则有较高比例学生认为高校性骚扰发生地点是“校园中其他隐蔽的地方（除教室、教师办公室外）”（见表 2－15）。

（7）不同性别学生对高校性骚扰的特点看法存在统计学显著性差异（$P < 0.05$）。

不同性别学生对高校性骚扰的特点看法差异表现在两个方面：“师生间存在权力关系”以及“高校中缺乏投诉渠道”，与男生相比，女生中有较高比例认为高校性骚扰存在上面这两个特点。不同性别学生对高校性骚扰其他方面的特点看法不存在统计学显著性差异（见表 2－15）。

（8）不同性别学生对高校性骚扰受害人在遭遇性骚扰时应对措施的看法存在统计学显著性差异（$P<0.05$）。

与男生相比，有较高比例女生认为高校性骚扰受害人在遭遇性骚扰时应对措施是“严厉制止”、“弄清情况并向好友求助”、“向老师或辅导员报告”、“向学校有关部门报告”以及“告诉父母、家人”。而男生中，则有较高比例认为高校性骚扰受害人在遭遇性骚扰时应对措施是“找人报复”（见表2－15）。

表2－15　高校性骚扰发生现状的性别差异分析

单位:%

高校性骚扰发生现状		性别		χ^2	P
		男	女		
遭遇性骚扰	是	7.1	5.5	1.748	0.186
遭遇性骚扰的频率	1次	46.3	52.8	4.284	0.232
	2次	19.4	30.6		
	3次	3.0	2.8		
	4次及以上	31.3	13.9		
性骚扰实施者	班主任/导师/系主任/领导	30.0	6.1	16.092	0.003
	普通任课老师	20.0	18.2		
	辅导员	12.9	6.1		
	同学	32.9	45.5		
	其他	4.3	24.2		
身边同学遭遇过性骚扰	是	28.7	30.0	0.331	0.565

续表

高校性骚扰发生现状		性别		χ^2	P
		男	女		
对高校性骚扰受害者身份的看法	学生	75.7	79.3	20.935	0
	任课老师	13.2	6.5		
	导师	2.9	3.6		
	行政工作人员	2.4	3.4		
	其他工作人员	5.8	7.2		
对高校性骚扰发生地点的看法	教师办公室	19.0	19.2	17.968	0.001
	教室	8.0	4.7		
	校园中其他隐蔽的地方	46.0	53.7		
	校园外，如宾馆、公园等	22.8	17.0		
	其他地方	4.4	5.3		
高校性骚扰的特点，与其他相比	隐蔽性	42.3	45.9	2.101	0.147
	反复性	31.9	31.6	0.025	0.873
	多发性	29.6	29.0	0.051	0.821
	师生间存在权力关系	40.0	50.7	17.921	0
	学生自我保护意识差	52.9	57.5	3.370	0.066
	调查取证困难	39.9	42.8	1.358	0.244
	高校中缺乏投诉渠道	32.6	47.4	36.163	0
对遭遇性骚扰时应对措施的看法	装作没发生，忍气吞声	6.6	5.6	0.647	0.421
	严厉制止	60.1	65.7	5.162	0.023
	弄清情况并向好友求助	39.4	47.7	10.965	0.001
	向公安机关报警	69.9	73.2	2.038	0.153
	向老师或辅导员报告	44.0	54.3	16.914	0
	向学校有关部门报告	58.9	70.5	22.861	0
	告诉父母家人	36.3	54.1	50.102	0
	找人报复	11.6	6.3	12.962	0

（三）不同性别学生对高校性骚扰防治现状的看法差异分析

（1）不同性别学生对学校采取的防治性骚扰的措施看法存在统计学显著性差异（$P<0.05$）。

不同性别学生对学校采取的防治性骚扰的措施看法差异主要体现在三个方面：首先，男生中有较高比例的学生认为学校采取的防治措施是“宣传性骚扰防治知识”；其次，女生中有较高比例的学生认为学校采取的防治措施是“为受害人提供心理辅导等帮助”；女生中也有较高比例的学生不知道学校采取的防治措施是什么（见表2－16）。

（2）不同性别学生对学校是否有防治性骚扰相关规定的看法存在统计学显著性差异（$P<0.05$）。

女生中不知道学校是否有防治性骚扰相关规定的学生所占比例高于男生（见表2－16）。

（3）不同性别学生对学校处理教职工实施性骚扰的相关部门的看法存在统计学显著性差异（$P<0.05$）。

男生中有一定比例的学生认为学校有处理教职工实施性骚扰的相关部门，而女生中有较高比例的学生不知道学校是否有处理教职工实施性骚扰的相关部门。

男生中有较高比例的学生认为学校处理教职工实施性骚扰的部门是“工会”、“人事处”、“纪监审”、“教务处”及“校办”（见表2－16）。

（4）不同性别学生对学校处理学生实施性骚扰的相关部门的看法存在统计学显著性差异（$P<0.05$）。

男生中有一定比例的学生认为学校有处理学生实施性骚扰的相关部门，而女生中有较高比例的学生不知道学校是否有处理学生实施性骚扰的相关部门。

男生中有较高比例的学生认为学校处理学生实施性骚扰的部门是“学生处”、“学生工作委员会”及“团委”（见表2－16）。

（5）不同性别学生对遭遇性骚扰者向学校有关部门求助情况及求助后学校处理措施的看法均存在统计学显著性差异（$P<0.05$）。

男生中有较高比例的学生认为遭遇性骚扰者会向学校有关部门求助，而女生中则有较高比例的学生不知道遭遇性骚扰者会不会向学校有关部门求助。

不同性别学生对遭遇性骚扰者向学校有关部门求助后学校的处理措施的看法也存在统计学显著性差异，有较高比例的男生认为学校会采取以下处理措施："不了了之"、"展开调查，查明真相后公正处理"、"必要时寻求公安机关处理"以及"必要时帮助寻求法院诉讼程序解决"，而女生中则有较高比例的学生不知道学校的处理措施是什么（见表2－16）。

（6）不同性别学生对性骚扰受害人向公安机关报警及向法院提起诉讼的看法存在统计学显著性差异（$P<0.05$）。

男生中有一定比例的学生认为性骚扰受害人会向公安机关报警，也会向法院提起诉讼（见表2－16）。

表2－16　不同性别学生对高校性骚扰防治现状的看法差异分析

高校性骚扰防治现状		性别		χ^2	P
		男	女		
学校采取的防治性骚扰的措施	宣传性骚扰防治知识	51.2	42.8	10.900	0.001
	通过培训提升自我保护意识和能力	32.6	30.6	0.680	0.410
	设立投诉部门负责处理性骚扰事件	32.7	32.2	0.044	0.833
	制定防治性骚扰相关规定，加强管理监督机制	26.4	30.6	3.319	0.069
	为受害人提供心理辅导等帮助	37.2	45.5	11.075	0.001
	保护投诉者不受到打击报复	22.1	21.6	0.044	0.833
	不知道	26.6	38.4	24.968	0

续表

高校性骚扰防治现状		性别		χ^2	P
		男	女		
学校是否有防治性骚扰的相关规定	有	2.4	1.3	7.804	0.020
	没有	26.3	21.5		
	不知道	71.3	77.1		
学校有处理教职工实施性骚扰的相关部门	有	7.3	3.3	14.177	0.001
	没有	21.6	19.1		
	不知道	71.1	77.6		
学校处理教职工实施性骚扰的部门	工会	4.1	2.3	61.000	0
	人事处	8.0	5.0		
	纪监审	22.0	17.4		
	教务处	11.6	7.2		
	校办	9.7	2.7		
	其他	44.6	65.4		
学校是否有处理学生实施性骚扰的相关部门	有	7.8	4.0	9.933	0.007
	没有	17.2	16.8		
	不知道	74.9	79.1		
学校处理学生实施性骚扰的部门	学生处	19.8	10.6	78.033	0
	学生工作委员会	26.7	14.3		
	团委	13.8	8.7		
	其他	39.8	66.5		
遭遇性骚扰者向学校有关部门求助	是	11.2	4.7	21.159	0
	否	22.5	23.3		
	不知道	66.3	71.9		

续表

高校性骚扰防治现状		性别		χ^2	P
		男	女		
遭遇性骚扰者向学校有关部门求助后，学校处理措施	不了了之	9.4	6.5	63.065	0
	展开调查，查明真相后公正处理	19.4	15.8		
	必要时寻求公安机关处理	14.1	7.6		
	必要时帮助寻求法院诉讼程序解决	10.5	3.3		
	其他处理措施	1.5	1.3		
	不知道	45.1	65.5		
性骚扰受害人向公安机关报警	是	24.5	18.4	9.587	0
	否	17.2	20.8		
	不知道	58.4	60.8		
性骚扰受害人向法院提起诉讼	是	16.8	8.0	27.014	0
	否	22.7	25.8		
	不知道	60.5	66.2		

（四）不同性别学生对高校防治性骚扰应采取措施的看法差异分析

（1）不同性别学生对高校防治性骚扰应采取原则的看法存在统计学显著性差异（$P<0.05$）（见表17）。

与男生相比，有较高比例的女生认为高校防治性骚扰应该采取的原则是“依法依规处理”以及“从重处理”。男生中认为高校防治性骚扰应该采取的原则是“主动介入”和“从轻处理”的学生所占比例高于女生。

（2）不同性别学生对高校防治性骚扰应采取的具体措施的看法存在统计学显著性差异（$P<0.05$）。

有较高比例的女生认为高校防治性骚扰应采取以下具体措施：“开设相

关课程或讲座”、“制定相应的投诉机制和程序”、“建立相关的规定和制度”、“成立专门的部门负责处理此类事件”以及“在校园中普及宣传防治性骚扰的相关法律和理念”（见表2－17）。

（3）不同性别学生对高校成立防治性骚扰机构的必要性的看法存在统计学显著性差异（$P<0.05$）。

女生中有较高比例的学生认为高校非常有必要成立防治性骚扰的机构，而男生中则有较高比例的学生认为高校完全没必要成立防治性骚扰的机构（见表2－17）。

（4）不同性别学生对高校处理实施性骚扰教职工及学生应采取的措施的看法存在统计学显著性差异（$P<0.05$）。

有较高比例的男生认为高校处理实施性骚扰教职工应采取的措施是“校内处分”及“撤销教师资格”，而有较高比例的女生则不知道高校应该采取何种措施处理实施性骚扰的教职工。

有较高比例的男生认为高校处理实施性骚扰学生应采取的措施是“开除学籍”、“校内处分”以及“批评教育”，有较高比例的女生则不知道高校应该采取何种措施处理实施性骚扰的学生（见表2－17）。

（5）不同性别学生对高校保护和救助性骚扰受害人应采取的措施的看法存在统计学显著性差异（$P<0.05$）。

有较高比例的男生认为高校保护和救助性骚扰受害人应采取的措施是“帮助取证，维护权益”以及“严厉惩治性骚扰实施者”，而有较高比例的女生则认为高校保护和救助性骚扰受害人应采取的措施是“保密”、“鼓励主动求助”以及“提供心理辅导”（见表2－17）。

（6）不同性别学生对高校对性骚扰发生应否承担责任的看法存在统计学显著性差异（$P<0.05$）。

有较高比例的男生认为高校不应该对性骚扰的发生承担责任（见表2－17）。

表 2-17 不同性别学生对高校防治性骚扰应采取的措施看法差异分析

高校防治性骚扰应采取的措施		性别		χ^2	P
		男	女		
高校防治性骚扰应采取的原则	主动介入	29.0	24.0	29.164	0
	“不告不理”	6.5	4.9		
	依法依规处理	44.9	56.3		
	从重处理	14.8	15.6		
	从轻处理	1.8	0.4		
	其他	3.0	2.4		
	开设相关课程或讲座	66.1	76.1	18.969	0
	制定相应的投诉机制和程序	58.5	69.1	18.671	0
	建立相关的规定和制度	57.8	74.5	48.200	0
	成立专门的部门负责处理此类事件	48.2	61.0	25.838	0
	在校园中普及宣传防治性骚扰的相关法律和理念	48.1	64.9	45.203	0
高校成立防治性骚扰机构的必要性	非常有必要	48.2	54.1	27.119	0
	比较有必要	25.7	28.6		
	一般	17.4	9.8		
	不太必要	7.0	7.2		
	完全没必要	1.7	11.1		

续表

高校防治性骚扰应采取的措施		性别		χ^2	P
		男	女		
高校处理实施性骚扰教职工的措施	没有处理	4.0	2.5	61.605	0
	批评教育	9.8	8.5		
	校内处分	16.4	11.1		
	撤销教师资格	26.8	21.7		
	移交司法机关	13.3	11.3		
	其他	4.7	2.1		
	不知道	25.1	42.9		
高校处理实施性骚扰学生的措施	没有处理	6.2	2.4	62.896	0
	批评教育	10.6	9.4		
	通知家长	5.9	3.6		
	校内处分	14.4	10.7		
	开除学籍	18.9	16.8		
	移交司法机关	7.8	3.9		
	其他	1.1	0.4		
	不知道	35.1	52.9		
高校应如何保护和救助性骚扰受害人	保密	25.5	27.1	27.311	0
	鼓励主动求助	16.4	17.8		
	提供心理辅导	18.1	25.2		
	帮助取证，维护权益	18.4	14.5		
	严厉惩治性骚扰实施者	12.3	6.6		
	提供保护，免受报复	6.9	6.9		
	其他	2.4	1.8		

续表

高校防治性骚扰应采取的措施		性别		χ^2	P
		男	女		
高校对性骚扰发生应否承担责任	非常应该	26.6	19.0	22.210	0
	应该	51.2	59.6		
	一般	11.1	12.8		
	不太应该	8.0	6.3		
	非常不应该	1.4	0.3		
	其他	1.7	1.9		

第三章

防治高校性骚扰的理据

性骚扰如何被法律规制？国家如何承担防治性骚扰义务？奠基国家建构性骚扰防治体系的权利基础何在？国家应如何选择防治高校性骚扰的立法模式？高校如何承担防治性骚扰义务？对这些基础问题的理论阐发，是进一步探讨防治高校性骚扰机制的逻辑前提和理论基础。本章从多视角对此进行全面深入阐释分析，从而为构建高校性骚扰防治机制奠定理论基础。

一、性骚扰如何被法律规制

性骚扰行为自古存在，但在人类社会的漫长历史长河中并没有被“识别”和“问题化”对待，直至20世纪70年代，性骚扰才成为社会问题乃至法律问题，这种古老问题的现代称谓也才被提出，人们越来越多、越来越深入地认识到性骚扰的危害，世界上越来越多的国家开始将性骚扰纳入法律视野加以规制。而性骚扰之所以成为社会问题，之所以需要法律加以规制，是因为它是在“骚扰”论述成立的基础上和“性道德”理念相交集共同作用的产物。

性骚扰是被建构在“骚扰”论述之上的产物，是现代法律尤其是现代文明发展的结果。“骚扰”成为需要关注的社会问题乃至法律问题源于现代社会人格尊严的观念和权利意识的觉醒。在传统社会中，个人独立人格不被承认，人我关系的边界不清，身体和灵魂的疆界不明，“骚扰”毫无立锥之地，而在现代社会中，每个人都有权拥有自己的身体、捍卫自己的人格，身体作为自我的肉体疆界不容侵扰，人格作为自我的灵魂疆界不容玷污。可以说，自我是私密的、独立的、自主的，人我是有边界的、平等的，人们不再依附于血缘、亲缘、地缘等传统关系的护佑，而是完全独立自主、平等地交往共处。由此，每个人既能保持自由、独立的状态，又能与他人文明共处，成为现代人际关系的核心。为使个人在实现自由的同时也能从制度层面最大化地实现所有人的自由，使所有人的自由能够彼此兼容，这必然要求每个人有责任地把握自己的言行举止，不冒犯、侵扰他人自由、尊严，否则，对他人身体与人格的敌意、干扰与冒犯等便构成“骚扰”，现代人际关系的核心是使每个人拥有免于这种“骚扰”的权利。

性骚扰是在“骚扰”被建构之后才得以成立，是与性行为发生率增大以及“性道德”“性价值”的理念相互交集共同作用而产生的结果。在传统社会中，人们将性视为极私密且羞于启齿的个人隐私，对“性”持排斥态度，且由于女性主要活动领域局限于家庭，“性”既难以进入公共空间和视野，也没有成为社会公共讨论的社会问题。工业革命的到来，使现代生活出现了更为复杂、更为频密的人际互动，特别是越来越多的女性离开家园走上社会，从事多种职业活动，扩大了性别互动的公共场域，性触角也随之不断扩大延伸。再加之现代医学技术特别是避孕技术的不断发展，性行为得以与生育相分离使个人不再承受更大的生育后果，从而极大地提高了性行为发生率，性的触角愈加扩展，自古存在而没有成为现代论述的性骚扰出现的概率也自然更大。而同时，社会“性道德”所肯定的“性”仍然是建立在合法亲密关系中的性，是以婚姻为基础、以生殖为目的的性，是爱与性合为一体的性，是一对一的性，是守护在隐私关系中的性。相反，缺少爱情基石的性、破坏合法婚姻的性、粗暴进入公共空间的露骨的性、滥交的性与变态的性则依然被排斥。当这种“性道德”“性价值”与“骚扰”的价值理念结合在一起，便诞生了现代意义上关于性骚扰的论述，使原本与性无关的“骚扰”问题和以往被视为隐私的“性”问题发生了交集，使一些原本分属不同领域、不同范畴、互不相干的言语、行为等，都被归入了同一个领域、同一类别，有了统一的名字——性骚扰。甚至是随着女性主体力量的提升，使原本“骚扰”论述中无关性别的身体和人格拥有了性别，性骚扰被视为一种需要消除的性别歧视。随着现代法律文明的发展进步，性骚扰被逐步纳入了各国的法律视野。

最早提出性骚扰并将其纳入法律视野加以规制的是美国。1972 年 2 月 28 日，美国《教育法修正案》第 9 条规定，在接受美国联邦政府财政支持的任何教育项目或教育活动中，任何人不得因为性别而被拒绝参加此类项目或活动、被剥夺此类项目或活动应有的待遇，或者受到歧视。[①] 第 9 条是美国联邦政府禁止教育领域性别歧视的法律，在其颁行后一段时间，主要被用于解决校园内直接歧视女性员工以及校园体育项目领域直接歧视女生的问题，比如基于性别拒绝录用或提升女性、禁止或限制女性参加某些体育项目等。《教育法修正案》第 9 条通过时，“性骚扰”一词在美国还尚未提出，第 9 条当时并没有规制性骚扰问题，较为公认的说法是 1974 年“性骚扰”一词在美国首次出现，之后才被逐步纳入法律视野。1974 年，美国康奈尔大学的一位物理学家的女行政助理卡米塔·伍德因无法忍受物理学家不断向她提出的性要求而辞职。康奈尔大学的林·法利和她的同事苏珊·美耶、卡伦·索维涅在为卡米塔·伍德提供帮助时，首创了“性骚扰”一词。“法利在康奈尔大学教授的课程讨论的恰好是女雇员为躲避老板非分的性要求而不得不辞职的现象。法利和她的两个同事将这一现象称为‘性骚扰’。”[②] 1979 年，美国著名女权主义法学家、密歇根大学的法学教授凯瑟琳·A. 麦金农发表了一篇题为“工作妇女的性骚扰”的论文。在文章中，麦金农提出了一个全新的概念——“交换性骚扰”，“交换”即将发生性关系等作为获得某种东西的代价。同一时期，美国联邦最高法院先后受理了几例涉及工作场所性骚扰的诉讼，联邦最高法院通过系列判例逐渐明确并扩大第 9 条的适用范围，认为性骚扰属于性别歧视的一种形式，属于第 9 条所禁止的性别歧视行为。同

---

① Title Ⅸ of the Education Amendments of 1972: No person in the United States shall, on the basis of sex, be excluded from participation in, be denied the benefits of, or be subjected to discrimination under any education program or activity receiving federal financial assistance.

② ［美］克拉拉·宾厄姆、［美］劳拉·利迪·甘斯勒：《洛伊斯的故事——一个改变美国性骚扰立法的里程碑案件》，纪建文译，法律出版社 2004 年版，第 77 页。

时，还逐渐拓宽了第9条下性骚扰受害人的救济途径，允许受害人向联邦最高法院提起诉讼，并获得金钱赔偿。1980年以后，美国平等就业机会委员会、国际劳工组织等采纳了麦金农的概念，认定不受欢迎的性要求及其他与性有关的语言或身体动作构成性骚扰。此后，性骚扰不仅适用于工作场所，还扩大到学校和司法机构等场所。[①] 在美国影响下，性骚扰成为法律问题被关注，并借助经济全球化的趋势在世界范围内广泛传播，被纳入很多国家的法律视野。欧美地区很多国家开始重视高校性骚扰防治机制的构建，特别是明确高校在防治性骚扰中的重要职责。

在国际层面，目前明确规定禁止性骚扰的有国际劳工组织第七十六届会议于1989年通过的《土著与部落居民公约》，该公约把性骚扰作为明确的主题作出禁止性规定，其第20条第3款规定："（d）这些民族的工人在男女就业方面和保护妇女免受性骚扰方面，都应与非该民族成员的工人享有同样的机会和同等的待遇。"[②] 除此之外，2019年6月国际劳工大会通过《关于消除劳动世界中的暴力和骚扰的公约》（第190号公约）及其建议书，该公约于2021年6月25日生效。当然，国际人权公约尚未普遍把性骚扰作为明确的主题并不意味着不关注、不重视该问题。近年来，联合国和一些国际组织、条约机构通过多种形式谴责和积极防治性骚扰行为。《消除对妇女一切形式歧视公约》虽然没有将禁止性骚扰的主题载入公约，但消除对妇女歧视委员会于1992年通过《关于对妇女的暴力行为的第19号一般性建议》，其中特别申明禁止性骚扰，在第11段中指出："性骚扰包括不受欢迎的具有性动机的行为，如身体接触和求爱动作，带黄色的字眼，出示淫秽书画和提出性要求，不论是以词语还是用行动来表示。这类行为可以是侮辱人的，构成健康和安全的问题。如果妇女有合理理由相信，她如拒绝的话，在工作包括

---

① 参见卢青：《性骚扰立法及其叙事模式》，载《人民法院报》2011年10月28日，第7版。

② 联合国官网"联合国公约与宣言检索系统"，https：//www.un.org/zh/documents/treaty/files/OHCHR-1989.shtml。

征聘或升级方面、对她都很不利，或者造成不友善的工作环境，则这类行为就是歧视性的。”在第24段中建议缔约国：“（j）缔约国应在其报告中载列有关性骚扰的资料以及为保护妇女在工作单位不受性骚扰及其他形式胁迫暴力而采取的措施。”1993年，联合国通过的《消除对妇女暴力行为宣言》第2条明确将“在工作场所、教育机构和其他场所的性骚扰”列入对妇女的暴力行为，要求各国采取有效措施消除对妇女的性骚扰，“对妇女的暴力行为应理解为包括但并不仅限于下列各项：（a）在家庭内发生的身心方面和性方面的暴力行为，包括殴打、家庭中对女童的性凌虐、因嫁妆引起的暴力行为、配偶强奸、阴蒂割除和其他有害于妇女的传统习俗、非配偶的暴力行为和与剥削有关的暴力行为；（b）在社会上发生的身心方面和性方面的暴力行为，包括强奸、性凌虐、在工作场所、教育机构和其他场所的性骚扰和恫吓、贩卖妇女和强迫卖淫”。

二、国家承担性骚扰防治义务的理论基础

（一）公民享有人格尊严和性自主权创设了国家性骚扰防治义务

人权创设并制衡国家权力，国家公权力是人权保障的核心义务主体，保护人权使国家权力获得存在的合法性基础和终极目标，国家权力源于人权。个人的人权是目的，国家的权力是手段。人权是本源，是绝对的；国家权力派生于人权，是相对的。保障人权是国家权力产生的根本动因，也是国家权力运行的基本价值取向和终极目标。“基本权利只是一些可视为先于国家或凌驾于国家之上的权利；国家并非依照其法律来授予这些权利，而是将这些权利当作先于国家而存在的东西予以承认和保护。”[①] 个人享有人权中的性权利和受教育权，推演出国家对性权利和受教育权的保障义务。

基于人权与国家权力关系的理论，公民生而享有人格尊严、性权利和受

① ［德］卡尔·施米特：《宪法学说》，刘锋译，上海人民出版社2016年版，第221页。

教育权，性骚扰侵害了公民的人格尊严、性自主权和受教育权。国家为保护公民人格尊严、性自主权和受教育权而应承担防治性骚扰的义务。生而享有自主决定性行为的性自主权，性自主权是人权的重要内容。性骚扰等一切不受欢迎的性行为都侵害了人的性自主权。1999 年，世界性学会会议在我国香港特别行政区通过《性权利宣言》，该宣告特别申明，性权利乃普世人权，以全人类固有之自由、尊严与平等为基础。公民生而享有受教育权，人之为人，当然拥有源于人格尊严的不断自我成长、自我实现的价值追求，以及人性上充满好奇心和求知欲的自然本能。而人有权通过学习、接受教育使人格得到充分发展，使人性本能得到充分满足，有尊严地人性化成长和自我实现。人类社会也只有不断学习、接受教育才能永续发展进步。显然，学习是人的内在本质特性，受教育权是人与生俱来的自然权利，每个人为完成自我实现，有受教育权之固有人权，受教育权是应受国家尊重和保障之基本人权。

（二）国际人权公约规定的缔约国义务

从国际层面来看，1989 年《土著与部落居民公约》是联合国人权公约中唯一明确禁止性骚扰的公约①，该公约第 20 条明确规定，“1. 各政府应在国家法律和规章的范围之内，与有关民族合作采取一些特殊措施，以保证在招聘和就业条件方面向这些民族的工人提供适用于一般工人的法律未能给他们提供的有效保护。2. 各政府应尽其所能防止有关民族的工人和其他工人之间的歧视……3. 所采取的措施应能保证：……（d）这些民族的工人在男女就业方面和保护妇女免受性骚扰方面，都应与非该民族成员的工人享有同样的机会和同等的待遇”。虽然该公约是适用于土著和部落居民的公约，但

---

① 参见南莲·哈斯贝尔等：《拒绝骚扰——亚太地区反对工作场所性骚扰行动》，唐灿、黄觉等译，湖南大学出版社 2003 年版，第 129 页。

反映了联合国禁止性骚扰的态度。联合国《消除对妇女一切形式歧视公约》要求缔约国采取所有适当措施消除任何个人、组织和企业的歧视妇女行为，包括制定法律以修改或废除构成对妇女歧视的现行法律、规章、习俗和做法。消除对妇女歧视委员会通过的《关于对妇女的暴力行为的第19号一般性建议》对性骚扰进行定义并提议各缔约国“把性骚扰方面的信息以及保护妇女免受职场性骚扰及其他形式的压制性暴力的措施写入报告”，强调“如果不能对侵犯妇女的暴力行为尽力留心去予以制止，缔约各国要对私人暴力行为承担责任”。该一般性建议虽然不具有法律约束力，但同样起到积极引导作用。联合国1993年《消除对妇女暴力行为宣言》将“在工作场所、教育机构和其他场所的性骚扰”列入对妇女的暴力行为。2001年联合国妇女地位委员会第45次会议指出，所有形式上针对妇女的暴力，包括性骚扰都削弱了妇女享有的人权。该委员会进一步评论说，基于性别的暴力，包括性骚扰是与人的尊严和人的价值不相容的，应当与之斗争并予以消除。根据国际法的准则，国家履行所承担的国际条约中的义务，中国政府既然已经签署和批准上述公约，就应当承担消除对妇女的一切歧视性行为的义务。《中国落实2030可持续发展议程国别方案》中也明确提出要“建立和改善兼顾儿童、残疾和性别平等的教育设施，为所有人提供安全、非暴力、包容和有效的学习环境”。

（三）国家防治性骚扰的权利基础

国家采取性骚扰防治措施，以确认公民享有权利为前提，公民享有权利是惩处行为人、保护救济受害人的基础和前提。建构高校性骚扰防治机制，应首先对受害人保护的权利基础进行探究。从法的价值角度来看，法律确认权利使追究性骚扰行为人民事、治安行政法律责任具有了权利基础，以更好地实现分配正义；法律设置救济和惩戒措施，使受害人重新处于如同侵害没有发生的状态，以更好地实现矫正正义。

高校性骚扰和所有性骚扰一样，均违背了受害人意愿，冒犯并损害了受害人的人格尊严；性骚扰构成对受害人的性侵扰，侵害了受害人在性利益方面自主选择、自主支配的权利，即侵害了受害人的性自主权；性骚扰还有损受害人平等接受高等教育的权利，对受害人平等权和受教育权均构成损害。为此，防治高校性骚扰，需要分别从保护上述不同权利的不同法律部门、不同处理途径入手，建构体系化的防治机制。

1. 人格尊严保护

人格尊严是人的做人资格，属一般人格权的内容，具有解释、产生和补充具体人格权的功能，是指民事主体作为“人”所应有的最起码的社会地位并且受到他人和社会最起码的尊重，[①] 是人享有其他各项权利的前提。

高校性骚扰是性骚扰的一种类型，与所有各类性骚扰一样都具有“同质化”的本质属性，各类性骚扰虽然表现形式多样、程度不一，但所有性骚扰包括高校性骚扰均无视受害人的尊严，违背了受害人的意愿，对受害人的人格尊严缺乏基本的敬畏和尊重，是行为人对受害人作为灵魂疆界的人格的玷污、侵扰，对受害人作为肉体疆界的身体和性利益的逾越、侵入，性骚扰是对人格尊严的侮辱、侵扰，侵犯了受害人的人格尊严。

从实定法的角度审视，公民的人格尊严受法律保护，我国《宪法》《民法典》《妇女权益保障法》[②] 等法律均规定了人格尊严的内容，从法律上表征着人格尊严的神圣不可侵犯。《民法典》第1010条规定了性骚扰的构成以及责任主体防止、制止性骚扰的义务，明确将性骚扰侵害的权利归入人格权的范围，即违背他人意愿，以言语、文字、图像、肢体行为等方式对他人实

---

① 参见魏振瀛主编：《民法》，北京大学出版社、高等教育出版社2000年版，第641页。

② 2018年《妇女权益保障法》第40条规定：“禁止对妇女实施性骚扰。受害妇女有权向单位和有关机关投诉。”第58条规定：“违反本法规定，对妇女实施性骚扰或者家庭暴力，构成违反治安管理行为的，受害人可以提请公安机关对违法行为人依法给予行政处罚，也可以依法向人民法院提起民事诉讼。”

施性骚扰的，受害人有权依法请求行为人承担民事责任。机关、企业、学校等单位应当采取合理的预防、受理投诉、调查处置等措施，防止和制止利用职权、从属关系等实施性骚扰。《妇女权益保障法》在“人身和人格权益”一章中作出禁止性骚扰的明确规定。“欧盟在2004年就平等待遇指示进行的修正中将性骚扰定义为：任何不受欢迎的肢体、语言或者非语言的具有性本质的行为，该行为的目的或者事实上的效果侵犯了他人的人格尊严，尤其是该行为创造了一个胁迫、敌意、羞辱或者冒犯型的环境时。”[①]“性骚扰在德国被定义为‘任何侵犯工作场所中雇员人格尊严的与性有关的行为’。人格尊严这一概念作为欧洲人的价值观已经有很长的历史了。在欧洲成立后，又迅速地上升到欧盟的价值观体系中。”

应当指出，人格尊严既体现在一般人格权中，也体现在生命权、隐私权等具体人格权中，侵害所有的人格权都构成对人格尊严的侵犯，以侵害人格尊严认识性骚扰侵犯的客体未免过于笼统模糊，难以深入揭示该行为侵犯的直接客体，难以反映性骚扰行为侵害客体的本质。为此，有必要探究性骚扰侵害的更为直接、更为本质的侵害客体——性自主权。

2. 性自主权保护

所谓性自主权，是指自然人按照本人的自由意愿自主支配性利益，决定是否发生、何时发生、与谁发生性行为的具体人格权。自然人只要达到一定年龄，具有表达性意愿的能力，就有权自主支配性行为，任何人不得干预和侵害。性自主权的行使，以个人达到一定年龄和性成熟、具备性行为能力为前提。对不具备性行为能力或者具有一定性行为能力的人违背其意愿，强制性地实施侵害其意志自由的胁迫或相当的性侵扰行为，即构成对性自主权的侵害。

---

① 骆东平、谭彬：《欧盟式性骚扰概念界定的深层分析》，载《山西师大学报（社会科学版）》2012年第1期。

性骚扰行为的重要特征在于，骚扰者违背被骚扰者的意愿实施的与性有关的行为，违背受害人自主决定性行为的意愿，是对受害人作为肉体疆界的身体的逾越、侵入，对受害人性利益的玷污、侵犯，侵害了受害人在性利益方面自主选择、自主支配的权利，损害受害人的性利益，构成对受害人性自主权的侵害。

相对于性骚扰侵害的人格尊严，性自主权才是性骚扰侵害的更为直接、更为具体、也更为本质的侵害客体。虽然我国《民法典》尚未将性自主权明确规定为人格权的具体内容，但“性自主权完全有必要、有理由、有价值成为一项独立的、具体的人格权。性自主权是自然人自主决定是否实施性行为和何时、以何种方式实施性行为，以实现自己的性意愿和性利益而不受他人非法干预的权利”[①]。

3. 平等权保护

两性享有平等的权利，在同等情况下应被平等对待，在政治、经济、文化、社会和家庭等各个领域享有平等的参与资格，拥有同样作为社会成员得以发展的可能性空间。它强调男女的“社会性”“同质性”，要求对作为社会人的男女同等对待，比如在法律上拥有平等的地位、被确认平等的权利、被施加平等的义务。

而性骚扰一定程度上构成了两性获得平等公平的受教育机会和劳动就业机会的障碍。尽管存在女性针对男性以及同性之间的性骚扰，但总体而言，性骚扰的受害人主要为女性，存在明显性别歧视，这不仅与男女两性在社会和经济生活中的角色地位有关，也与社会对两性的观念有关。性骚扰是男权社会建立和巩固性别角色的手段，男性在社会中居于支配地位，被社会文化当然假定为“王者”“强者”，驾驭、掌控着世界，并支配、控制着女性，

---

① 杨立新、张国宏：《论构建以私权利保护为中心的性骚扰法律规制体系》，载《福建师范大学学报（哲学社会科学版）》2005 年第 1 期。

在不平等的性别权利关系中是控制者、暴力的施加者。女性则居于从属地位，被社会文化当然建构为“弱者”，妇女与性骚扰受害者之间存在单向因果关系，被教化应顺从、接受男性宰制、性骚扰，性骚扰主要呈现出一种男性针对女性的单向、静态模式。正因如此，防治性骚扰、保护受害人的一个重点是避免性别歧视，保护两性平等权利特别是在受教育权、劳动权实现过程中男女平等的权利。

实定法中，我国针对多数性骚扰受害人是妇女的客观现实，从妇女单向的角度强调男女享有平等的权利，禁止对妇女实施性骚扰，如《妇女权益保障法》《女职工劳动保护特别规定》[①]，两者都明确规定了禁止对妇女性骚扰的内容。部分国家对两性在平等教育和平等劳动就业的相关法律中明确禁止性骚扰，保护受教育者、劳动者免受性骚扰，这类法律规范通常被认为是防治性骚扰的主要法律来源。平等权利法通常对男女同样适用，根据法律，男女两性均被平等保护不被性骚扰侵害。如美国 1972 年《教育法修正案》第 9 条规定了禁止教育领域性别歧视的内容，其明确规定：在接受美国联邦政府财政支持的任何教育项目或教育活动中，任何人不得因为性别而被拒绝参加此类项目或活动、被剥夺此类项目或活动应有的待遇，或者受到歧视。[②] 第 9 条首次规定禁止教育领域内基于性别的歧视，在美国反性别歧视立法史上具有里程碑式意义，[③] 该规定适用于高校性骚扰问题的解决。“美国平等就业机会委员会提出了性骚扰的确切的法律定义：不受欢迎的性接近、性好处的要求，其他具有性内容的言辞或身体动作，当：（1）服从这样的行为被明示地或暗示地作为个人就业的一个条件或前提；（2）个人对上述行为的服

---

① 参见《女职工劳动保护特别规定》第 11 条。

② Title Ⅸ of the Education Amendments of 1972: No person in the United States shall, on the basis of sex, be excluded from participation in, be denied the benefits of, or be subjected to discrimination under any education program or activity receiving federal financial assistance.

③ 在美国，尽管第 9 条是 1972 年《教育法修正案》的一部分，但经常被用来指代 1972 年《教育法修正案》，足见其意义和影响之重大。

从或拒绝，决定该个人的就业；（3）这样的行为有下列目的或效果，即不当干涉个人的工作或使工作环境具有威胁、敌意或侵害性。”① “乌拉圭 1989 年 6 月颁布的第 16045 号《一切经济领域两性待遇和机会均等法》的实施条例规定，工作场所的性骚扰是一种严重的歧视，必须予以禁止。”②

4. 接受高等教育权保护

学生与高校之间，学生是受教者、学习者，高校是施教者、管理者。学生作为接受高等教育的权利主体，当学生遭受教师性骚扰侵害时，同时也损害了学生接受高等教育的权利。高校性骚扰作为一种特殊性骚扰，有别于其他性骚扰的关键是侵犯了学生接受高等教育的权利，正如同样作为特殊性骚扰的职场性骚扰侵犯了雇员的劳动权一样。“所有民众，特别是儿童，具有与生俱来即须透过接受教育与学习以达成人性化成长与发展的权利。”③ 根据我国《宪法》④、《教育法》⑤ 以及《高等教育法》⑥ 的规定，公民有接受教育包括高等教育的权利。对公民接受高等教育的权利，国家应给以尊重和保障。高校教师的性骚扰使学生处于不文明的、不安全的教育环境中，危及学生接受公平安全教育的机会，损害了学生接受高等教育的权利，从根本上影响学生通过高等教育而达致自我实现的终极目标。人自身的人格养成，并非天然，是通过持续性的长期累积，通过不断向身边的人学习，在所处的环境中熏陶发展而成。因此，作为教育者的教师与作为教育环境的高校，对学生人格的型塑具有重要影响。如果教育者以及教育环境本身出现问题，就不可能使受教育者得到良好教育。从性骚扰行为侵害的客体分析，高校性骚扰

---

① 胡田野：《美国性骚扰法律制度及其借鉴意义》，载《河北法学》2004 年第 6 期。

② 南莲·哈斯贝尔等：《拒绝骚扰——亚太地区反对工作场所性骚扰行动》，唐灿、黄觉等译，湖南大学出版社 2003 年版，第 60 页。

③ 李仁淼：《教育法与教育人权》，台北，元照出版有限公司 2017 年版，第 4 页。

④ 参见《宪法》第 46 条。

⑤ 参见《教育法》第 9 条、第 30 条、第 37 条。

⑥ 参见《高等教育法》第 9 条。

的双重属性决定了其侵害客体的双重性。一方面，作为和所有性骚扰“同质化”的一般性骚扰，高校性骚扰侵害了学生的人格尊严、性自主权等民事权利，构成民事侵权行为；干扰学生正常生活、扰乱社会治安的，还构成治安违法行为。另一方面，高校性骚扰作为有别于一般性骚扰的特殊类型性骚扰，还进一步侵害了学生接受高等教育的权利，对学生享受教育福祉、获得公平教育机会造成负面影响。

实定法中，我国《高等教育法》明确规定公民有接受高等教育的权利。高校应尊重学生享有的接受高等教育的权利等各项权利，须通过制度安排等手段保障学生安全、平等接受高等教育的权利，依法履行维护学生合法权益的义务。学生遭受教师性骚扰侵害的，高校应通过制定相应制度，依法依校规对行为人进行惩戒、对学生提供救济和保护，使学生处于平等无歧视的、安全无忧的教育环境中。高校学生享有的权利乃确立高校作为防治义务主体及承担相应法定义务的逻辑起点，使高校为维护学生权利而获得的防治权力具有了正当性基础。

三、国家防治高校性骚扰的立法模式选择

性骚扰侵犯了个人的人格尊严、性自主权、平等权、受教育权、劳动权等诸多权利，意味着从上述多项权利的角度审视，性骚扰对受害人均构成伤害。相应地，防治性骚扰可以上述不同权利为基础，从多个法律部门、多种处理途径入手，对受害人予以保护，对行为人施加惩戒。

（一）专门立法模式

部分国家和地区采取专门立法的模式防治性骚扰。我国香港特别行政区和台湾地区，国外的比利时、卢森堡和意大利等国均采取专门立法的模式。“2002 年以前，欧盟只是以建议书的形式对成员国提倡反性骚扰，鉴于各国文化、历史传统不同，没有对性骚扰进行统一界定和立法。后来，鉴于性骚

扰的普遍性，欧盟制定了关于性骚扰的统一立法，即2002年9月23日制定的《关于落实男女平等待遇条例》(2002/73/CE)。因此，从2005年10月5日以后，性骚扰行为在欧盟就开始受到严厉地制裁。由于该条例从2005年10月以后才开始生效，目前还没有欧盟法院关于2002年的判例。目前，欧盟范围内单独制定法律禁止性骚扰的成员国有法国、比利时、卢森堡和意大利。"① "比利时最早向性骚扰宣战的是1992年9月18日《反对劳动场所性骚扰》和1995年9月3日《反对行政部门性骚扰》的两个皇室命令，规定雇主要明确在企业内反性骚扰的政策，并且要采取惩罚措施；在1999年5月7日《关于男女在劳动条件、招聘、晋升等方面待遇平等法》中明确禁止性骚扰；2002年6月11日制定的《反对工作场所暴力、精神骚扰或性骚扰法》再次对禁止性骚扰做了进一步的规定。"② "卢森堡在20世纪90年代颁布过多个关于工作条件和男女待遇平等的立法，这些立法中也有涉及反性骚扰的内容，但是关于工作场所内的性骚扰一直没有专门法律规定，直到2000年5月26日才制定了专项《反性骚扰法》。"③

采取专门立法模式防治性骚扰的主要理由在于：首先，防治性骚扰的目标是多重的，既要预防性骚扰发生，制止性骚扰行为，又要惩罚矫治性骚扰行为人，还要保护救助受害人。专门立法有利于综合采取行政干预、社会干预和司法干预等措施。其次，性骚扰的行为性质复杂，可能构成民事侵权、治安违法，可能侵犯受害人人格尊严、性自主权，还可能侵犯其受教育权、劳动权，相应地，也需要采取民事、行政等多种法律手段系统应对。再次，从性骚扰防治法的调整对象看，既涉及公民个人之间的人身关系，也涉及国

---

① 郑爱青：《欧盟及其主要成员国反性骚扰立法的主要内容》，载《妇女研究论丛》2006年第S1期。

② 郑爱青：《欧盟及其主要成员国反性骚扰立法的主要内容》，载《妇女研究论丛》2006年第S1期。

③ 郑爱青：《欧盟及其主要成员国反性骚扰立法的主要内容》，载《妇女研究论丛》2006年第S1期。

家与公民之间的权力（权利）义务关系；调整方法既包括对民事主体权益的确认和保护，也包括对国家机关权力的赋予和责任的施加；因此，体系化全面防治高校性骚扰的法律，既涉及传统意义上的私法，也必然涉及公法，是一种综合性法律，以专门立法为宜。最后，体系化的专门立法，可减少和分散立法造成的不同法律间的不协调，增强法律的周延性；减少和节约公众及执法机构理解运用法律的成本，使防治更为有效。

（二）综合性分散立法模式

从目前各国的做法来看，除了部分国家和地区制定了防治性骚扰的专门法，大多数国家基于性骚扰侵害的权利不同而将防治性骚扰的法律规范分别归入不同法律部门之中。具体而言，受制于性骚扰所侵害的人的人格尊严、性自主权、平等权利（平等接受教育、平等劳动就业）、劳动权利等不同权利客体，防治性骚扰规范被归入民法、两性平等法、反歧视法、妇女保护法、教育法、劳动法等不同法律之中。每一个法律部门都有其特定的调整对象、法律责任和程序性规定等内容。20 世纪 70 年代美国主要着眼于工作场所性骚扰，从性别歧视角度认识并界定性骚扰。[①] 到了 20 世纪 90 年代，欧盟开始重视性骚扰问题，与美国不同，它们是从人格尊严的角度界定性骚扰，不限定发生的场所，亦不局限于性别歧视。多数国家防治性骚扰的法律规定是相互交叉的，例如美国、日本、土耳其等国家，“美国有关性骚扰的立法与判例颇具进步意义。一个法律问题可以由不同性质的法律来规范。性

---

① 美国就业平等委员会将性骚扰定义为“不受欢迎的亲近、性要求，以及其他基于性的言语或身体的侵扰行为，而屈从或拒绝会直接或间接地影响受害人的就业，不合理地干涉受害人的工作或导致胁迫、敌意或攻击性的工作环境。具体指：不受欢迎的性方面示好之举；要求性方面的好处；或其他一种具有性本质的言语和肢体行为……（1）顺从该行为视作为个人明示或默示的就业条件或情况；（2）个人顺从或拒绝该项行为是作为影响个人就业决定的基础；（3）或该项行为的目的或结果会不合理干涉个人的工作表现，或会造成一个胁迫性、敌意性或冒犯性的工作环境”。转引自骆东平：《美国性骚扰概念界定的深层分析》，载《法学论坛》2011 年第 4 期。

骚扰问题，可以在宪法、刑法、劳动法和民法中以不同的角度进行规范，相互之间并不排斥。因此，美国的实践确立了一个防范与打击性骚扰的基本原则：公法上的规定并不排除司法的适用”。[①] “由于日本并没有对学校性骚扰防治进行专项立法，现实中大量的案件只能援用民法、劳动法、男女雇佣机会平等法等法律。同时，在观察日本高校性骚扰防治法律规制体系之时，还有一条值得注意的主线就是司法机关通过司法裁判所形成的规则，这些规则同样对日本高校性骚扰防治工作产生了巨大的影响。”[②] 在土耳其，由于没有专门的性骚扰法律。宪法、刑法、民法和劳动法中都提到了预防性骚扰。[③]

综合各国做法，多数国家采取多部门立法共同防治性骚扰。采取分散立法模式的国家，又分为两种规制路径：一种是以个人私权利保护为重心、追究行为人侵权责任的权利主义；另一种是以职场劳动者劳动权保护为重心、追究雇主责任的职场主义。有的国家同时采取两种规制思路，“一般来说，在日本，性骚扰引起的法律纠纷存在刑事裁判和民事裁判两种类型。刑法上有强奸、猥亵等相关罪名。在民事责任中要认定性骚扰成立存在两种路径：一是侵权责任，二是雇主责任。”[④] 在高校性骚扰防治实践中，出现以高校学生受教育权保护为重心、追究学校责任的学校保护主义。相应地，各国主要采取个人权利保护主义和学校保护主义两种立法模式。

1. 个人权利保护主义立法模式

个人权利保护主义也称为权利主义或权利保护主义，是以个人的私权利

---

① 蒋梅：《性骚扰立法的比较研究》，载《环球法律评论》2006 年第 4 期。

② 张挺、徐文海：《程序法视角下日本高校性骚扰防治体系探析》，载《比较教育研究》2019 年第 12 期。

③ 参见南莲·哈斯贝尔等：《拒绝骚扰——亚太地区反对工作场所性骚扰行动》，唐灿、黄觉等译，湖南大学出版社 2003 年版，第 59 页。

④ 张挺、徐文海：《程序法视角下日本高校性骚扰防治体系探析》，载《比较教育研究》2019 年第 12 期。

保护为中心规制性骚扰，保护受害人的私权利，即人格尊严和性自主权，其责任人是侵犯人格尊严和性自主权的侵权行为人，保护性自主权和人格尊严的基本手段是确定和追究性骚扰直接责任人的侵权责任，仅追究性骚扰行为人自身的侵权民事责任。

这种权利保护主义的立法模式是以民法中作为私权利的人格尊严和性自主权为保护的权利基础，以追究侵权行为人个人的侵权责任为手段。相应地，以民法为此类权利保护的法律依据，民法一方面确认公民享有的人格尊严和性自主权，使性骚扰受害人依法请求追究行为人的民事侵权责任具有请求权基础；另一方面明确禁止侵犯公民性自主权的性骚扰行为，对侵权行为人科以侵权责任，明确侵犯性自主权的法律后果，使对受害人所遭受的损害进行民事救济具有权利基础，使受害人重新处于如同侵害没有发生的状态。从而形成以保护受害人民事权利为基础，以追究行为人民事侵权责任为手段的私法框架，彰显了以受害人权利保护为中心的价值取向。如日本等国家的侵权法规定侵权行为人应对实施性骚扰侵犯他人民事权利所造成的损害承担民事赔偿等责任。侵权意味着行为人有主观过错，并给受害人的身体、精神等方面造成伤害，为此行为人应予以损害赔偿，“日本根据侵权法认为，雇主或者人事主管有义务调整工作环境，如果他们知道工作场所有性骚扰行为而未采取行动，即违反了该义务”①。

2. 学校保护主义立法模式

学校保护主义的立法模式，即在追究性骚扰行为人自身责任的同时，如果学校未尽必要的注意和保护义务，应同时追究学校的法律责任。多数国家和地区在防治职场性骚扰的立法模式选择上深受美国法律影响，采取以职场的劳动者保护为中心的职场主义，也称作职场保护主义的立法模式。这种职

① 南莲·哈斯贝尔等：《拒绝骚扰——亚太地区反对工作场所性骚扰行动》，唐灿、黄觉等译，湖南大学出版社2003年版，第66页。

场保护主义的立法模式冲击甚至淹没了以个人私权保护为中心的权利主义立法模式。高校性骚扰虽然和职场性骚扰的场所不同，但正如雇主要对雇员承担保护责任一样，学校承担提供公平安全教育环境的责任，当高校发生性骚扰，虽然直接责任人是行为人，应追究性骚扰行为人自身的责任，但如果学校对防治性骚扰未尽到注意和保护义务的，应同时追究学校的法律责任。为此，本书将职场保护主义表达为学校保护主义。

综合美国、日本等国家的规定看，高校防治性骚扰的注意义务包括采取具体措施预防性骚扰发生的义务，以及性骚扰发生后积极应对处理的义务。判定高校是否尽到注意义务，主要审查以下几方面：首先，学校是否制定防治性骚扰的规章制度，是否建立性骚扰投诉调查和处理程序，是否向师生宣传性骚扰防治规章制度和有关程序。其次，学校投诉调查和处理机构是否受理了投诉，是否遵循正当程序进行调查，调查过程是否符合法律规定，高校是否不正当干预或影响调查和处理。最后，学校是否对师生开展防治性骚扰教育，是否在教师招聘时进行背景调查等。在日本，“依据《男女雇佣机会平等法》，受害人可以以学校违反雇主注意义务为由请求学校承担责任。这里的雇主注意义务主要是指雇主采取措施预防性骚扰发生的义务，以及性骚扰发生之后积极处理的义务。日本法院在认定学校是否违反雇主注意义务之时，主要考虑以下因素：首先，日本法院会在形式上审查学校是否设立了性骚扰防治制度，是否建立了性骚扰咨询投诉机构和调查机构，师生是否了解学校的性骚扰防治制度和救济方式。学校要证明尽到了制度建设的注意义务，比如证明学校印发了关于性骚扰防治的教师手册、学生手册等材料，还需要证明是否设置咨询窗口、如何安排调查程序，是否对咨询人员和调查人员进行了定期培训，是否存在性骚扰防治情况定期报告以及进一步完善的意见建议，甚至还需要学校证明采取哪些措施让这些制度、程序让师生周知。这些虽然都是些程序性要求，但是司法裁判中提出的这些要求极大促进了性骚扰防治举措的具体化和实效化，最大限度地降低性骚扰事件的发生概率。

其次，除了制定完善的性骚扰防治制度的要求之外，日本法院在审理性骚扰案件时，还会通过过程性证据审查学校是否尽到雇主的注意义务。日本高校制定了性骚扰防治规程，但是这并不意味着学校就一定尽到了雇主的注意义务。也就是说，具体到个案，法院一般会审查学校咨询投诉机构和调查机构是否受理了投诉，是否进行了调查，调查过程是否符合正当程序，部门或者高校等负责人是否推动相关调查，是否有人不正当干预或者影响最后的处理结果。如果仅仅是在制度上非常完善，但是实际上制度形同虚设，法院就可能认定学校未尽到注意义务。此外，学校应当加强对师生的性骚扰防治意识的教育，甚至在教师招聘时要求进行背景调查。如果教师曾经有过相关性骚扰经历，学校在招聘审查时未发现，法院就会认定学校未尽到注意义务。为此，日本文部科学省自 2017 年导入了包括受处分信息在内的教师信息管理系统”①。

四、高校承担性骚扰防治义务的理论基础

高校性骚扰的加害人是教师，承担法律责任的直接责任主体为教师，高校如何与教师个体的性骚扰行为发生关联？如何对教师个体实施的学术领域性骚扰行为承担防治责任？

（一）学生权利创设高校义务理论

高校承担防治学术领域性骚扰责任的正当性逻辑前提在于学生享有的相关权利。权利具有基础性，义务源自权利，两者是法律关系中不可分割的两个内容要素。我国《宪法》《民法典》《教育法》等法律对学生人格尊严、接受高等教育等权利的确认，使权利的享有者——学生得以权利主体的身份

① 张挺、徐文海：《程序法视角下日本高校性骚扰防治体系探析》，载《比较教育研究》2019 年第 12 期。

请求保护。

1. 学生享有人格权，高校承担性骚扰的注意义务

高校学生身为人享有的人格尊严以及性自主权均是人类在生活正态面下享有的权利，“正态面下之权利乃原权利；反态面下之权利，乃救济权”[①]。“遭侵害或损害之他人，本于原权利蜕变而来之救济权，可请求排除侵害或赔偿损害。”[②] 实定法中，我国《民法典》第991条将人格尊严法律化，个人人格尊严遭受他人侵害的，受害人享有救济权，得以权利主体的身份请求追究行为人民事法律责任，寻求获得民事救济。由此，高校中学生遭受教师学术领域性骚扰侵害，人格尊严成为学生寻求法律救济的请求权基础，也成为防治性骚扰法律框架的规范基础。显然，实施性骚扰的教师作为侵权行为人应承担相应的侵权责任，学校并非直接责任主体。但是，学校如果对教师的性骚扰行为未尽到必要注意义务，即事先未采取有效性骚扰防范措施，或者事后对性骚扰行为没有依法进行妥善处置，则学校应当承担法律责任。因此，针对教师个体的性骚扰行为，高校负有积极防治义务，以提供不被性骚扰侵扰的安全、平等的教育环境。

2. 学生享有接受高等教育的权利，高校应提供公平安全的教育环境

高校与学生之间，高校既是施教者，也是管理者；学生既是接受教育者，也是主动学习者。实定法中，我国《高等教育法》明确规定了公民接受高等教育的权利。需要进一步阐明的是，学生接受高等教育的权利如何受国家保障？国家保障的内涵是什么？根据法哲学权利理论，权利需要产生义务，国家承担义务是满足权利需要的必然逻辑，高校学生的上述权利对国家产生双重的规范效力：一是作为主观权利的国家义务，二是作为客观法的国家义务。具体而言，学生享有接受高等教育的权利，在行使权利时不受国家

① 曾世雄：《损害赔偿法原理》，中国政法大学出版社2001年版，第3页。

② 曾世雄：《损害赔偿法原理》，中国政法大学出版社2001年版，第3-4页。

干预和他人侵犯；同时，国家有义务不断推动形成有利于学生实现其权利的制度和程序等机制。因此，高校不仅应尊重学生享有的各项权利，更须通过制度安排等手段保障学生平等接受高等教育的权利，为学生提供公平安全的学习环境，依法履行维护学生合法权益的义务。学生遭受教师性骚扰侵害的，高校应通过制定相应的制度依法依校规对行为人进行处置、对受害学生给予救济保护，使学生在安全无忧、平等无歧视的教育环境中实现自我。高校学生享有的权利乃确立高校作为防治义务主体及承担相应法定义务的逻辑起点，使高校为维护学生权利而获具防治权力具有了正当性基础。

设定高校性骚扰防治义务是高校履行保障学生权利的要求，法学界在论及法律义务时，一般总是和权利相对。我国《宪法》《教育法》《普通高等学校学生管理规定》规定了学校应当维护校园正常秩序，保障学生正常学习和生活的义务。首先，高校对学生负有保障人身安全的义务，同时也负有提供良好公平的学习环境的义务。高校性骚扰既严重危害学生的身心健康，又破坏了学生的学习环境。课题组的调查结果显示，性骚扰会使受害者感到被羞辱，心理脆弱敏感和恐惧，没有安全感，甚至出现抑郁症、自杀倾向，严重影响升学和就业，学生的人身安全权受到侵害，正常的学习和生活环境被破坏。其次，学生享有公平教育权。高校性骚扰特别是学术性骚扰，由于教师与学生存在权利不对等关系，教师手握学生是否及格、是否可以通过答辩、是否可以授予学位等“生杀大权”，学生为了学业，不得不屈服于教师的“淫威”，学生享有的公平教育权直接被践踏。为了保障学生的人身权利和公平教育权不受侵害，高校有义务采取防治性骚扰措施。“高校学生享有的权利乃确立高校作为防治义务主体及承担相应法定义务的逻辑起点，使高校为维护学生权利而获具防治权力具有了正当性基础。”①

---

①　林建军：《高校学术领域性骚扰防治体系的功能定位及其建构》，载《妇女研究论丛》2019年第2期。

（二）控制监督理论

从高校与教师关系的角度来看，高校作为聘用单位有规制教师违法行为的责任。《教师法》《教育法》规定双方存在人事聘任法律关系，高校拥有自主聘任和解聘教师的权利，当然，对教师的合法权益，学校同样应依法维护。实施学术领域性骚扰的高校教师，其教师的职业身份由高校聘任得以形成，其赖以对学生施加影响的学术权力和资源乃高校所赋予，而除了实施性骚扰行为的教师本人的道德因素外，师生之间背后的权利不平等、教师对学术权力的滥用缺乏制约也是高校学术性骚扰发生的重要因素。换言之，“教师如果失去职业身份及掌握的学术权力和资源，便失去了实现性骚扰目的的重要手段，学术领域性骚扰发生的可能性也必然降低。”由此，高校因为聘用教师赋予其学术权力的角色地位才与教师违法行为发生因果关联和责任牵连，高校对承担性骚扰防治责任、约束教师行为责无旁贷。

基于控制监督理论，高校作为用人单位聘任教师从事职业活动，应当为其没有对教师性骚扰行为尽到必要注意义务而承担法律责任。“控制和监督理论认为，雇主之所以对其雇员的行为承担侵权责任，是因为雇主已经选任该雇员并委托他去完成雇主所交付他完成的雇佣工作，履行其所承担的职责；雇主一旦选任雇员并委托他去从事其职责范围内的活动，则应当对雇员的行为加以控制和监督，防止雇员损害他人行为的发生；如果雇主没有控制和监督好雇员的行为，致使该雇员在从事其雇佣范围内的活动时损害第三人的利益，雇主应对那些遭受此种损害的人承担侵权责任。从某种意义上讲，一个人对他人有某种程度上的控制和监督，就为其承担替代责任提供了合理性基础。也就是说，雇主基于信任选任了雇员并委托他从事雇佣活动，就应该承担雇员错误行为的损害后果，而不能让没有机会保护自己的无辜的人来承担责任；雇主之所以要为自己雇员的侵权行为承担责任，是因为其在控制和监督自己雇员行为方面存在过错。"[①] 教师利用职业身份滥用学术权力实施性骚扰行为，高校有权自主解聘，剥夺其学术权力。否则，高校应对选任、聘任教师及预防、处置教师性骚扰行为的过失承担责任。因此，高校有义务采取措施规范教师的权力，防止这种权力的滥用，并在这种权力被滥用时采取措施予以纠正。如果高校没有建立相应的制约和监督机制，导致教师实施性骚扰行为给学生带来伤害，高校应承担相应的法律责任。

从教师与学生关系的角度审视，根据《宪法》《教育法》等法律，教师虽然由高校聘任，是自由独立的个体，但法律赋予教师身份及相应权利、施加相应义务，源于教师实为高校与学生之间的桥梁。经由该桥梁，法律得以建构教师的教学自由、学术自由，但"言论自由并不意味着大学教师可以随心所欲地说话行事。大学教师负有维护教学环境的义务，需要尊重学生的受教育权和教育学生尊重他人权利"[②]。因此，"教师获得身份根本上非为自身利益，乃为学生利益，是以学生自我实现为中心，教师身份获得保障的正当性前提也在于保障学生利益、促进学生的自我实现。当教师无法完成上述使命，甚至实施学术领域性骚扰损害学生权益，便成为不适格教师，失去了法律保障其继续担任教师的正当性前提，高校理应采取相应惩处措施。从此意义上说，高校性骚扰行为的直接加害人虽然是教师，但高校作为该教师的聘用单位，基于与教师的人事聘任法律关系，在教师行为背离其身份失去任职正当性时，有责任对教师职务范围内的违法行为进行必要事先预防、事中制止监督和事后惩戒。如果高校积极采取上述防治措施，必然对教师的类似违法失德行为产生威慑和约束，从而维护受害学生权益，营造公平、安全、平

---

① 安琪：《高校性骚扰案件预防及应对机制探讨——以被害人救济路径为考察中心》，载《中国青年社会科学》2018 年第 6 期。

② 吴亮：《论美国对高校骚扰言论的管制与调查——以"敌意环境型"骚扰言论为中心》，载《比较教育研究》2015 年第 7 期。

等、非歧视、非暴力的教育环境”①。

（三）社会责任理论

高校承担为社会服务的使命和功能，承担防治性骚扰的社会责任是高校的当然使命。高校作为社会智力人才培养的场所，不仅要为特定历史条件下的社会培养各类掌握最新知识与先进技能的高级人才，还要使培养的人才为社会所需要，为社会普遍认同和接受，具有良好思想素养和道德操守。大学作为社会思想和人类精神的出发地，作为社会知识精英的集萃地，不仅能而且也有责任担当起社会一般道德判断与道德行为的评判者和指引者②。高校性骚扰行为不仅侵害学生的人格权，还侵害学生的公平教育权，违背性别平等理念，面对性骚扰，高校不应沉默和缺席，应谴责性骚扰行为，采取积极措施防止行为发生，对行为人进行有效惩治，对受害人予以充分救济。高校应在广大师生中推行性别平等教育，引领先进的性别平等文化与思想，构建良好的校园文化环境。国外相关研究报道表明，学校态度旗帜鲜明，有积极的意愿和切实采取的积极行动，是被骚扰者愿意向组织投诉以及有效防治性骚扰的重要影响因素。为此，高校应担当其塑造良好校园文化、积极有效防治性骚扰的社会责任，通过采取积极的防治措施、推行性别平等教育等，构建良好的校园文化氛围。

（四）最优社会成本选择理论

设定高校防治性骚扰义务是最优的社会成本选择。社会成本一词是著名经济学家庇古在分析企业外部性侵害时首先提出来的，社会成本是指按全社会各个生产部门汇总起来的总成本，也可以指某一种产品的社会平均成本。

---

① 林建军：《高校学术领域性骚扰防治体系的功能定位及其建构》，载《妇女研究论丛》2019年第2期。

② 参见刘少雪：《试论大学的社会责任》，载《上海交通大学学报（社会科学版）》1999年第1期。

社会成本是产品生产的私人成本和生产的外部性给社会带来的额外成本之和。社会成本理论从外在性问题出发，通过进一步界定当事人双方的权利界限，得到一种权利配置结构。权利配置有多种可能结构，各种结构不仅都需要社会成本，而且其社会成本有差异，这就产生了权利配置的社会选择过程和社会成本最低化问题。法律应该在权利界定上使社会成本最低化、社会资源配置达到最优点。[①] 我国现有几部法律对高校性骚扰行为进行法律规制[②]，受害人可通过《民法典》《治安管理处罚法》《妇女权益保障法》等相关法律寻求救济。但是这种事后救济机制是补偿性和惩罚性的，受害人将付出多方面的成本，包括诉讼成本、时间成本、人力成本等，更重要的是心理、精神损害的成本，这些成本是难以估价且并非赔偿就可以抚平的。即使诉讼，由于举证责任困难、诉讼程序存在一定时间周期等情况，受害人常常身心疲惫，会受到二次伤害，部分受害人不得已选择在毕业后曝光曾经遭受的侵害，但可能因为诉讼时效已过或证据不足而面临投诉无门的不利后果。因此，高校承担事先预防义务与受害人性骚扰案件发生后寻求救济相比，事先保护预防的社会成本最低。因此，应该设定高校的事先防护责任，在不得已

---

① 参见［美］理查德·A. 波斯纳：《法律的经济分析》，中国大百科全书出版社 1997 年版，第 15 - 17 页。

② 《妇女权益保障法》第 23 条规定："禁止违背妇女意愿，以言语、文字、图像、肢体行为等方式对其实施性骚扰。受害妇女可以向有关单位和国家机关投诉。接到投诉的有关单位和国家机关应当及时处理，并书面告知处理结果。受害妇女可以向公安机关报案，也可以向人民法院提起民事诉讼，依法请求行为人承担民事责任。"第 80 条规定："违反本法规定，对妇女实施性骚扰的，由公安机关给予批评教育或者出具告诫书，并由所在单位依法给予处分。学校、用人单位违反本法规定，未采取必要措施预防和制止性骚扰，造成妇女权益受到侵害或者社会影响恶劣的，由上级机关或者主管部门责令改正；拒不改正或者情节严重的，依法对直接负责的主管人员和其他直接责任人员给予处分。"《刑法》还规定了强奸罪和强制猥亵、侮辱罪。《治安管理处罚法》第 42 条规定："有下列行为之一的，处五日以下拘留或者五百元以下罚款；情节较重的，处五日以上十日以下拘留，可以并处五百元以下罚款……（二）公然侮辱他人或者捏造事实诽谤他人的……（五）多次发送淫秽、侮辱、恐吓或者其他信息，干扰他人正常生活的。"第 44 条规定："猥亵他人的，或者在公共场所故意裸露身体，情节恶劣的，处五日以上十日以下拘留；猥亵智力残疾人、精神病人、不满十四周岁的人或者有其他严重情节的，处十日以上十五日以下拘留。"

的情况下再追究行为人法律责任，从而使社会成本降至最低。

一般防治机制防治性骚扰要“适度”，国家防治性骚扰即通过法律调整、规制性骚扰行为，法律界定程度、指向和目的是非常重要的考量因素。法律介入的“度”就是公民行使权利的边界。防治性骚扰的法律手段要恰当，应与性骚扰行为的危害程度相称。从性骚扰行为的表现来看，有的情节较轻，损害后果较小；有的情节较重，如持续时间长、手段恶劣等，给受害人造成严重损害后果，单一的责任方式无法实现权利救济和责任追究，应具体情况具体分析。借鉴域外立法，无论是采用专门立法规制性骚扰行为的国家和地区，还是综合各种法律手段调整性骚扰行为的国家和地区，均是民事、行政、刑事三种责任并行。[①] 我国虽然仅在《民法典》中规定了性骚扰的民事责任，但是并不意味着不可以追究性骚扰的行政或刑事责任，《民法典》规定的意义在于举轻以明重。我国法律对于性骚扰的调整、责任追究应综合运用民事、行政、刑事三种手段，以适应危害程度不同的性骚扰行为。

---

① 如我国台湾地区“性骚扰防治法”中规定了性骚扰的三类法律责任；法国对于性骚扰的三类责任分别规定在不同的部门法中。

第四章

我国港台地区及美国高校性骚扰防治机制考察

性骚扰最早在美国被提出并逐渐普及世界，美国建立了相对完备的高校性骚扰防治体系，本课题组在深入考察美国防治高校性骚扰成文法和判例法特别是耶鲁大学防治政策的基础上，翔实地介绍了美国防治高校性骚扰的立法缘起及演变发展进程、从联邦层面到高校层面的防治法律政策体系以及相应的防治内容，可以为我国开展高校性骚扰防治研究提供有益借鉴。

我国香港和台湾地区在高校性骚扰防治方面起步较早，形成了较为健全的防治高校性骚扰的法律政策和工作机制，在有效预防和妥善处理高校性骚扰方面也积累了丰富的实践经验。基于在地域和历史文化上的亲缘关系，对港台地区高校性骚扰防治机制的内容与实践进行研究，可以为内地（大陆）构建相关机制提供非常有益的借鉴。

一、我国港台地区高校性骚扰防治机制

（一）高校性骚扰的内部防治机制

在我国港台地区的高校性骚扰防治机制中，高校均居于主体地位并承担主要职责。高校性骚扰的内部防治机制正是在高校内部建立的预防和处理性骚扰的机制。

1. 预防机制

高校性骚扰防治的重点在于预防。我国香港特别行政区《性别歧视条例》规定，学校必须采取合理且切实可行的措施来防范性骚扰事件的发生；我国台湾地区“性别平等教育法”与“防治准则”也对高校预防性骚扰提出了相应要求。

（1）制定高校性骚扰防治政策。

我国香港特别行政区要求高校性骚扰防治政策列出学校对性骚扰行为的

关注，以及处理有关问题的决心；提供性骚扰的法律及行为定义；说明投诉途径（包括负责人/教师的数据及联络方法）；说明投诉资料保密及投诉人不会受到迫害或被惩处的原则；简述学校调查投诉的方法及投诉成立的处分措施。高校在制定前述政策时，应咨询家长、教师及其他职员，以增强政策的公开性、透明性和认受性。在政策制定实施后，高校还应定期监察及检讨，以确保其有效实施及涵盖最新资料。[①]

我国台湾地区要求各高校依“性别平等教育法”与“防治准则”的相关规定，制定各自的性骚扰防治规定，建立性骚扰调查、申复与救济机制，明确本校性骚扰防治的权责部门，并对“学校安全规划、校内外教学与人际互动注意事项”等作出具体规定。[②] 各高校普遍依照前述规定，结合各自的规模、资源、人事管理模式等，因地制宜地制定了《性别平等教育实施办法》《高校性骚扰防治规定/办法》《性别平等委员会设置要点》等。

（2）开展高校性骚扰防治相关教育、培训和宣传。

预防高校性骚扰的发生，从根本上须提升教职员工的性别平等意识，营造性别平等和尊重他人的校园文化。我国港台地区高校均非常重视开展性骚扰防治的相关宣传和教育培训。

为确保教职员工和学生能正确理解并自觉遵守高校的性骚扰防治相关政策，高校须将政策内容通过网站、电子邮件、校内通信或刊物等途径公告周知，并将有关检举、投诉性骚扰的程序及指引载列于教职员工手册、聘约及学生手册等。高校还应积极搜集性骚扰防治与救济等相关资讯并予以宣传。

高校性骚扰防治相关教育培训包括：在教职员工的职前教育、新进人员培训中纳入性骚扰防治教育内容；定期在教职员工会议上向教职员工分发、

① 参见《防止校园性骚扰的问与答》第13－15条。

② 参见我国台湾地区“性别平等教育法”第20条。

重申性骚扰防治政策声明；针对校内从事性骚扰事件调查、处置和其他工作的相关人员，每年定期办理相关的在职进修活动，鼓励其参加校内外研习活动并为其提供必要条件和便利，以便能敏锐处理有关性骚扰的个案；广泛开设性别研究相关课程，并在性教育课程、班主任课、生命教育课程中纳入性骚扰防治相关内容，以培养学生正面的价值观及态度，提醒他们在有需要时向别人寻求协助①；针对不同目标群体安排讲座，以增强其对性骚扰的认识和对性骚扰问题的警觉性。②

（3）建设安全的校园空间或环境。

为降低在校园内发生性骚扰的可能性，我国台湾地区“性别平等教育法”规定学校应提供性别平等的学习环境，规划并建立安全的“宿舍、卫浴设备、校车等”校园空间与设施，“依空间配置、管理与保全、标识系统、求救系统与安全路线、照明与空间穿透性及其他空间安全要素等”，定期检查其规划与使用情形，检视校园整体安全；定期举行校园空间安全检视说明会，公告“检视成果及相关记录，并检视校园危险空间改善进度”；“记录校园内曾经发生校园性侵害、性骚扰或性霸凌事件之空间，并依实际需要绘制校园危险地图”等。③

我国香港特别行政区法律虽未规定高校的校园空间安全规划义务，但依据平等机会委员会的阐释，高校应清除校园范围内所有令人反感、露骨或色情的月历、刊物、海报及其他物品，并防止不适当使用计算机科技，例如电邮、屏幕保护程序及互联网等，这些举措实际上也在一定程度上对高校提出了确保校园环境安全的要求。④

---

① 参见我国台湾地区“性别平等教育法”第15条；“性别平等教育法施行细则”第13条；“防治准则”第2条、第3条；《防止校园性骚扰的问与答》第16条等。

② 参见《香港中文大学防止性骚扰政策的宣传及教育》第1条。

③ 参见我国台湾地区“性别平等教育法”第12条；“防治准则”第4条、第5条。

④ 参见《防止校园性骚扰的问与答》第15条。

（4）聘用人员性骚扰信息查询。

我国台湾地区采取了一项重要举措，对所有聘用人员进行性骚扰信息查询。[①] 我国台湾地区在2018年修订“性别平等教育法”时增订了一个重要条文（第27－1条），要求高校在聘任、任用教育人员或进用、运用其他人员[②]之前，须向主管机关查询其有无实施性侵害、性骚扰行为的信息[③]。若其曾有性侵害行为或情节重大的性骚扰行为，则不得聘任、任用、进用或运用；若有非属情节重大的性骚扰行为，可经审酌案件情节，议决1年至4年内不得聘任、任用、进用或运用。对已聘任、任用的教育人员或已进用、运用的其他人员，也应定期查询，若发现前述情形，须予以解聘、免职、终止契约关系或终止运用关系。[④] 这一举措对于确保校园安全，防范有过性侵害、性骚扰不良记录的人员进入或继续留任教育行业危害他人具有十分显著的作用。

2. 处理程序及机制

我国港台地区高校在性骚扰事件的处理程序上存在一个重要区别：我国香港特别行政区有非正式程序和正式程序供被害人选择，而我国台湾地区目前只有一种近乎准司法程序的正式程序。

（1）非正式程序及机制。

非正式程序的主要目的不在于查清案件事实、分清是非曲直，给予行为人惩罚或谴责，而在于透过私下协商的方法，使被投诉人道歉并承诺不再有

---

① 我国香港特别行政区警方于2011年12月推出“性罪行定罪记录查核”机制，学校可以预先查询拟聘用员工是否有性犯罪记录，但可供查询的仅为性犯罪记录，未构成犯罪的一般性骚扰行为不在查询之列，且学校并不负有查询的法定义务。

② 这一消极任职资格不仅适用于教师或固定、定期执行学校事务的职员、工友，也包括学校进用之社团指导老师、游泳池救生员，运用的派遣劳工、志工等所有在学校服务的人员。

③ 各级主管机关应协助高校，使用我国台湾地区社政主管机关建立的性骚扰受处罚者数据库，办理此项查询。

④ 参见我国台湾地区“性别平等教育法”第27－1条。

类似行为，从而使性骚扰事件在开始阶段即被遏止，降低双方因冲突受到伤害的机会。

我国香港特别行政区各高校非正式程序的适用范围有所不同。依香港城市大学《性骚扰政策及程序》，非正式程序适用于轻微及单一的性骚扰事件；香港公开大学则将非正式程序适用于行为人并不察觉某些行径已冒犯他人的性骚扰事件中。尽管具体规定不同，但非正式程序均适用于情节相对轻微的性骚扰事件，且以双方自愿为前提。如果投诉人或被投诉人一方不同意进入或继续非正式程序，则该程序不得启动或应予终止。

遭受性骚扰的学生或教职员工应向高校防止性骚扰委员会或其他相关机构、个人投诉，并表达选择非正式程序的意愿。投诉人可以直接与被投诉人面谈，也可以邀请一位其信任的调解员协助处理。调解员可以是投诉人的上司、辅导员、高级职员等，也可以是高校的平等机会辅导员，其一方面给予投诉人情绪支持和处理事件的建议，另一方面则充当投诉人与被投诉人间的调停人，努力谋求一个双方都可接受的方案，消除误会及解决争端。投诉人或调解员向被投诉人指出其行为不受欢迎，可能会对他人造成伤害而其应该停止并道歉。如投诉人与被投诉人在此过程中达成和解，还可订立一份具有法律约束力的协议书，记录日后双方相处的行为标准，并标明如再发生同类型事件的后果。

在非正式程序的时限问题上，各高校的规定也不尽一致。香港城市大学要求负责处理性骚扰投诉的人员在接收到非正式投诉后两周内采取措施，如果投诉可通过非正式程序解决，投诉人应在1个月内以书面形式撤销投诉；如果投诉人在1个月内未能提交书面撤销请求，负责人员须以书面形式向投诉人确认其决定。[①] 香港中文大学非正式程序的时限则是接收投诉后的40个工作日内，性骚扰调停/投诉小组召集人可基于合理的理由及在双方同意的

---

① 参见香港城市大学《非正式性骚扰投诉的处理程序》第3条、第4条。

情况下，适当延长时限。[①]

我国香港特别行政区的实践证明，非正式程序的启动在处理高校性骚扰事件中往往非常有效，特别是在被投诉人并未意识到自己的行为冒犯了对方的轻微性骚扰事件中。对于选择适用非正式程序的投诉人而言，这一程序尊重了其不希望启动或参与正式程序的意愿，避免将其置于与被投诉人对立的状态。对于高校而言，非正式程序有利于在一定程度上节省行政资源，避免在轻微性骚扰事件中耗费过多的时间与人力。此外，非正式程序并非处理高校性骚扰事件的必经程序，投诉人可选择不经由非正式程序而直接进入正式程序，投诉人及被投诉人也不会因为参与非正式程序而丧失任何法律权利或补偿，如双方在非正式程序中未能达成和解，投诉人仍可继续行使其权利，可谓有利无弊。

（2）正式程序及机制。

其一，投诉/申请或检举。我国香港特别行政区所有关于高校性骚扰的投诉首先被提交到学校专设的防止性骚扰委员会。委员会由一位副校长直接领导，一位资深教授任委员会主席，日常工作由两名专职工作人员具体负责，各院系都有若干教授义务担任防止性骚扰委员会的成员。处理性骚扰事件正式程序的启动，主要是由被害人以书面形式向防止性骚扰委员会进行投诉。[②] 投诉应提供投诉人的身份，也应提供所指称性骚扰行为的详情和行为人的身份。匿名投诉一般来说不会被跟进作进一步调查，除非校长认为该投诉所指称的事件会影响大学的良好管理，且校长须将投诉内容告知被指称作出性骚扰的人，并给予其回应机会。我国台湾地区高校性骚扰事件的被害人或其法定代理人须以书面形式向行为人所属学校申请调查；当学校校长为行为人时，应向学校所属主管机关申请调查。与我国香港特别行政区有所不

---

① 参见香港中文大学处理性骚扰投诉流程图。

② 钟华、张韵然：《借鉴香港高校经验 建立健全内地高校防止性骚扰机制》，载《人民法治》2018年第4期。

同，为利于发现真相并维护被害人权益，任何知悉发生高校性骚扰事件的人，都要向学校或主管机关检举。[①] 经媒体报道的高校性骚扰事件或学校在处理霸凌事件过程中发现有疑似性骚扰事件的，视同检举，学校或主管机关应主动将事件交由其性别平等教育委员会调查处理。疑似被害人不愿配合调查时，学校或主管机关仍应提供必要的辅导或协助。[②]

其二，受理与通报。我国香港特别行政区很多高校在收到有关性骚扰的投诉后，会在一定期间内对投诉进行初步调查[③]，以确定投诉是否真实，是否有表面证据证明有高校性骚扰事件的发生，从而筛选出明显不是性骚扰的投诉。如果高校决定受理投诉，则将举行正式聆讯，对事件进行全面调查；如果决定不受理投诉，则应通知投诉人并向其解释原因和依据，并给予其申诉的权利和机会。我国台湾地区“性别平等教育法”规定，高校或主管机关应于收到调查申请或检举后20日内审查其是否属于该法规定的事项，申请人或检举人是否为真实姓名，是否为已处理完毕的同一事件，并以书面通知申请人或检举人是否受理，不予受理的，还应在书面通知中叙明理由。[④] 值得一提的是，我国台湾地区在2011年修订“性别平等教育法”时强化了高校在收到有关性骚扰的申请、检举后的通报义务与责任。一方面，明确规定了校长、教师、职员或工友的通报义务和时间要求，即知悉服务学校发生疑似性骚扰事件者，应立即向学校权责人员通报，并由学校权责人员向当地“直辖市、县（市）”教育主管机关通报，至迟不得超过24小时；另一方

---

① 参见我国台湾地区“性别平等教育法”第28条。我国香港特别行政区高校性骚扰事件的投诉须由被害人自己提出。在笔者查阅的香港高校性骚扰资料中，仅香港中文大学规定：“当书院或大学的职员发现可能涉及性骚扰的个案时，均应将所有个案交由性骚扰调停/投诉小组处理，以确保处理事件的一致性。”

② 参见我国台湾地区“防治准则”第19条。

③ 各高校规定的期间长短不一。例如，香港大学规定平等机会委员会主任应在接获投诉后4个星期内向校长提交初步调查的书面报告；香港科技大学则要求性别平等官员在接到投诉之日起1月内决定投诉是否真实。

④ 参见我国台湾地区“性别平等教育法”第29条。

面，增订了上述人员未及时履行通报义务的个人责任，即处以新台币 3 万元以上 15 万元以下罚款。[①] 通报使主管机关得以掌握辖区内高校的性骚扰及其防治状况，并可对其性骚扰调查处理程序开展全程监督，有利于从更高层面推动高校性骚扰问题的妥善解决。

其三，调查。学校或主管机关受理性骚扰投诉/申请或检举后，应组成调查小组[②]展开全面而中立的调查，这是正式程序中最重要的环节。我国香港特别行政区高校性骚扰调查小组通常由 3 人组成，小组成员与投诉人或被投诉人之间应不存在利益冲突或其他可能影响其作出公正裁决的关系，如小组成员不应与投诉人或被投诉人来自同一学系、部门、单位，或跟投诉人、被投诉人在工作上或教学上有任何直接联系等。调查小组应按照高校既定的性骚扰政策和程序，在切实可行的范围内尽快展开调查，进而在获取和检视所有与投诉有关的资料基础上，裁断投诉是否成立、是否曾发生性骚扰行为。如投诉不成立，调查小组应终止程序，告知双方当事人调查结果和理由；如投诉成立，调查小组应向性别歧视委员会主席提交书面报告，并通过其向高校行政管理机构建议按大学条例及规程采取相应的处分或惩罚措施。鉴于性骚扰涉及既敏感又令人难堪的问题，投诉人和被投诉人在会见调查小组的过程中可能需要帮助和支持，香港大学允许双方当事人邀请一名同事、同学或亲友陪同出席，或由法律代表代为出席；香港中文大学、浸会大学允许双方邀请陪同人员，但基于调查并非法律诉讼的理由，则不允许法律代表出席。我国台湾地区高校性骚扰调查程序与我国香港特别行政区大体相同。学校或主管机关受理性骚扰调查申请或检举后，应交由所设的性别平等教育委员会调查处理。性别平等教育委员会可以成立由 3 人或 5 人组成的调查小组进行调查。调查期间，性别平等教育委员会须采取必要的处置，以保障当

---

① 参见我国台湾地区“性别平等教育法”第 21 条、第 36 条及其条文异动理由；“防治准则”第 16 条。

② 亦有称听证小组，如香港科技大学。

事人的受教权或工作权，如弹性处理当事人的出缺勤记录或成绩考核，并积极协助其课业或职务；尊重被害人意愿，减少当事人双方互动机会；避免报复事件发生；预防、降低行为人再度加害的可能等。[①] 调查完成后，性别平等教育委员会应向其所属学校或主管机关提出书面调查报告及处理建议。[②]

其四，惩处与辅导。高校性骚扰事件经调查属实后，学校或主管机关应决定是否接受调查小组出具的建议，依教职员纪律规例或学生行为守则及纪律程序对行为人予以惩处，并将惩处结果以书面载明事实及理由通知投诉人、申请人、检举人及行为人。在我国香港特别行政区，如果行为人为学生，可能受到的惩罚包括谴责，罚款，撤销其学术上或在大学里所享有的其他特权、福利、权利或便利，停学甚至开除；如果行为人为教职员工，则可能按教职员/职工服务规例和职工手册所列明的有关程序采取适当的行动。在我国台湾地区，高校性骚扰情节轻微的，学校或主管机关可令行为人向被害人道歉、接受性别平等教育相关课程或采取其他符合教育目的的措施；情节非属轻微的，学校或主管机关在采取前述措施的同时，还应对行为人予以申诫、记过、解聘、停聘、不续聘[③]、免职、终止契约关系、终止运用关系等惩处。[④] 性骚扰事件的行为人通常存在性别观念偏差，为纠正其性别意识与价值观，防范其再次实施性骚扰行为，重建健全的性别互动关系，我国香港特别行政区高校在针对行为人的处理措施中均纳入了心理辅导或治疗。我国台湾地区2011年修订的“性别平等教育法”更是将对行为人的心理辅导

---

① 参见我国台湾地区“性别平等教育法”第23条及其立法理由；“防治准则”第25条。

② 参见我国台湾地区“性别平等教育法”第31条。

③ 教师与高校之间是聘任契约关系。解聘属于在聘期届满以前解除契约；停聘为在契约存续期间中止契约，遭停聘之教师尚有可能恢复与学校间之聘任关系，且有基本权益保障（发给半数本薪；停聘原因消失后恢复聘任者，停聘期间的本薪应予补发）；不续聘则是在契约期间届至后不续约。参见吴志光：《校园性侵害或性骚扰事件调查结果之执行——以教师法之相关规定为核心》，载《台湾律师》2005年第9期。

④ 参见我国台湾地区“性别平等教育法”第25条。

由原来的任意性规范改为强制性规范，要求行为人必须接受辅导。[①] 即使行为人转至其他学校就读或服务，主管机关及原就读学校仍应通报行为人后就读或服务的学校，接收通报的学校应对行为人实施必要的追踪辅导。不同的是，行为人如为学生，通报以学校或主管机关认为有必要追踪辅导为前提；行为人为学生以外者，则必须通报。[②]

其五，申诉或救济。为确保程序正义，避免调查过程或结果有不当之处，我国港台地区均给予投诉人/申请人、检举人或行为人公平、必要的申诉、救济机会。首先，在我国台湾地区，申请人或检举人在提出调查申请或检举后未在法定期限内收到通知或接收不受理通知的，得向学校或主管机关申复。[③] 我国香港特别行政区设有初步调查机制的高校，如香港科技大学规定性别平等官员若经初步调查后决定不再继续处理有关性骚扰投诉，须与投诉人见面，向其解释这一决定的依据。如果投诉人对解释不满意，则可向学校性别歧视委员会申诉。其次，在我国台湾地区，申请人和行为人对于学校或主管机关的处理结果不服的，可向学校或主管机关申复一次。学校或主管机关若发现调查程序有重大瑕疵或有足以影响原调查认定的新事实、新证据，得要求性别平等教育委员会重新调查。[④] 在我国香港特别行政区，投诉人或被投诉人对调查/听证小组的决定不服的，有权向校长或其指定的人员申诉，该人员或肯定小组做出的决定和救济措施，或肯定决定但是改变救济措施，或驳回小组的决定。最后，申请人或行为人对学校或主管机关的申复结果仍然不服的，我国台湾地区规定可依教师法、公务人员任用法等规定寻求救济，[⑤] 我国香港特别行政区规定还可向平等机会委员会提出投诉，或提

---

① 参见我国台湾地区“性别平等教育法”第 25 条及其条文异动理由。

② 参见我国台湾地区“性别平等教育法”第 27 条。

③ 参见我国台湾地区“性别平等教育法”第 29 条。

④ 参见我国台湾地区“性别平等教育法”第 32 条。

⑤ 参见我国台湾地区“性别平等教育法”第 34 条。

起普通民事诉讼等。

（3）我国港台地区高校性骚扰防治机制的共同特征。

第一，公平性。虽然被害人的权益保障是处理高校性骚扰事件的首要目标，但在港台地区高校处理性骚扰事件的正式程序中，高校仍居于中立地位，力求以公正、不偏不倚的原则和程序处理投诉或检举。首先，在调查小组的构成上，我国港台地区均规定了小组成员的回避情形，如与投诉人或被投诉人均不存在利益冲突或其他可能影响公正裁决的关系等。其次，我国港台地区高校均注重在调查程序中给予双方当事人平等对待，使其均有机会详细地陈述个案，就对方的指控及响应作出评论，也有机会对调查和处理结果提出申诉。[①] 最后，我国港台地区高校均设置了“查审分离”的处理机制，即调查小组仅负责认定事实，给出是否构成性骚扰的结论，惩处决定则由学校、主管机关或其他权责机关在调查小组认定的事实基础上作出，程序上更加公正、规范。

第二，专业性。性骚扰事件通常涉及性别意识及教育、心理、法律、医学、社工等诸多专业问题，我国港台地区高校性骚扰事件的调查处理程序均体现了较高的专业性要求。一方面，我国香港特别行政区高校防止性骚扰委员会的委员和我国台湾地区高校性别平等委员会的委员及专职人员均须具有性别平等意识并接受相关培训，具有较高专业性。另一方面，我国港台地区高校性骚扰调查小组成员的人数、性别、专业背景、专业素养等均须符合特

① 在必要情况下，为了使双方当事人获得平等对待，需要在程序中对权利下游的一方提供适当救济。例如，香港某高校的性骚扰案例中，被投诉的大学职员雇用了校外律师帮助其应对校内调查委员会的询问，为了平等保护投诉人（一位无力支付律师费用的学生）的权利，校方也为投诉人提供了法律援助。参见钟华、王旻若：《程序正义与性别平等：香港高等教育机构中的反性骚扰机制与实践》，载《中华女子学院学报》2019 年第 6 期。

定要求。①为避免校内调查人力不足，港台地区高校还允许外聘调查小组成员。此外，学校或主管机关要委请医师、临床心理师、咨商心理师、社会工作师或律师等专业人员，协助对行为人、被害人进行心理辅导，或对被害人、检举人提供保护措施及课业、经济等方面的协助。我国台湾地区“性别平等教育法”基于高校性别平等教育委员会调查的专业性，还规定其出具的调查报告是学校或主管机关对性骚扰事件进行事实认定的唯一依据，甚至法院在诉讼中对性骚扰进行事实认定时，也须审酌其调查报告。

第三，及时性。性骚扰事件对当事人双方而言均有压力，而且延迟处理可能给调查取证工作造成困难，所以我国港台地区在高校性骚扰事件的处理程序上设有诸多时限。时限主要是针对高校的要求，如在收到当事人的投诉、检举或申诉后，决定是否受理及进行调查的时限；在调查结束后，通知双方当事人结果的时限；在认定构成性骚扰的情形下，决定是否对行为人予以处分及予以何种处分的时限等，目的在于促使高校及时处理性骚扰事件。针对当事人的时限要求则是在性骚扰发生后提出投诉或检举的时限，以及在收到学校不予受理、不予调查的通知，或有关调查、处分结果的通知后，决定是否申诉的时限。考虑到性骚扰事件的复杂程度、调查难易程度有异，对于超过或可能超过时限的情形，我国港台地区也在一定程度上为高校保留了酌情处理的权限。

第四，保密性。我国港台地区要求参与高校性骚扰处理程序的所有人都负有保密义务，以保障性骚扰事件相关当事人的隐私。除基于公共安全的考

---

① 我国香港特别行政区《防止校园性骚扰的问与答》第15条规定：“学校亦应委派统筹人员处理员工投诉，及委任合适的教师（例如训导/辅导及/或其他具备调查和处理投诉知识的教师）处理与学生有关的性骚扰投诉。”各高校普遍要求调查小组成员的性别应平均分布，且应有来自性别歧视委员会的成员等。我国台湾地区“性别平等教育法”第30条第3款规定：“调查小组成员应具性别平等意识，女性成员不得少于成员总数二分之一，且其成员中具性侵害、性骚扰或性霸凌事件调查专业素养之专家学者人数，于学校应占成员总数三分之一以上，于主管机关应占成员总数二分之一以上；事件当事人分属不同学校时，并应有被害人现所属学校之代表。”

虑外，在性骚扰事件处理过程中的所有文件记录应予保密，只可按需要向有关人士透露，在程序完结时转交专责单位妥善保存。任何人未经授权擅自披露性骚扰事件处理程序有关的资料、细节或文件，将会受到学校的纪律处分，甚至依照相关法规进行处罚。依我国台湾地区“性别平等教育法”规定，高校在性骚扰事件全部处理完毕后，应将调查报告、会议记录等报所属主管机关，但高校须在原始档案之外另行制作对外的报告文书，内容仅包括性骚扰事件发生的时间、样态和事件处理过程及结论，其中当事人、检举人、证人的真实姓名及其他足以辨识身份的资料均予删除，仅以代号呈现，足见对性骚扰事件保密性的严格要求。[①]

（二）高校性骚扰的外部防治机制

高校性骚扰行为的发生既有个人、学校、社会层面的问题，也有文化、教育、法律等方面的因素，其防治不能仅仅依靠高校自身。我国港台地区除高校外，政府及相关部门，立法、行政、司法机关和社会力量等外部力量也在高校性骚扰防治中承担了相应职责，发挥了指导、监督、协助等作用，共同构建起高校性骚扰的外部防治机制。

1. 建立制度规范体系

高校性骚扰的防治离不开健全的制度规范体系。我国港台地区均非常重视制度建设，在防治高校性骚扰方面已经建立起法律、部门规章、高校政策相互衔接、配套的制度规范体系，其内容基本涵盖了高校性骚扰预防与治理的各个方面与环节。

我国香港特别行政区 1995 年制定的《性别歧视条例》对性骚扰概念作了界定，2008 年修订该条例时，将性骚扰概念扩大以适用于教育环境，并对学校防治性骚扰的义务和责任作了原则性规定。我国台湾地区 2004 年制定

---

① 参见我国台湾地区“防治准则”第 24 条、第 32 条、第 36 条。

了“性别平等教育法”，其中专设第 4 章“校园性侵害与性骚扰之防治”、第5 章“申请调查及救济”，对高校性骚扰的处理机制、程序及救济方法等作出了专门规定。这些规定为处理高校性骚扰行为提供了基本遵从，形成了初步的防治框架，但总体来说比较原则笼统，可操作性不强。

鉴于此，作为《性别歧视条例》执行机构的香港平等机会委员会专门编订了《防止校园性骚扰参考资料：制定校园性骚扰政策》，还与我国香港特别行政区政府教育局（以下简称香港教育局）一起编写了《防止校园性骚扰的问与答》。我国台湾地区教育部门早在 1999 年 3 月即制定了“校园性骚扰及性侵犯处理原则”，责成各高校制定“校园性骚扰及性侵害处理与防治实施要点”，成立性骚扰及性侵害处理委员会或小组，负责处理相关事件。2004 年“性别平等教育法”通过后，我国台湾地区教育部门又先后出台了“性别平等教育法施行细则”和“校园性侵害或性骚扰防治准则”（2012 年修正更名为“校园性侵害性骚扰或性霸凌防治准则”）。这些规范细化了防治高校性骚扰的规定，也为高校制定性骚扰相关政策提供了指引。

我国港台地区高校根据前述制度规范的要求，结合自身实际，普遍制定了各自的高校性骚扰防治政策。如我国香港特别行政区高校制定的“性骚扰政策及程序”“处理歧视或骚扰投诉的政策指引”等；我国台湾地区高校制定的“性别平等教育实施规定”“校园性骚扰防治规定”“性别平等教育委员会实施要点/组织办法”等。

2. 明确主管机关及其职责

我国香港特别行政区法例中并未明确防治高校性骚扰的主管机关，实践中，香港平等机会委员会和香港教育局在事实上承担了指导和协助高校履行性骚扰防治任务的职责。香港平等机会委员会是为了执行包括《性别歧视条例》在内的反歧视条例而成立的法定机构，其接受香港特别行政区政府资助，但独立于香港特别行政区政府，不具有行政管理权限，主要职责在于对性骚扰投诉进行调停或调查，代表或协助被害人对个人、组织、政府提起诉讼等。香港教育局虽是隶属于香港特别行政区政府的教育行政机构，但由于香港高校遵循校本管理精神，高校与香港教育局之间并不存在行政隶属关系，也无对教育局报告性骚扰防治工作的义务。香港平等机会委员会和香港教育局的高校性骚扰防治职责存在一些重合，也存在长期合作，双方共同为高校提供指引，建议高校采取合理可行的措施消除性骚扰，协助高校订立防治性骚扰的措施及处理性骚扰投诉的程序；开发课程，开展调查研究，举办研讨会或专题讲座、工作坊，提供与性别相关的培训，提高高校教职员和学生对性骚扰的认知和意识等。①

我国台湾地区则在立法中明确了主管机关及其防治性骚扰的职责，与香港特别行政区的做法形成鲜明对照。依我国台湾地区“性别平等教育法”规定，台湾地区教育部门和各市、县（市）政府是高校性骚扰防治主管机关，分别负责整个台湾地区和各自辖区的高校性骚扰防治工作。主管机关设立性别平等教育委员会，其承担的预防高校性骚扰职责主要包括：研拟辖区内高校性骚扰防治相关法规、政策及年度实施计划；协调及整合相关资源，协助或补助高校性骚扰防治机制的落实；推动性骚扰防治课程、教学、评量及相关问题的研究发展；提供高校性骚扰防治相关事项的咨询服务；规划及办理高校性骚扰防治相关人员培训或进修；推动高校性骚扰防治家庭教育及社会教育；其他相关事务。② 高校应向主管机关报告其性骚扰防治情况，并接受主管机关的监督与指导，主管机关也应为高校提供防治性骚扰的培训与必要协助。

3. 校外救济途径

高校性骚扰属于性骚扰的一种类型，所有适用于一般性骚扰的救济途径

① 参见2018年4月11日在香港立法会会议上周浩鼎议员的提问和教育局局长杨润雄的答复，载香港政府一站通网，https：//sc. isd. gov. hk/TuniS/www. info. gov. hk/gia/general/201804/11/P2018041100644. htm。

② 参见我国台湾地区“性别平等教育法”第4条、第5条。

自然也可适用于高校性骚扰。也就是说，高校性骚扰被害人除按校内程序处理性骚扰事件外，还可循校外程序寻求救济。

我国香港特别行政区高校性骚扰的校内处理程序并不影响投诉人直接向香港平等机会委员会投诉的权利，也不影响其向区域法院提出民事诉讼或向警方、其他调查机构投诉的权利。根据《性别歧视条例》，假如该项投诉并非在所指控的事件发生后12个月内提出，平等机会委员会可决定不对被指控性骚扰的行为展开调查。假如投诉人决定对一项性骚扰的申诉进行民事诉讼，投诉人一般须在性骚扰事件发生后24个月内向法院提出诉讼。高校相关人员在接收性骚扰投诉后应及时征询投诉人意见，如果投诉人希望向平等机会委员会投诉或向法院提出诉讼，应建议其于指定时限内进行；如果高校相关人员在调查过程中发现投诉属刑事性质，例如投诉的实质内容可构成猥亵侵犯，便应告知投诉人其有权报警，并在程序上为其提供必要的意见和协助。投诉一旦交由平等机会委员会、区域法院或警署等机构处理，则校内程序应中止，至校外程序结束后再恢复校内程序。

我国台湾地区高校性骚扰的校内处理程序也不影响被害人依司法程序寻求救济，或向学校所属主管机关申请调查，但在校内程序与校外程序的适用关系上与香港特别行政区有所不同。我国台湾地区在高校性骚扰事件的处理上，往往遵循先校内后校外的原则，即申请人、检举人或行为人一般只有在穷尽校内程序而仍对结果不服的，才可寻求校外救济通道，仅在性骚扰行为人是校长的情形下，为避免学校、系所、教师以不合法制的程序私自处理校园性骚扰事件，使受害人遭受二度伤害，才例外规定申请人、检举人应直接向学校所属主管机关申请调查或检举，无须经过校内程序。① “性别平等教育法”第30条还规定：“性别平等教育委员会之调查处理，不受该事件司法程序进行之影响。”这意味着，校内的调查处理程序不必因校外司法程序的

① 参见我国台湾地区“性别平等教育法”第28条异动理由。

进行而中止，校内程序具有更加独立而重要的地位。

二、美国高校性骚扰防治机制[①]

高校性骚扰问题在世界范围内都不同程度地存在。美国是世界上较早对高校性骚扰行为进行干预和处置的国家。至今，美国已经建立了比较成熟和运行有效的性骚扰防治的机制。美国将性骚扰视为一种歧视行为，通过反歧视法进行禁止。就高校性骚扰防治机制而言，首先，美国通过联邦立法概括规定了高校防治包括性骚扰在内的性别歧视的义务；其次，联邦法院通过判例，明确并扩大联邦反性骚扰法律的内涵及适用范围；再次，教育部依据联邦反性别歧视的法律以及联邦法院判例确定的原则，发布行政规则和指引对学校履行联邦法律规定的防治性骚扰的义务进行指导和监督；最后，学校作为防治高校性骚扰的义务主体，通过制定具体政策和程序以及指定具体的负责人落实防治性骚扰的义务。

（一）美国高校性骚扰防治法律体系

1. 美国联邦立法

美国反性骚扰运动和立法首先是从职场开始的。在 20 世纪五六十年代美国民权运动的推动下，国会于 1964 年顺应民意通过了《民权法案》（Civil Rights Act of 1964）。该法案在第 6 章和第 7 章中就禁止歧视问题作了规定。第 6 章规定在联邦财政支持的项目中禁止基于种族、肤色、民族的歧视[②]，但不包含禁止性别歧视的内容。第 7 章规定禁止就业领域基于种族、肤色、宗教、性别以及原国籍的歧视，虽然包含了禁止性别歧视的内容，但适用范围仅限于职场，不包括教育领域。

---

① 笔者在考察美国耶鲁大学性骚扰防治机制的过程中，得到耶鲁大学法学院中国法中心研究员龙大瑞（Darius Longarino）的鼎力支持，特此感谢。

② 参见 https：//www. justice. gov/crt/types – educational – opportunities – discrimination。

1967 年，时任美国总统林登·约翰逊颁布了一系列总统令对《民权法案》进行说明，以期扩大《民权法案》的适用范围。林登·约翰逊在他的 11375 号总统令中明确要求：所有与联邦政府订立合同的机构，必须在招聘和职场中终止性别歧视。在当时没有明确禁止高校性别歧视法律规定的背景下，11375 号总统令就成为女性寻求平等待遇的有力武器，很多大学也与联邦政府之间订有合同，因此 11375 号总统令被用来作为反对校园性别歧视的依据。

1970 年，伯尼斯·桑德勒依据 11375 号总统令来捍卫其在马里兰大学（Maryland University）的位置。收集了大学里关于女性与男性在录用、工资、职位以及其他诸多方面存在不平等现象的数据后，在美国全国妇女组织（National Organization for Women，NOW）和妇女平等行动联盟（Women's Equity Action League，WEAL）的支持下，伯尼斯·桑德勒对包括马里兰大学在内的大约 260 多所大学向美国劳工部提起了正式指控。与此同时，伯尼斯·桑德勒还动员妇女给代表她们州的参众议员写信，敦促议员们关注教育领域内的性别歧视问题，并执行 11375 号总统令。尽管伯尼斯·桑德勒提起的大部分指控最终被政府部门驳回，但她发起的以及在她带动下的一些妇女组织发起的一系列反性别歧视的运动对美国社会以及国会产生了积极影响，教育领域内的性别歧视问题获得越来越多的关注，制定相关立法的讨论也越发深入。[①] 1970 年，伯尼斯·桑德勒加入了美国众议院教育与劳工委员会下设的由众议员埃迪斯·格林负责的高等教育分委员会，她亲自参加了国会关于妇女就业权利以及平等机会的听证会并进行陈述。在这次国会听证会上，埃迪斯·格林和伯尼斯·桑德勒首次提出出台禁止教育领域性别歧视立法的

① Grant Bowers, Rena Knox & Marvin A. Zuker, *Sexual Misconduct in Education*, Lexis Nexis Canada Inc., 2003, p. 4 - 5.

提案。[①] 众议员帕齐·明克（Patsy Mink）在格林的帮助下，起草了禁止教育领域性别歧视的立法议案。[②] 1972 年 2 月 28 日，由参议员伯奇·贝（Birch Bayh）正式向参议院提出该立法议案，经过美国参、众两院分别审议通过后，该议案作为第 9 条于 1972 年 6 月 23 日由时任美国总统的理查德·尼克松正式签署为法律。

第 9 条是 1964 年《民权法案》的后续立法，它补充了《民权法案》第 6 章未规定禁止性别歧视的空白。在语言表述上，第 9 条与《民权法案》第 6 章非常相似，第 9 条的主要内容是：在接受美国联邦政府财政支持的任何教育项目或教育活动中，任何人不得因为性别而被拒绝参加此类项目或活动、被剥夺此类项目或活动应有的待遇，或者受到歧视。[③] 第 9 条首次规定禁止教育领域内基于性别的歧视，在美国反性别歧视立法史上具有里程碑意义。[④]

2. 美国联邦法院判例

第 9 条是美国联邦禁止教育领域性别歧视的法律，在其颁行后的一段时间内主要被用于解决校园内直接歧视女性员工以及校园体育项目领域直接歧视女性的问题，比如基于性别拒绝录用或提拔女性，禁止或限制女性参加某些体育项目等。在第 9 条通过时，“性骚扰”一词在美国还没有出现，公认

---

① 作为第 9 条的积极倡议者和推动者，伯尼斯·桑德勒被美国《纽约时报》誉为“第九条的教母”。

② 帕齐·明克是第一位被选入美国国会的非白裔妇女和亚裔美国妇女。作为第 9 条的重要作者，帕齐·明克为第 9 条的出台做出了积极的贡献，为此，在 2002 年 10 月 29 日，时任美国的总统乔治·布什将第 9 条重新命名为《帕齐·明克教育平等机会法案》（The Patsy T. Mink Equal Opportunity in Education Act）。

③ Title Ⅸ of the Education Amendments of 1972：No person in the United States shall，on the basis of sex，be excluded from participation in，be denied the benefits of，or be subjected to discrimination under any education program or activity receiving federal financial assistance.

④ 在美国，尽管第 9 条是 1972 年《教育法修正案》一部分，但经常被用来指代 1972 年《教育法修正案》，足见其意义和影响之重大。

说法是 1974 年“性骚扰”一词才在美国出现。[①] 实践中，联邦法院通过一系列判例逐渐明确并扩大第 9 条的适用范围，认为性骚扰属于性别歧视的一种形式，属于第 9 条所禁止的性别歧视行为。同时，联邦法院的判例也逐渐拓宽第 9 条下性骚扰受害人的救济途径，允许受害人向联邦法院提起诉讼，并获得金钱赔偿。

（1）1979 年坎农诉芝加哥大学案（Cannon v. University of Chicago）：确定第 9 条隐含个人诉权。

1975 年，39 岁的女士杰拉尔丁·坎农申请芝加哥大学普里茨克医学院和西北大学医学院时被拒，理由是两所学校都有正式的政策规定，即除非已经获得高级学位，否则不录取 30 岁以上的申请者。这两所学校都是联邦财政资金的接受者。坎农认为这两所学校的政策存在对女性的歧视，因为女性往往需要中断在高等教育中的学习以生育孩子和照顾家庭，这增加了 30 岁以上申请人中妇女所占的比例。坎农向伊利诺伊州联邦地区法院提起对芝加哥大学的诉讼，指控学校对她存在性别歧视，违反了第 9 条的规定。地区法院驳回了坎农的起诉，法院认为，第 9 条没有明确授权或适当暗示性别歧视受害者享有私人诉讼权。坎农上诉至联邦第七巡回上诉法院，联邦第七巡回上诉法院维持了地区法院的决定。坎农继续向联邦最高法院提出上诉，联邦最高法院于 1979 年 5 月 14 日作出裁决，支持了坎农的主张。联邦最高法院认为从法律文本看，第 9 条对私人救济的途径未有明确规定，但第 9 条隐含个人对学校等教育机构提起性别歧视诉讼的权利。该案中，联邦最高法院适用了一个包含 4 个问题的检验方法对诉权问题进行了分析：①原告是否是国会制定第 9 条所意图保护的群体的成员。②从第 9 条颁布的历史背景看该条是否具有支持创建或剥夺私人诉权的意图。③赋予私人诉讼救济途径是否会

---

① 1974 年美国康奈尔大学的林·法利和她的同事苏珊·美耶、卡伦·索维涅在为因拒绝教授性骚扰而遭受不利待遇的前康奈尔大学一名实验室女行政助理卡米塔·伍德提供帮助时，首创了“性骚扰”一词。

妨碍或进一步促进立法的根本目的实现。④授予私人诉权是否会不当影响各州关注的领域。通过分析，联邦最高法院发现对以上 4 个问题的回答都支持了原告的主张，因此得出结论：国会制定的第 9 条隐含着通过赋予个人诉权来对该条规定进行落实的立法本意。

联邦最高法院在坎农诉芝加哥大学案中首次确立性骚扰受害者个人依据第 9 条对学校提起性别歧视诉讼的资格，为教育领域遭受性别歧视的受害人对教育机构提起诉讼铺平了道路，排除了障碍，拓宽了受害人的救济渠道。①

（2）1980 年亚历山大诉耶鲁大学案（Alexander v. Yale）：联邦上诉法院确定第 9 条适用于性骚扰案件的解决。

美国耶鲁大学 1969 年实行男女同校后，校园内教授、行政人员以及体育教练性骚扰或性侵害女学生的事件时有发生，但学校对于性骚扰现象的漠视，以及缺乏明确禁止性骚扰的政策和投诉处理机制的状况，导致受害人投诉无门或投诉无果，客观上纵容了性骚扰的发生。不仅如此，频繁发生的性骚扰和性侵事件破坏了师生之间的信任关系，使其他学生和工作人员的学习和工作受到不利影响。1977 年 7 月耶鲁大学五名女学生朗尼·亚历山大（Ronni Alexander）、安·奥利瓦里斯（Ann Olivarius）、帕梅拉·普莱斯（Pamela Price）、马格里·雷夫勒（Margery Reifler）、丽莎·斯通（Lisa Stone）以及一个男性教授杰克·温克勒（Jack Winkler）以耶鲁大学为被告向位于康涅狄格州的美国联邦地区法院（the United States District Court for the District of Connecticut）提起诉讼，主张耶鲁大学未能防止行为人对女性学生的性骚扰、拒绝建立机制和程序处理和调查性骚扰投诉阻碍了教育进步和剥夺了学生平等的受教育机会，要求法院责令耶鲁大学出台专门处理性骚

① See Darlene Y. Bruner, *Cannon v. University of Chicago*, https://www.britannica.com/topic/Cannon-v-University-of-Chicago.

扰投诉的机制。①

① 该案六位原告提起诉讼的基本情况：

(1) 安·奥利瓦里斯，耶鲁大学1977届本科毕业生，奥利瓦里斯是这次对耶鲁大学诉讼的发动者、组织者。她在耶鲁大学读书期间，领导创办了耶鲁大学“本科生妇女核心小组”（the Undergraduate Women's Caucus），该小组应学校要求对耶鲁大学女生在耶鲁大学读书期间的体验进行了调查。调查中，她了解到耶鲁大学很多男性教授性骚扰或者性侵女学生的事件。她首先找到耶鲁大学的秘书长萨姆·乔西（Sam Chauncey）反映情况并寻求帮助。乔西不仅没有提供帮助，还向被指控的教师透露指控他的学生的姓名。在奥利瓦里斯组织学生对耶鲁大学进行诉讼的过程中，她遭受到来自一些男性教授和其家人的威胁，认为她的行为是诽谤，要对她提起诉讼。而耶鲁大学行政官员告诉她如果她被起诉，耶鲁大学将不会为她提供帮助。

(2) 朗尼·亚历山大，耶鲁大学1977届毕业生。大学一年级开始，亚历山大就遭受她的长笛指导老师基思·布里翁（Keith Brion）教授的多次性骚扰和强迫性交。亚历山大曾产生过自杀念头，被朋友劝阻了。最后，被避免再次被性骚扰，她不得已放弃在音乐方面的梦想，以改变专业、搬出原来的住处来躲避布里翁。

(3) 帕梅拉·普莱斯，非裔美国人，耶鲁大学1979届学生。她在耶鲁大学上学的第二学年的期末，请求国际关系课程教授雷蒙德·杜瓦尔（Raymond Duvall）延长她提交课程论文的时间，教授答应了，让她完成论文后交到他办公室来。当普莱斯去交论文时，杜瓦尔教授在她进入办公室后把门锁上，问她：“你是否非常想要得到一个klA？你愿意跟我做爱吗？”普莱斯拒绝了，并将这件事情告诉了学院主任，但是因为耶鲁大学没有关于她的投诉的处理程序，结果不了了之。后来她的论文和国际关系课程的成绩都是C。普莱斯认为杜瓦尔教授给她的论文和课程成绩评价为C是对她拒绝他的性要求的报复。

(4) 丽莎·斯通，耶鲁大学1978届学生。从大学一年级开始，斯通就看到或听闻包括她的室友在内的许多女学生遭遇男教授性骚扰的事件，这对她造成很大影响，她不敢与男教授接近，不敢去男教授的办公室，不问男教授任何跟课业无关的问题。斯通在英语教授迈克尔·库克（Michael Cooke）的课上经常得到比较低的成绩，也经常对库克在课堂上说的一些话感到困扰。斯通决定鼓起勇气找库克谈谈。这是在她室友遭遇性骚扰事件发生两年后斯通第一次造访一个男性教授的办公室。在库克的办公室，谈话突然发生了令人烦扰的转变，库克将手放到斯通的膝盖上，问她：“如果我们做爱你会感觉怎么样？”斯通拒绝并离开了库克的办公室。斯通主张，她听闻到的耶鲁大学发生的许多性骚扰事件都由于耶鲁大学没有建立合理处理性骚扰投诉的程序而不能得到处理，这伤害了她的感情，致使她恐惧与耶鲁大学有权力的男性进行联系，剥夺了她追求自由教育而必需的一个安全的环境，对她最大限度完成她的大学教育造成阻碍。

(5) 马格里·雷夫勒（Margery Reifler），耶鲁大学1980届学生。雷夫勒受她的顾问的鼓励，大学一年级时加入了校级曲棍球队做管理工作。其间，她遭到了球队教练理查德·肯特韦尔（Richard Kentwell）的性骚扰，不得不退出曲棍球队。雷夫勒主张，她遭遇的性骚扰使她丧失了成为球队管理者和获得校队奖励的机会，以及她向耶鲁大学指控性骚扰的想法也因学校没有正式的处理性骚扰的程序而被阻却，导致她投诉无门。

(6) 杰克·温克勒（Jack Winkler），是当时耶鲁大学的一名副教授，是斯通的论文指导老师。他加入五名女生提起的这个诉讼，主张由于耶鲁大学没有防止性骚扰的机制以及没有解决性骚扰投诉的程序，使校园内形成一个对男性教授不信任的环境，这个环境导致他非常困难地完成他的工作。温克勒是该案原告中唯一的男性，也是唯一的教授。一审裁判之后，温克勒没有提起上诉。

诉讼中，被告耶鲁大学的律师向法庭提出驳回原告起诉的动议，理由是原告们的诉求不属于第9条所禁止的性别歧视行为，因而适用第9条提起诉讼没有法律依据。地区法院驳回了其中五名原告的起诉，受理了其中一名原告普莱斯的起诉。但在对该名原告的诉求进行审理后，作出了驳回其诉讼请求的判决。原告中的五名女学生不服地区法院的裁判，上诉至美国联邦第二巡回上诉法院（United States Court of Appeals，Second Circuit），上诉法院经开庭审理后，于1980年9月22日裁决驳回原告的上诉，维持地区法院的判决。

联邦两级法院驳回该案其中五名原告起诉的主要理由有三个：①他们当中有些人已经毕业（亚历山大、斯通），法院对其诉求进行判决已没有实际救济意义。②雷夫勒虽然实际遭受性骚扰，但没有首先向耶鲁大学提出投诉，耶鲁大学不知情，所以不能认定耶鲁大学违反第9条规定。③对于没有亲身遭受性骚扰的原告（温克勒、斯通和奥利瓦里斯）提出的耶鲁大学对性骚扰的纵容导致形成歧视性的教育环境，影响其实施教学或接受平等教育的权利，构成对第9条的违反的主张，法院认为他们的主张不属于第9条适用的范围。①

对于普莱斯的起诉，地区法院认为“以服从性的要求作为获得学术发展条件”的行为构成教育领域的性别歧视，依据第9条具有可诉性。而且普莱斯主张她多次向耶鲁大学求助但均被拒绝。据此，地区法院受理了普莱斯的起诉。法官之所以受理普莱斯的起诉，是因为1976年美国哥伦比亚联邦地区法院（U. S. District Court for the District of Columbia）在Williams v. Saxbe

---

① 该案温克勒等三名原告提出的主张——耶鲁大学未建立性骚扰预防及投诉处理机制，实际上纵容了校园内性骚扰的发生，破坏了校园应有的相互信任的教学环境，损害了他们的平等受教育权和职业发展机会，按照美国现在对性骚扰的定义，这属于敌意环境性骚扰。遗憾的是，在该案审理过程中，敌意环境性骚扰概念尚未被法院判例确定。1986年美国联邦最高法院在Meritor Savings Bank v. Vinson案中，确立了敌意工作环境性骚扰的概念。参见https：//en. wikipedia. org/wiki/Meritor_ Savings_ Bank_ v. _ Vinson。

案中确立了交换性骚扰的概念。普莱斯案的法官首次将职场交换性骚扰概念引入教育领域性骚扰案件的处理，应该说也是一个突破。对于普莱斯提出的因其没有同意杜瓦尔教授提出的性要求才导致她的论文和课程获得 C 级成绩的主张，杜瓦尔教授（当时已经不再是耶鲁大学的教员）均予以否认。[①] 地区法院审理后认为普莱斯未能证明杜瓦尔教授对她提出性要求的事实，既然普莱斯并没有证明她受到了不适当行为的冒犯和因此受到伤害，因此法庭无须提供任何救济。

虽然该案原告们的诉求被两级法院判决驳回，但从该案实质上所产生的影响和效果看，这是一个胜利的诉讼。该案的最大贡献是首次成功将校园性骚扰确定为性别歧视的一种形式，从而将第 9 条规定适用于性骚扰案件的解决，自此案以后，第 9 条成为美国反校园性骚扰的重要法律依据。该案在美国反校园性骚扰历史上具有里程碑意义。[②]

（3）1992 年富兰克林诉格温内特案（Franklin v. Gwinnett County Public Schools）：确定个人可以依据第 9 条诉请学校承担金钱赔偿责任。

北格温内特高中（North Gwinnett High School，以下简称北格高中）是由美国佐治亚州格温内特郡公立学区（Georgia's Gwinnett County Public Schools District，以下简称格温内特学区）运营管理的一所学校，学区有接受来自联邦的资金。克里斯蒂娜·富兰克林（Christine Franklin）于 1985 年 9 月至 1989 年 8 月在北格高中读书期间，遭到是该校教师和体育教练的安德鲁·希尔（Andrew Hill）持续的性骚扰和性虐待。富兰克林向学校多名教师和格温内特学区行政管理人员报告了希尔对她和对学校其他女生实施性骚扰

---

① Andrew Kreig, *Ex – Yale Professor Denies He Propositioned Student*, file：///C：/Users/user/Downloads/1979. 01. 20%20Ex – Yale_ Professor_ Denies_ He_ Pr. pdf.

② 由于亚历山大诉耶鲁大学案中五名女生原告在丰富性骚扰概念的内涵、拓展第 9 条适用范围方面所作的贡献，她们被誉为“第 9 条先锋”。2012 年第 9 条颁行 40 年之际，该案中的五名女生原告共同被全国美国公民自由联盟（the National American Civil Liberties Union）确认为第 9 条历史上最具影响力的九位人物之一。

的事情。起初，学区行政管理人员未采取任何行动，相反，还试图劝阻富兰克林对希尔提出指控。在富兰克林的坚持下，格温内特学区最终决定对富兰克林的投诉进行调查。但很快，希尔就与格温内特学区达成协议：希尔辞职，学区不再追究对他的所有指控。希尔辞职后，格温内特学区遂结束了调查程序。

1988 年 8 月，富兰克林向美国教育部人权办公室（OCR）对格温内特学区提起投诉。OCR 在进行了 7 个月的调查之后，确认格温内特学区事实上纵容了希尔对富兰克林的性骚扰，以及存在阻碍富兰克林对希尔进行投诉的事实，认定格温内特学区侵犯了富兰克林依据第 9 条享有的权利。但基于学校后来已经依据校内程序对希尔进行了调查，希尔已经为此辞职，以及学区对今后履行第 9 条做出保证的事实，OCR 最后认定学区遵守了第 9 条的规定，遂结束了调查。

1988 年 12 月 29 日，富兰克林以格温内特学区为被告向美国佐治亚州北区地区法院（the United States District Court for the Northern District of Georgia）提起诉讼。富兰克林在诉状中指控希尔对她实施了如下性骚扰行为：①希尔曾与她进行具有性导向的对话，比如对话中希尔询问她与男朋友的性体验，并问她是否愿意与年长的男子发生性关系；②希尔曾在学校停车场强行亲吻她的嘴；③希尔往她家里打电话问她是否愿意与他社交；④富兰克林读十一年级期间，希尔曾三次把她从课堂上带至一间私人办公室，强行与她发生性关系。基于这些事实，富兰克林主张，美国联邦法院之前的判例已经确认第 9 条禁止的性别歧视行为包括性骚扰和性暴力（比如强奸和性侵等）。按照第 9 条以及美国教育行政部门发布的规则的要求，学校应当对学生提起的性骚扰投诉采取迅速及有效的回应，并立即采取相应措施制止性骚扰、防止其再次发生以及消除性骚扰产生的不利影响。格温内特学区明知希尔对她实施了性骚扰却没有采取任何行动进行制止，[①] 相反还阻挠她对希尔提出指控。富兰克林认为，格温内特学区没有遵循第 9 条的上述要求，侵犯了她基于第 9 条享有的免于性骚扰的权利，因此，格温内特学区应当对她承担损害赔偿责任。

地区法院接受了被告的答辩意见，认为第 9 条并没有赋予个人对学校提出金钱赔偿的权利，基于此，驳回了富兰克林的起诉。富兰克林不服地区法院的决定，向联邦第十一巡回上诉法院提起上诉，1990 年 9 月 10 日，联邦第十一巡回上诉法院维持了地区法院的决定。富兰克林继续向联邦最高法院进行上诉，经法庭辩论后，在 1992 年 2 月 26 日，联邦最高法院发布了对该案的最终裁判意见，认为第 9 条不仅隐含诉权，而且隐含救济，不能仅以第 9 条文本中未明确规定救济，就认为国会意图否定给予救济。联邦最高法院适用实践中长久存在的一般规则，即只要国会立法没有明确相反的指示，联邦最高法院可以在对因联邦法律保护的权利受到侵害而诉至联邦最高法院的案件中的受害人给予任何可行和适当的救济。针对希尔的性骚扰构成对第 9 条的明确违反，如果法院不提供金钱救济，那么第 9 条就会成为一个没有任何救济的法律，受害人的损失将无法获得补救。[②] 联邦最高法院裁定撤销联邦第十一巡回上诉法院的决定，将案件发回上诉法院并要求根据联邦最高法院意见重审。案件重审期间，格温内特学区与富兰克林达成赔偿协议，赔偿数额未对外公布。

---

① 除了富兰克林向学校报告了希尔对她实施性骚扰的事情之外，其他一些学生也向学校老师进行过报告。比如，在希尔对富兰克林发起具有性导向的对话后，富兰克林的男友就将此事告诉了学校的乐队主任威廉·普雷斯科特（William Prescott）；1987 年 10 月，一些学生向一位助理校长报告了希尔和富兰克林之间的事情；另外还有一些学生向一些老师和她们的指导顾问报告了希尔性骚扰其他女学生的事情。

② 本案中的大法官斯卡利亚，与首席大法官和大法官托马斯对判决结论表示同意，但同时表达了他们对判决理由的不同意见，认为对国会非自觉或非有意创造的诉权，任何救济应该是明确的，没有理由将国会的沉默视为相当于可以获得能想象到的最广泛的补救。

富兰克林诉格温内特案是依据第 9 条对学校提起诉讼并获得金钱赔偿的第一案，该案扩大了性骚扰受害人的救济途径和救济内容，是美国防治校园性骚扰历史上又一个具有里程碑意义的案件。该案对妥善保护性骚扰受害人，鼓励受害人提起诉讼，以及督促学校履行防治性骚扰的义务都产生了积极影响。但该案并未确定学校承担赔偿责任的范围和标准。

（4）1998 年格布瑟诉拉戈维斯塔独立学区案（Gebser v. Lago Independent School District）：确定学校承担金钱赔偿责任的标准。

1991 年春天，阿利达星·格布瑟（Alida Star Gebser）在得克萨斯州拉各维斯塔独立学区（Lago Vista，以下简称维斯塔学区）的一所中学读八年级时，加入了一个由维斯塔学区高中教师弗兰克·沃尔德罗普（Frank Waldrop，以下简称沃尔德）负责的高中图书讨论小组。维斯塔学区是联邦资金接受者。在图书讨论会上，沃尔德经常对学生发表具有性暗示的言论。格布瑟 1991 年秋天进入维斯塔学区高中九年级读书，并被分配到沃尔德执教的班级。沃尔德继续对学生发表不适当的言论，并开始将更多的暗示性言论指向格布瑟，尤其是当两人单独在教室里时。1992 年春天，他开始与格布瑟发生性接触——亲吻、抚摸，并多次发生性关系。他们的关系一直持续到第二学年。

格布瑟从未向学校官员报告沃尔德与她之间的关系。1992 年 10 月，维斯塔学区高中另外两名学生的家长向校长投诉沃尔德在课堂上的不当言论。校长为此安排了一次会议，沃尔德在会议上表示，他不认为他发表了冒犯性的言论，但他向学生的父母道歉，并说这种情况不会再发生。校长建议沃尔德注意他的课堂言论，并将会议情况告诉了学校的辅导员，但他没有向学校的第 9 条协调员汇报家长们的投诉。几个月后，在 1993 年 1 月的一天，沃尔德正与格布瑟发生性关系时被一名警察发现，警察逮捕了沃尔德，随后，维斯塔学区解雇了沃尔德，得克萨斯州教育局吊销了沃尔德的教师执照。

1993 年 11 月，格布瑟和她的母亲向得克萨斯州州法院对维斯塔学区和沃尔德提起诉讼，根据第 9 条和得克萨斯州州法（对沃尔德的索赔请求主要根据州法律）要求两被告承担补偿性和惩罚性赔偿责任。因为第 9 条属于联邦法律，案件被移送至美国联邦得克萨斯州西区地区法院。格布瑟在作证时说，虽然她意识到沃尔德的行为是不恰当的，但她不确定该如何反应，她希望继续让他当自己的老师。地区法院对所有主张作出有利于被告维斯塔学区的即决判决，并将格布瑟对沃尔德个人的起诉发回州法院审理。在驳回格布瑟对维斯塔学区的起诉时，地区法院认为：第 9 条是为了反对在联邦资助的教育计划中的性别歧视政策和实践。只有在学校管理人员对性别歧视知情，并且没有善意地作出回应时，才可以解释为学校存在歧视。本案中，家长们向校长就沃尔德在课堂上的不当言论提出的投诉是维斯塔学区收到的关于沃尔德的唯一一条投诉，该证据不足以确定维斯塔学区实际知道或推定其应当知道沃尔德与格布瑟之间的性关系。

格布瑟和她的母亲就地区法院驳回其对维斯塔学区起诉的决定向联邦第五巡回上诉法院提起上诉。联邦第五巡回上诉法院维持了地区法院的决定。此外，联邦第五巡回上诉法院还拒绝援引普通法关于代理关系中雇主承担替代责任的原则。法院认为，如果适用这一原则将导致学区在每一起师生骚扰案件中都承担责任。格布瑟和她的母亲继续将案件上诉至联邦最高法院。联邦最高法院在 1998 年 3 月 25 日举行法庭辩论，于 1998 年 6 月 22 日作出决定，维持联邦第五巡回上诉法院的决定。

格布瑟诉拉戈维斯塔独立学区案，联邦最高法院确立了学校对教师性骚扰学生承担损害赔偿责任的标准：①学校负责处理性骚扰问题的人实际知道或者依据证据推定其应该知道性骚扰的存在；②学校对该性骚扰行为存在故意漠视，即明知行为的存在却没有采取适当措施予以补救。

1999 年，联邦最高法院在戴维斯诉门罗郡教育董事会案（Davis v. Monroe County Board of Education）中进一步确定，对于在学校项目中发生的学生与学生之间的性骚扰，符合格布瑟诉拉戈维斯塔独立学区案中确定的两个标准时，学校也要承担损害赔偿责任。

3. 美国教育部指引

在美国，第 9 条主要由 OCR 负责执行。自 1997 年以来，OCR 发布了多部指引和规则，因为第 9 条是一个非常概括性的条款，教育部发布指引和规则的主要目的是对接受联邦财政支持的学校等教育机构落实第 9 条的义务进行指导，同时，这些指引和规则也是 OCR 监督和评估学校落实第 9 条情况的依据。OCR 的指引和规则不仅依据第 9 条制定，同时遵循了联邦法院判例中确定的原则，认为性骚扰是性别歧视的一种形式，属于第 9 条所禁止的性别歧视的范畴。OCR 并根据联邦法院判例确立的规则对所发布的规则和指引进行更新或发布新的规则和指引。①

（1）《2001 年指引》。1997 年 3 月 OCR 首次发布执行第 9 条的指引：《性骚扰指引：学校雇员、其他学生或第三方对学生的骚扰》（Sexual Harassment Guidance：Harassment of Students by School Employees，Other Students，or Third Parties，以下简称《1997 年指引》）。在《1997 年指引》出台前，OCR 广泛征求了包括学生、教师、学校管理人员和研究人员等相关方的意见，该指引的目的是指导学校依据第 9 条的要求，消除在接受联邦财政援助的教育项目和活动中的基于性别的歧视，重点是防治对学生的性骚扰。《1997 年指引》发布以后，美国联邦最高法院就性骚扰案件作出了几项重要裁决，包括上文介绍的依据第 9 条处理对学生性骚扰的两项裁决：1998 年格布瑟诉拉戈维斯塔独立学区案和 1999 年戴维斯诉门罗郡教育董事会案。法院在格布瑟案中认为，如果教师对学生进行性骚扰，学校有权处理性骚扰问题的职员对骚扰有实际了解，但学校在回应骚扰时故意漠不关心，则可以责令学校承担金钱赔偿责任。在戴维斯案中，法院宣布，如果一名学生在学校实施的项目中对另一名学生进行性骚扰，并且格布瑟案的条件得到满足，学校也可能承

---

① 参见 http：//www. knowyourix. org/college - resource/title - ix/。

担金钱赔偿责任。

根据联邦最高法院上述裁判确立的规则，OCR 于 2001 年发布了新指引——《2001 年指引》，取代了《1997 年指引》。《2001 年指引》保留了《1997 年指引》中包括若干基本原则在内的大部分内容，同时，对性骚扰的概念、学校防治对学生的性骚扰的义务和责任等问题予以进一步明确和澄清。《2001 年指引》侧重于明确学校根据第 9 条和教育部执行第 9 条的规章所应承担的基本合规责任，即以有效解决对学生的性骚扰问题作为学校继续接受联邦资金的条件；它阐明了学校合规责任的依据，概述了性骚扰可能构成法律和规章所禁止的性别歧视的情况，并举例指引学校应如何防止性骚扰的发生以及在性骚扰发生后如何有效处理。

《2001 年指引》明确了第 9 条的适用范围。第 9 条适用于接受联邦资金的所有公立和私立教育机构（包括但不限于小学和中学、学区、专有学校、学院和大学）所组织或运营的教育项目或活动，即第 9 条保护学生在与上述教育机构的所有学术、教育、课外活动、体育和其他课程有关的活动或项目中免于性骚扰，而不论上述活动或项目是发生在校园内还是校园外。第 9 条保护任何学生免受学校员工、其他学生或者非雇员第三方（例如学校来访演讲者或来访运动员）的性骚扰。此外，第 9 条还禁止对任何性别的人实施性骚扰，无论骚扰者的性别如何，即骚扰者和被骚扰者可以是同性。

（2）2020 年第 9 条新规（Title Ⅸ Final Rule）。

2011 年 4 月和 2014 年 4 月，奥巴马政府下的 OCR 又分别发布了两个指引。2011 年发布的指引名为“Dear Colleague Letteron Sexual Violence”（以下简称《2011 年指引》），2014 年发布的指引名为“Questions and Answers on Title Ⅸ and Sexual Violence”（以下简称《2014 年指引》）。《2011 年指引》是对《2001 年指引》的补充，主要聚焦于学生之间的性暴力问题，解释了学校根据第 9 条要求承担的迅速和有效回应针对学生性暴力的责任，具体而言，主要内容包括：[①] ①就性暴力引发问题的解决提供指引，例如学校有独立于警察犯罪调查之外对性暴力的调查和处理责任；建议学校采取民事诉讼证明标准，即优势证明标准（preponderance of the evidence standard）调查处理性骚扰和性暴力投诉。②就第9条关键要求及其与性暴力的关系提供指导和实例，认为性暴力是性骚扰的一种形式，强调学校公布禁止性别歧视的政策、指定第9条协调员以及采用和公布投诉程序的要求。③讨论了学校防止性骚扰和性暴力以及修复对投诉人等产生影响的措施，包括加强教育、为受害人提供充分救济等。④因为对性暴力的处理涉及投诉人对其投诉结果的权利，《2011年指引》讨论了第9条与《家庭教育权利和隐私法案》（Family Educational Rights and Privacy Act）、《珍妮·柯莱瑞校园安全政策和校园犯罪数据披露法案》（The Jeanne Clery Disclosure of Campus Security and Campus Crime Statistics Act，以下简称《柯莱瑞法案》）之间的相互关系。《2014年指引》以问答的形式进一步澄清了《2011年指引》和《2001年指引》中阐述的第9条对学校的要求，并列举了学校为预防性暴力和防止其再次发生和消除其影响而可能采取的积极努力的例子。[②]

2017年9月22日，特朗普政府下的OCR发布一封DCL（Dear Colleague Letter，以下简称2017年DCL）宣布废除奥巴马政府下的OCR发布的《2011年指引》和《2014年指引》。2017年DCL认为《2011年指引》在下面这些规定上存在问题：①不顾许多学校在对实施性骚扰的学生进行纪律处分时按照传统采用的更清晰和令人信服的证据标准，《2011年指引》要求学校采用最低限度的证据标准，即优势证据标准。②尽管许多学校以前都遵循了为被指控学生保留上诉权的程序，但《2011年指引》却坚持规定了遵循上诉程序的学校允许投诉人对不构成性骚扰的处理结果提出上诉。③《2011

---

① 参见 https：//www2. ed. gov/about/offices/list/ocr/letters/colleague – 201104. html。

② 参见 https：//www2. ed. gov/about/offices/list/ocr/docs/qa – 201404 – title – ix. pdf。

年指引》不鼓励当事人进行交叉询问，理由是赋予交叉询问的权利可能违反第9条的规定。④《2011年指引》禁止学校依靠执法部门对犯罪行为的调查来解决关于第9条的投诉，迫使学校建立自己的警察和司法系统，同时又指示学校加快解决关于第9条投诉的问题。⑤《2011年指引》规定，向被指控学生提供的任何正当程序保护不应不必要地拖延解决对他们的指控问题的时间。

2017年DCL引用法律人士的评论，认为《2011年指引》和《2014年指引》扩大解释了第9条的要求，滥用了行政机关的权力，向大学施加了不当压力，迫使其采用不具有基本公正性的程序。许多学校依据上述指引制定的解决性骚扰投诉的程序，因缺乏公平和正当程序的最基本要素而对被指控者造成极不利的影响，而这绝不是第9条或者执行第9条的规章所要求的。上述两个指引导致许多学生的权利被剥夺——被指控的学生被剥夺了走正当程序的权利，受害者的投诉未能获得充分解决。上述两个指引缺乏明确性规定且未能引导教育机构保障第9条所要求的学生在平等基础上的教育机会。相反，学校面临一套令人困惑和效果适得其反的规则要求，合规的目标取代了第9条要求的教育公平目标。而且，当时的OCR在发布上述两个指引时，程序上没有经过向公众进行公告也没有给予公众提出意见的机会，程序上是违法的。

在废除《2011年指引》和《2014年指引》后，OCR开始了执行第9条关于校园性骚扰的新规的制定过程。2018年11月29日，OCR公布拟定新规向社会征求意见，经过近一年半的时间，审阅了超过124000份公众评论和意见，修改拟定新规，OCR于2020年5月6日发布了关于第9条的最终新规，新规定于2020年8月14日生效。[①] OCR以往发布的处理性骚扰问题

---

① Greta Anderson, "U. S. Publishes New Regulations on Campus Sexual Assault", https://www.insidehighered.com/news/2020/05/07/education-department-releases-final-title-ix-regu lations.

的指引没有法律上的强制约束力，而新规具有法律效力，接受联邦财政支持的学校必须遵守新规的要求。

（二）美国高校性骚扰防治机制

依据第 9 条的规定，高校是防治性骚扰的义务主体，高校应当依据第 9 条以及 OCR 发布的执行第 9 条的规章和指引的要求，建立高校层面的防治性骚扰机制。为全面了解美国高校防治性骚扰机制，课题组专程考察了美国的耶鲁大学和塔夫茨大学性骚扰防治机制的基本情况，两所大学都设立了专门机构，构建了事先预防、事后救济处置制度，明确了受理和处理投诉的程序等机制，对有效防治本校性骚扰发挥了积极作用，特别是耶鲁大学，防治性骚扰机制建立早，可以追溯至 20 世纪 70 年代末，1978 年的亚历山大诉耶鲁大学案督促耶鲁大学开始正视校园里普遍存在的男性教授、行政人员以及体育教练性骚扰、性侵女学生的事件，开始着手构建相应的防治机制。40 多年来，耶鲁大学根据联邦法律、教育部规章以及康涅狄格州相关立法的要求，结合耶鲁大学的实际情况，先后出台并不断完善其包括指定负责落实第 9 条的专职人员（第 9 条协调员）、设立专门机构、制定预防、救济和惩处制度、明确处理投诉的程序等机制，在美国各高校中具有一定的代表性典型性，为我国高校防治性骚扰机制提供了有益镜鉴。下面重点以耶鲁大学为例介绍美国高校性骚扰防治机制。

1. 基本原则

根据美国教育部《2001 年指引》和 2020 年第 9 条新规等相关规定，美国高校处理性骚扰应遵循如下基本原则。

（1）尊重受害人意愿的原则。

根据美国教育部发布的规章要求，学校应当对其获知的性骚扰等性不端行为积极回应，并采取适当措施阻止正在发生的行为、预防行为再次发生以及补救行为造成的影响。但学校的回应和措施的采取都要尊重受害人的意愿，学校不会罔顾受害人的意愿，更不会强制受害人作出选择或者抑制受害人的选择。性不端行为具有敏感性，处理不当会对受害人造成二次伤害。尊重受害人的意愿，有助于打消受害人的顾虑，从而使受害人愿意将她/他所遭遇的事情讲出来。另外，每一个性不端行为受害人的情况各不相同，与行为人之间存在的关系也不尽相同，将事情处理的决定权交给受害人，对问题的解决会更能满足受害人的需求。受害人在向学校相关部门寻求帮助时，如果不是正式向 UWC 投诉，受害人可以不提供自己的个人身份信息（匿名举报）。尊重受害人意愿，赋予受害人选择救济的权利，受害人可以通过学校纪律处分、向教育部提起投诉、向法院提起诉讼等途径获得损害赔偿。为受害人提供帮助的相关部门的人员在与受害人首次接触时，应当告诉受害人学校可以提供的资源，获取这些资源的途径，受害人拥有哪些选择，性不端行为投诉的非正式和正式途径以及每一种途径的可能结果等信息，让受害人在了解这些信息的基础上，自己决定解决问题的方案和路径，包括选择非正式路径和正式路径解决问题。接待受害人的相关人员也会给受害人提出一些建议，但是否采纳这些建议由受害人自己决定。如果受害人作出了选择，学校相关部门应积极帮助受害人获得需要的资源。新规提供了公平和公正的正式投诉程序，但尊重受害人基于自己的意愿自主选择，并保护投诉人不被胁迫或威胁参与一个投诉程序。在尊重受害人自主权的原则下，新规允许大学自由裁量决定是否赋予员工对性骚扰的强制报告义务。

（2）不歧视和正当程序原则。

《2001 年指引》专门强调了被指控一方的正当程序权利。正当程序权利是每个人依据联邦宪法享有的权利，所以在性骚扰的投诉处理程序中，必须将对依据第 9 条享有的权利的解释与联邦宪法保障的正当程序权利保持一致。而且《家庭教育权利与隐私法案》不能超越被指控实施性骚扰之人的正当程序权利。学校的性骚扰投诉处理程序在保障投诉人依据第 9 条享有的权利的同时，应保障当事人各方的正当程序，以达到一个合理和有依据的决定。

2020年第9条新规是教育部历史上第一次以具有法律效力的第9条规章承认性骚扰（包括性侵）是违法的性别歧视，该新规为学校设定了重要的义务，要求学校迅速回应性骚扰报告。该新规提高了第9条对学校回应性骚扰要求的明确性和透明度，以使每一个投诉人都能获得适当的支持，被投诉人获得正当程序保障和基本的公平对待，学校官员对任何一方提供没有任何偏见的、公正的服务。该新规反映了美国性别平等、言论自由、学术自由、正当法律程序和基本公平等核心价值观。学校必须避免性别歧视，包括性骚扰。该新规强调投诉人和被投诉人必须在一个具有可预测性的、透明的投诉处理程序中拥有强大、明确的程序权利，以保证获得可靠的结果。该新规确保学校在遵守第9条的规定时不会侵犯美国宪法第一修正案的权利。[①]

（3）保密原则。

《2001年指引》还提到了对投诉者和被投诉者个人信息保密的问题。在有些情况下，学生在报告骚扰的同时要求不向骚扰者透露其姓名，或者要求对指称的骚扰行为不采取任何行动。在这些情况下，学校应首先与投诉人讨论保密标准和其他相关的问题。学校应告知学生保密要求可能会限制学校的反应能力。如果学生要求不透露其姓名，学校应根据学生的要求，采取一切合理步骤，调查并回应投诉，只要这样做不会阻止学校有效应对骚扰和防止行为人对其他学生的骚扰。也就是说，学校应根据其为所有学生提供安全和非歧视环境的责任来评估保密要求。同样，学校应意识到对被指控的员工或学生的保密问题。公开性骚扰指控，如果指控最终被认定为虚假，可能会无可挽回地损害被指控者的声誉。当然，对被指控者个人信息保密的需要也必须根据学校确保学生安全环境的责任来评估。

---

① 美国宪法第一修正案（First Amendment to the United States Constitution）是美国权利法案中的一部分，于1791年12月15日获得通过，其规定：国会不得制定有关下列事项的法律：确立一种宗教或禁止信教自由，剥夺言论自由或出版自由，或剥夺人民和平集会及向政府要求申冤的权利。

性不端行为的受害人往往存在一个矛盾的心理，一方面希望获得外界支持，阻止性骚扰，帮助其走出困境；另一方面又担心寻求外界帮助过程中隐私泄露而影响其名声，或者遭致报复。性骚扰事件的证人也存在担心遭到报复的心理。另外，保密对于被举报人来说也是需要的，因为虚假的举报可能会对被举报人造成无法修补的名誉损害。耶鲁大学权衡各种利益，在其政策中对保密问题作了规定。①为受害人提供帮助的人的保密义务。耶鲁大学理解并尊重性不端行为受害人的顾虑，强调保守受害人秘密的原则，要求为受害人提供帮助的机构及个人保密其在与受害人沟通过程中获知的相关信息。保守受害人秘密政策给受害人提供一种安全感，客观上能起到鼓励而非抑制受害人积极寻求外界帮助的作用，包括积极举报性不端行为，进而帮助受害人尽快消除性不端行为给其造成的不利影响，也为学校干预性骚扰提供契机。②在正式调查程序中获知信息的人的保密义务。耶鲁大学对于性不端行为的处理有非正式（informal）和正式（formal）两种程序，选择哪种处理程序由当事人决定。正式程序要求以实名、书面形式向 UWC 提起投诉。耶鲁大学对正式解决路径有明确的程序规定，通过调查、听证，根据查明和认定的事实作出相应的处理。在 UWC 程序中，要求参与人员（包括事实调查人员、听证人员、作出纪律处分的人员以及当事人和证人）遵守保密义务。保密的内容包括程序本身和在程序中获得的所有信息，不当泄露这些信息将可能面临 UWC 的纪律处分。UWC 程序中设置保密义务的目的是鼓励当事人和证人参加 UWC 的程序，提供相关的信息，这将有助于保障调查处理结果的公正性。如果当事人或者证人担心他们参与 UWC 程序的事情被披露，那么对毁坏名声、造成社交关系紧张或者遭到报复的担心会让他们缄口不言。同时，违反保密政策不仅会对当事人造成伤害，还会侵蚀人们对 UWC 程序的信任。[①] 当然，保密政策应当服从学校整体防治性骚扰的政策目标，

---

① 参见 https：//dev. uwc. yale. edu/policies – procedures/statement – confidentiality – uwc – proceedings。

所以保密政策存在一些例外：①在受害人遭遇的事件致其个人或学校社区安全面临急迫威胁的情况下，为保护受害人或其他人的人身安全，学校需要采取积极行动避免危险的发生，可能会将受害人分享的事件公开。②如果受害人遭遇的是性侵害或其他刑事犯罪行为，根据美国联邦《柯莱瑞法案》（Clery Act）的要求，学校应当及时发出警告，将发生的性侵害等严重犯罪事件进行公布，提醒师生保持警惕。[①] 但即便如此，学校发出的警告内容中也不会透露能识别受害人个人身份的信息。③根据 UWC 程序的规定，当事人有权聘请顾问，协助他们进行 UWC 的程序。当事人可以跟他们的顾问分享在程序中知悉的信息。另外，当事人也可以跟他们的家人分享在程序中知悉的信息。但是，当事人应当告诉他/她的顾问和家人必须保守秘密，不得再向其他人透露这些信息。

（4）禁止报复原则。

第 9 条还要求学校采取措施禁止报复，如果投诉人害怕遭到骚扰者报复，学校将会采取措施防止报复，如果发生报复，学校将会采取强有力的应对措施。耶鲁大学的政策严格禁止对性不端行为的举报人、提起投诉的人、协助调查的人、对投诉进行调查或听证的人进行报复。任何认为其因进行上述活动而遭受到报复的人，可以向 UWC 进行投诉，要求对实施报复的人进行纪律处分。报复行为往往会阻吓受害人或者其他知情人进行举报、投诉，或协助对投诉的调查。性不端行为往往发生在私密场所，如果不被揭露出

---

① 《珍妮·柯莱瑞校园安全政策和校园犯罪数据披露法案》（The Jeanne Clery Disclosure of Campus Security Policy and Campus Crime Statistics Act），美国国会 1990 年通过。该法案是以已故珍妮·柯莱瑞命名。1986 年 19 岁的柯莱瑞在里海大学（Lehigh University）被她的同学强奸并谋杀。柯莱瑞案是该校三年里记录的 38 起暴力犯罪之一，她的父母说如果学校公开这些犯罪数据，柯莱瑞就不会进入这所大学，也就不会被谋杀。柯莱瑞父母推动了《柯莱瑞法案》的出台。《柯莱瑞法案》要求：接受联邦资金的学校必须在每年的 10 月 1 日向学校师生发布前三年的犯罪数据以及学校采取的提高学校安全的措施。See Mary Carmichael, *What is the Clery Act?*, The Boston Globe, 2012－9－24. 转引自 https：//www. bostonglobe. com/metro/2012/09/24/what － clery － act/BUUayEMxlLa8MByNRmmtRP/story. html。

来，外界力量将无从干预。禁止报复政策的目的在于鼓励和保护受害人或其他人对性不端行为进行举报、投诉，以及协助对性不端行为引发的投诉的调查和听证。行为人实施报复，会遭致更严重的纪律处分。

2. 设立机构处理性骚扰投诉等事宜

（1）设立专门机构。

美国部分高校为及时有效处理性骚扰问题，设立了为受害人提供支持和救济帮助、为行为人提供咨询辅导的相关机构，如耶鲁大学设有专门机构、专门项目，进行性骚扰的预防和为当事人提供所需要的救济。比如，“性骚扰和性侵害回应与教育中心”（Sexual Harassment and Assault Response & Education Center，SHARE）主要为当事人提供心理咨询帮助，耶鲁警察（the Yale Police）主要为受害人提供人身安全帮助，

（2）指定第9条协调员处理非正式投诉。

美国教育部执行第9条的规章要求每所接受联邦财政资助的学校至少指定一名第9条协调员（Title Ⅸ Coordinator），协调高校落实第9条要求的禁止性别歧视的义务。因为被指定的协调员本身可能实施性骚扰，所以学校有必要指定多个协调员以保证学生有有效的途径报告性骚扰事件。在指定多个协调员的情况下，OCR建议学校在其中确定一名总体负责人，以保证对性骚扰投诉处理的标准和实践做法的统一。协调员保存投诉记录有助于学校解决再次发生的问题以及确定多次实施性骚扰的人。学校应保证对所有的协调员进行充分的培训，培训内容包括什么行为构成性骚扰，以及能够解释投诉程序的运行情况。耶鲁大学在校级以及每个学院分别指定高级行政人员或者教师担任第9条协调员，目前共有20名第9条协调员。协调员的主要职责是负责通过非正式程序受理和解决性骚扰纠纷。具体包括受理学校的性骚扰投诉，向被投诉人等相关人员了解情况，收集相关证据，进行非正式的调查。此外，第9条协调员作为学校防治性不端行为机制的枢纽，除就受害人的非正式投诉进行解决外，还为当事人协调提供所需要的各种帮助，采取措

施为投诉人提供必要生活帮助、学业支持或医疗安排，必要时，协调员还可以对双方进行调解，对被投诉人进行辅导等。

（3）成立 UWC 等机构处理正式投诉。

耶鲁大学成立了“全校性不端行为委员会”（The Yale University – Wide Committee on Sexual Misconduct，简称 UWC），处理性骚扰正式投诉，就性骚扰的正式投诉进行公正解决。UWC 是性不端受害人正式投诉的处理机构。目前耶鲁大学的 UWC 大概有 40 名成员，包括来自全校不同学院、部门的教师、员工和学生。[①] UWC 成员的主要职责是组成听证小组（hearingpanel）参与对正式投诉的听证并就事实问题作出决定。UWC 设主席一名，领导 UWC 的工作。UWC 的秘书和副秘书负责组织 UWC 的活动，包括负责与当事人、当事人的顾问或证人联络。所有 UWC 会员必须经过相关培训，培训内容包括：大学纠正性不端行为的资源，性不端行为与平等就业、教育和专业的机会、非正式解决方法、大学纪律程序与刑事诉讼程序之间的相互关系和作用、如何回应报复以及校内外专家建议的其他培训主题。

受害人遭遇性不端行为侵害后，可以选择向上述任何一个机构寻求帮助，上述机构之间合作紧密，任何一个机构都可以解答当事人关于学校防治性不端行为政策和程序的咨询，告知当事人耶鲁大学提供的资源以及当事人可选择的救济途径，并指引及协助当事人获得需要的帮助。

3. 建立预防机制

（1）制定高校性骚扰防治政策。

依据第 9 条的规定，高校是防治性骚扰的义务主体，高校应当依据第 9 条以及 OCR 发布的执行第 9 条的规章和指引的要求，建立高校层面防治性骚扰机制。《2001 年指引》指出，根据第 9 条规则的规定，学校应当制定并公布反对性别歧视的政策和迅速公正解决性别歧视投诉的程序。据此，无论

---

① 参见 https：//uwc. yale. edu/who – we – are/members。

是否实际发生了性骚扰，学校如果没有上述政策和程序即构成对第 9 条规则要求的违反。第 9 条并没有要求学校出台专门的或独立的针对性骚扰的政策或投诉处理程序，但是，学校的反歧视政策及处理歧视投诉的程序中必须包含预防和回应性骚扰的有效措施。如果因缺乏处理性骚扰的程序和规定，导致学生不清楚什么样的行为将构成性骚扰或者什么样的行为是被禁止的性别歧视，那么通常学校关于性别歧视的政策和程序将无法被认定为有效。第 9 条允许学校适用学生纪律处分程序（非专门的第 9 条投诉程序）来解决性别歧视投诉，只要该程序能够满足迅速和公正解决性骚扰投诉的要求。

OCR 在评估一个学校的投诉处理程序是否迅速和公正时，通常会考虑学校的程序是否规定了以下内容：①向学生及员工告知了该程序，包括对性骚扰提起投诉的地点；②程序适用于针对员工、其他学生或第三方实施的性骚扰提起的投诉；③充分的、可靠的以及公正的投诉调查程序，包括双方提供证人或其他证据的机会；④为投诉程序的重要阶段设置合理的期限；⑤告知当事人各方投诉的结果；⑥在适当情况下，学校采取措施预防任何骚扰的再次发生以及修复对投诉人和其他人的歧视影响。此外，学校可以在其投诉处理程序中包含允许对处理决定进行申诉的内容。另外，第 9 条禁止报复，所以学校需要在其程序中规定禁止对投诉人或者其他参加到投诉程序中的人实施报复的内容。投诉程序中可以包含基于当事人各方同意的解决性骚扰的非正式机制，比如调解。但在涉及性侵害的情况下，应慎用调解。应告知投诉者拥有可以随时终止非正式程序和开始正式解决程序的权利。OCR 提醒学校，在没有学校相关人员（比如顾问、经过训练的调解员或者教师和行政人员等）的参与下，让被骚扰的学生和骚扰者直接解决问题是不适当的。

（2）明确师生互动行为规范。

健康的师生关系是高校完成教育使命的基础，为建立良性师生关系，耶鲁大学等美国高校都明确了师生互动行为规范。师生关系中学生对教师存在充分的信赖，教师作为导师、教育者和评价者承担相应责任的同时，也拥有相当的权力。这种师生关系固有的制度性或者机构性权利不平等状态增强了学生的弱势地位和被控制的可能性，容易发生教师利用职权性骚扰和性侵害学生的事件。对此，耶鲁大学专门出台师生之间性关系政策，保护学生的人身安全以及保障学生的学习和个人发展免受师生之间权利不对等状态的影响。概括而言，耶鲁大学有关师生性关系政策的主要规定有：①任何教师不得与本科生发生性关系或者恋爱关系。因为本科生年龄较小且不够成熟，他们更容易受到师生之间固有的制度性不平等权利关系的影响，更容易受到强制。所以，耶鲁大学政策严格要求任何教师不得与本科生发生性关系或者恋爱关系。②正在或将来很有可能执教、指导或者直接监管某个学生的老师不得与该学生发生性关系。[①] 该政策的依据是：师生之间不平等的权利关系致他们之间的性关系存在强迫的潜在风险；师生之间的性关系会造成利益冲突，可能损害其他学生的学习环境，从而危及教育过程应有的平等、公正和健康；师生之间的性关系可能会导致学校和该教师因违反禁止性骚扰和性别歧视的法律而承担责任。据此，教师必须避免与其正在或者将来很有可能存在直接教学和监管关系的学生发生性关系，无论该关系是否是双方同意的。反过来，如果一个教师与某个学生已经存在性的关系，那他/她必须避免直接监管该学生。③违反上述政策的教师将受到学校的纪律处分，处分决定包括终止教职、一定期限内暂停授课、留校察看、告诫、责令参加相关培训等。

---

① 师生关系政策中所说的教师包括但不限于耶鲁大学的所有终身教职系列教学人员（ladderfaculty）和非终身教职系列教学人员（non - ladderfaculty）。耶鲁大学的教学人员分为三类：（1）终身教职系列教学人员，包括已经获得终身教职的教学人员（包括教授和部分副教授）和尚未获得终身教职的教学人员（包括部分副教授和助理教授）。（2）非终身教职系列教职人员，主要是一些外语、工科和艺术方面的兼职教师等。（3）研究人员（researchfaculty），一般是通过终身教授主持的研究项目聘用的，通常不讲授正式的课程。师生关系政策中所说的直接监管（directsupervision）包括下列发生在校内或校外的活动：课程讲授、考试及评定成绩，正式项目（比如论文和研究等）指导，对研究项目或其他学术活动进行监管，作为本科生或研究生主任为学生学习提供服务，有权在招生、就业、奖学金或奖励决定中提供建议。

高校性骚扰防治的重点在于预防。我国香港特别行政区《性别歧视条例》规定，学校必须采取合理且切实可行的措施来防范性骚扰事件的发生；我国台湾地区“性别平等教育法”与“防治准则”也对高校预防性骚扰提出了相应要求。

（3）开展防治规范的教育、培训和宣传。

预防高校性骚扰的发生，应从根本上提升师生性别平等意识，营造性别平等和尊重个人尊严的校园文化氛围。美国高校均非常重视开展性骚扰防治相关宣传和教育培训。

为确保教职员工和学生能正确理解并自觉遵守高校的性骚扰防治相关政策，《2001 年指引》要求学校应该将投诉程序写成容易理解的书面文字，并向师生进行广泛宣传，以使学生清楚程序的存在、程序的运行情况以及如何提起投诉。要求学校应向所有师生告知它所指定的协调员的姓名、办公地址以及电话。

此外，《2001 年指引》强调了学校预防性骚扰的措施，认为专门禁止性骚扰的政策和违反该政策的独立投诉程序有助于确保所有学生和员工了解性骚扰的性质及学校不容忍性骚扰的态度。政策和程序还有助于鼓励大家报告性骚扰，以便学校在性骚扰变得足够严重、造成敌对环境之前处理性骚扰。此外，对管理人员、教师、员工和学生进行培训，有助于确保他们了解哪些行为可能导致性骚扰，并确保他们知道在发生性骚扰时如何回应。这些都有助于防止性骚扰的发生。

4. 明确救济与处罚措施

（1）对受害人的救济措施。

为受害人提供必要支持。根据 2020 年第 9 条新规，学校必须向每一个性骚扰受害者提供免费支持措施，支持性措施是具有个性化的服务，以恢复或保持平等受教育的机会、保护学生和员工的安全，或阻止性骚扰。每一个情况都具有独特性，每个人对性骚扰的反应也会不同，因此该新规赋予受害人对学校回应的自主控制权，以更好地满足他们的需要。该新规将受害人获得支持性措施的权利与提起正式投诉分开，即使受害人不想发起或参与投诉程序，学校也必须对其提供支持性措施。该新规提供了公平和公正的正式投诉程序，但尊重受害人基于自己的意愿自主选择，并保护投诉人不被胁迫或威胁参与一个投诉程序。在尊重受害人自主权原则下，该新规允许大学自由裁量决定是否赋予员工对性骚扰的强制报告义务。

根据需要，高校可以为投诉人提供生活帮助（调整住宿安排，避免与被投诉人碰见）、学业支持（提供学业指导、安排重新选课或者退出某一课程等，学业安排应确保不会对投诉人的学业成绩造成不利影响）以及医疗安排。在某些情况下，学校可能需要向受到性骚扰的学生提供其他必要的服务，以解决性骚扰对该学生的影响。例如，如果教师因学生未能回应他的性要求而给学生学业作出低分评价，在可行的情况下，可能要求学校对学生的学业进行重新评估，并相应地改变成绩；安排学生重新上不同导师的课；提供辅导；进行学费调整；提供专业咨询的报销，或采取其他适合情况的措施。如果学校延迟对获知的性骚扰信息作出反应或反应不当，例如学校无视学生关于他或她受到同学性骚扰的投诉，学校将被要求纠正学校如果迅速有效地作出回应本来可以避免的不利影响。

（2）对行为人采取必要的纠正措施。

如果学校经调查确定发生了性骚扰，应采取合理、及时和有效的纠正措施。例如，学校相关人员可能需要根据骚扰的严重程度，对骚扰者进行辅导、培训、警告或采取纪律处分。如果初始步骤在制止性骚扰方面无效，则需要一系列进一步的举措。所有回应措施的设计和实施应尽可能减少对受性骚扰学生造成的负担。

尽管学生要求隐瞒其姓名的请求可能会限制学校对个人投诉作出充分反应的能力，但学校仍然可以在不对被指控的性骚扰者采取正式行动或披露投诉人身份的情况下，采取一些合理步骤来限制指称的性骚扰的影响，防止性骚扰事件的再次发生。例如，在发生性骚扰的地点或部门进行性骚扰培训，对发生的性骚扰问题在学生中进行调查等。通过可行的调查措施，学校可以了解针对同一学生的其他指控，并能够确定是否存在模式化性骚扰，为进一步采取补救行动提供依据。在性骚扰行为影响了许多学生的情况下（例如一名学生报告某名教师在整个班级同学面前反复发表关于其个人生活的色情言论），学校可以向该教师通知其被指控的情况，根据需要对其提供咨询辅导，但不会透露向学校报告的学生的身份。这些步骤可以非常有效地防止行为人进一步的骚扰。

（3）对行为人作出处罚。

按照耶鲁大学的相关政策规定，违反师生互动行为规范的教师将受到学校的纪律处分，处分决定包括终止教职、一定期限内暂停授课、留校察看、谴责、强制进行相关培训等。

按照耶鲁大学的相关政策规定，对违反学校性不端行为政策的师生的处罚包括：开除学籍或者终止聘用（expulsion or termination of university employment）、暂时停职或停课（suspension）、留校察看（probation）、谴责（reprimand）和强制进行相关培训等（mandatory supplemental training）。①

5. 建立投诉处理程序

美国教育部2020年第9条新规要求学校应适用包含正当程序原则的投诉处理程序对正式的性骚扰投诉进行调查和处理，公平对待各方当事人，以作出可靠的责任认定结论。学校的投诉处理程序必须满足以下要求：①向双方提供关于指控的书面通知、平等选择法律顾问（可以但不必须是律师）的机会、在整个调查过程中平等地提交和审查证据的机会。②由经过培训的第9条人员客观地评估所有相关证据，而不预先判断有关事实，并且对任何一方没有利益冲突或偏见。③在处理程序中使用当事人的医疗、心理或类似治

---

① 参见 https：//uwc. yale. edu/information - parties/responding - formal - complaint。

疗记录之前，要获得当事人的书面同意，以保护当事人的隐私。④在使用任何非正式解决程序（如调解或恢复性司法）之前，获得双方自愿的书面同意。雇员对学生进行性骚扰的，不得使用非正式程序解决。⑤在程序中适用被告无责任推定（通常称为无罪推定），这样由学校承担证明责任，并适用相应的证明标准。⑥学校可以决定适用优势证据证明标准（preponderance of the evidence standard）或明确和令人信服的证明标准（clear and convincing evidence standard），并且在对学生的正式投诉与对员工的正式投诉中使用相同的证明标准。⑦确保作出处理决定的人与调查员或第 9 条协调员不同，即不得实行“单一调查员模式”。[①] ⑧在高等教育机构，应举行现场听证，并允许当事人的法律顾问进行交叉询问（不允许由当事人亲自进行）。幼儿园至 12 年级的学校不需要举行听证会，但当事人可以提交书面问题要求其他当事人和证人回答。⑨保护所有投诉人免于被不适当地问及以前的性史（“强奸盾牌”保护）。⑩向双方当事人送达书面的责任决定，决定中应解释决定者是如何以及为什么得出相应的结论。⑪在发现被投诉人应对性骚扰负责时，对投诉人进行有效的补救。⑫为双方当事人提供平等的上诉机会。⑬保护任何个人（投诉人、被投诉人以及证人）免于因报告性骚扰、参与或拒绝参与第 9 条投诉程序而遭受报复。⑭在学校网站上公开用于培训第 9 条人员的所有材料，如果学校没有网站，应备好这些材料以满足公众查阅要求。⑮归档并保存所有性骚扰报告和调查的记录。

为及时应对解决已经发生的性骚扰投诉，耶鲁大学等部分美国高校都建立了投诉处理程序，在通常情况下，处理程序包括非正式程序和正式投诉处理程序两类，这两类投诉程序是为了回应投诉人的不同诉求，在提交材料、介入方式、程序设置的严格性等方面均有所不同。

---

① 单一调查员模式是指学校指定一个工作人员全面负责性骚扰投诉的调查、审理和作出决定。

（1）非正式投诉处理程序。

在一般情况下，受害人向学校有关部门投诉后，先适用非正式处理程序。非正式处理程序没有统一的规定，散见在耶鲁大学不同的政策和文件里面。有别于正式程序引入学校系统正式的调查和处理程序，非正式程序比较灵活，处理措施更多体现当事人意愿。非正式解决程序更关注救济，通过采取适当措施为受害人提供帮助，缓解或帮助受害人度过困境，及时补救性不端行为对受害人及学校产生的负面影响（比如敌意环境）。非正式投诉主要由第9条协调员处理。投诉人可以要求第9条协调员与被投诉者进行谈话，讨论后者的有关行为及其影响。第9条协调员也可以就投诉进行非正式的适度调查，包括与被投诉人或其他证人谈话以及收集证据。根据需要采取措施为投诉人提供生活帮助（调整住宿安排，避免与被投诉人碰见）、学业支持（提供学业指导、安排重新选课或者退出某一课程等，学业安排应确保不会对投诉人的学业成绩造成不利影响）以及医疗安排。在当事人同意的情况下，第9条协调员可以适用调解解决争议（在涉及性暴力事件时，禁止对当事人进行面对面调解），比如第9条协调员可以根据当事人需要协调双方签署不接触协议（no - contactagreement），约定当事人双方不得进行直接或间接地接触。如认为有必要，第9条协调员可以安排对被投诉人进行一对一辅导。非正式程序具有的灵活性、及时性、尊重当事人意愿以及严格的保密要求等特点，更契合性不端行为当事人解决问题的需求，有利于帮助受害人较快恢复原有状态，因而更愿意被当事人选择适用。[①] 但非正式解决途径不能对行为人直接进行纪律处分，如果投诉人希望对被投诉人进行纪律处分，第9条协调员可以协助投诉人向UWC提起正式投诉。[②]

---

① 2020年2月10日，在作者与耶鲁大学UWC主席及秘书访谈中获悉，耶鲁大学90%以上的关于性不端行为的引发的问题是通过非正式程序解决的。

② 参见https：//smr. yale. edu/get - assistance - support/talk - someone。

（2）正式投诉处理程序。

正式投诉处理程序是受害者正式向学校提出投诉，要求学校启动系统正式的程序查明真相并依据校规作出处理。耶鲁大学成立的 UWC 是性不端受害人正式投诉处理机构。UWC 成员的主要职责是组成听证小组（hearingpanel）参与对正式投诉的听证并就事实问题作出决定。UWC 的正式投诉处理程序包括以下几个阶段：

①投诉与受理。

任何耶鲁大学当前或曾经的教师、受训者、学生或员工遭遇性不端行为后，在满足以下两个条件的前提下，可以向 UWC 提起正式投诉：[①] 一是提起投诉时被投诉者是耶鲁大学的教师、受训者、学生或者员工；二是被指控的性不端行为发生时所涉及的当事人都是耶鲁大学的教师、受训者、学生或员工。[②] 除当事人外，耶鲁大学的任一第 9 条协调员在以下三种情况下均可以向 UWC 提起投诉：首先，第 9 条协调员可以代表现在或曾经都不是耶鲁大学社区成员的人提起投诉，只要被指控者现在是耶鲁大学的教师、受训者、学生或员工；指控的行为发生时被指控人是耶鲁大学的教师、受训者、学生或员工；指控的行为发生在耶鲁大学校园或者与耶鲁大学赞助的活动有关。上述规定使非耶鲁大学社区成员在遭遇耶鲁大学社区成员性不端行为侵害后，可以通过联系第 9 条协调员向 UWC 提起投诉以追究侵害人的纪律责

---

① 根据耶鲁大学的政策规定，遭遇性不端行为侵害后，受害人是否向 UWC 提起正式投诉是受害人的权利。除了向 UWC 提起正式投诉之外，受害人还可以依据联邦和康涅狄格州州法规定选择向康涅狄格州人权和机会委员会、联邦平等就业机会委员会、美国教育部人权办公室或其他联邦或州的相关机构提起歧视投诉。如果性不端行为构成犯罪，受害人还可以向警察报案，由警察展开犯罪调查。即使已经向 UWC 提起了正式投诉，也不影响受害人再向上述其他联邦或州的相关机构提起歧视投诉或刑事报案。

② UWC 只有权处理学生对耶鲁大学员工（staffmember）提起的性不端行为投诉，其他人如果想对员工提起投诉，可以通过第 9 条协调员、工会代表、人力资源部总管或者平等机会项目办公室提出。学生在遭遇员工实施的性不端行为后，可以选择向 UWC 提起投诉，也可以选择向第 9 条协调员、人力资源部专员或者平等机会项目办公室提出投诉。但是，一旦 UWC 或者人力资源部决定对投诉进行听证，投诉人就不能再向其他部门投诉。

任。其次，第9条协调员可以就某一违反“耶鲁大学师生之间同意关系政策”的行为向UWC提起投诉。[①] 最后，如果有证据表明耶鲁大学关于性不端行为的政策遭到违反，并且需要第9条协调员进行干预，以确保此事能够被UWC处理，第9条协调员可向UWC提出指控。

投诉书应向UWC主席提交（可以通过电子邮件提交），内容包括投诉人和被投诉人的姓名及所在单位，投诉事件发生的时间、地点及经过，以及支持投诉的证据，并签名及注明投诉日期。UWC主席如果认为投诉人提供的信息不够充分，可以让投诉人进行补充。UWC的主席、秘书和一名UWC成员将讨论决定投诉是否符合受理标准。受理投诉的标准有两个：一是符合前文所述的主体标准；二是投诉的事件如果被证实将构成对耶鲁大学关于性不端行为政策的违反。如果投诉因不符合上述受理标准而被驳回，UWC主席应书面告知投诉人投诉被驳回的理由。

②文书送达、通知相关部门及撤回投诉。

如果投诉被受理，UWC的秘书将书面告知被投诉人其被投诉及UWC将对投诉举行听证，并将投诉书及支持投诉的证据，以及耶鲁大学关于性不端行为的相关政策和程序一并向被投诉人送达，并告知被投诉人在收到上述文件之后5天内向UWC秘书提交答辩书及支持答辩的相关证据。

正式投诉被受理后，UWC秘书应向被投诉人的院长（被投诉人是学生或受训者时）、院长和教务长（被投诉人是教师时）或者主管（被投诉人是员工时）及相应的第9条协调员进行通报。第9条协调员可以根据需要协调

---

① 健康的师生关系是高校完成教育使命的基础。师生关系中学生对教师存在充分的信赖，教师作为导师、教育者和评价者承担相应责任的同时，也拥有相当的权力。这种师生关系固有的制度性或者机构性权力不平等状态增强了学生的弱势地位和被控制的可能性，容易发生教师利用职权性骚扰和性侵害学生事件。对此，耶鲁大学专门出台师生之间性关系政策，保护学生的人身安全以及保障学生的学习和个人发展免受师生之间权力不对等状态的影响。关于耶鲁大学师生同意关系政策的内容，参见https：//smr. yale. edu/find - policies - information/yale - sexual - misconduct - policies - and - related - definitions。

采取适当的临时措施，包括不接触令以及保护和支持投诉人或其他人的措施，学校的行政官员应当配合执行这些临时性的措施。①

基于尊重投诉人意愿原则，投诉人可在预定听证日前的任何时间，向 UWC 秘书书面提出撤回投诉要求。同受理投诉的程序一样，UWC 主席将与秘书以及另外一名 UWC 成员协商，考虑撤回投诉申请是否出自完全自愿，以及对投诉进行听证是否更符合耶鲁大学社区的利益。如果 UWC 主席不顾撤回请求决定对投诉进行听证，投诉人将不必参加听证程序。UWC 主席对撤回投诉申请作出的批准或拒绝的决定是终局的。

有时，投诉的事件可能涉及触犯刑事法律，受害人可以同时向警察报案。UWC 不得以等待警察调查结果为由而延迟自己程序的进程。在执法机关要求的情况下，执法机关收集证据期间，UWC 可以推迟它的事实发现程序。但一旦执法机关收集证据的工作结束，UWC 必须尽快开始事实发现程序。

③任命听证小组成员及当事人的异议权。

UWC 主席将任命一个由五名 UWC 成员组成的听证小组，并任命其中一名成员担任小组主席。出于公正考虑，听证小组不得包括曾参与同一事件的非正式解决程序的任何成员。小组成员在收到 UWC 秘书送交的投诉书和答复书副本后，如果认为他们与投诉人或被投诉人的之间存在的关系或其他情况将导致他们无法公正地判断此事时，则必须退出程序。

听证小组组成后，UWC 秘书将向投诉人和被投诉人发出通知，告知他们听证小组成员的姓名，以及他们有权对听证小组成员的参与提出异议及异议的方式。当事人如果认为听证小组成员与投诉存在利益冲突，应当在收到

---

① UWC 受理正式投诉并向被投诉人进行送达后，校级第 9 条协调员将发出“不接触令”（no－contact order），要求投诉人与被投诉人之间不得直接或间接接触，包括通过口头、电子、书面或第三方进行的接触。违反不接触令将导致进一步的纪律处分。签发不接触令是为了以避免被投诉人阻碍投诉或者因投诉而实施报复行为。

通知后的 2 天内以书面形式提出异议及说明异议的理由一并提交给 UWC 秘书。UWC 主席将对异议是否合理作出最终决定。如果认为异议合理，UWC 主席将更换听证小组成员。对更换的听证小组成员，当事人还有一次机会提出异议。如果 UWC 主席因为与一方当事人的关系或者其他情形不能处理某一投诉时，学校的教务长将任命另外一名 UWC 成员承担主席职责。

④聘任事实调查员（Fact－Finder）调查事实。

在受理投诉后的 7 天内 UWC 主席将委任一名公正的事实调查员对投诉开展调查。[①] UWC 秘书将向事实调查员提供当事人提交的投诉书、答辩书及其他相关信息。事实调查员通过收集文件并在必要时通过与当事人或证人进行面谈的方式，[②] 全面了解与投诉有关的事实和情况。但是，事实调查员不会考虑仅供证明当事人性格（character）的信息。

在获委任后的 21 天之内，事实调查员应完成调查并向 UWC 秘书提交书面报告。报告应说明有关的事实和情况，并可以就证人的可信性发表意见，但不得就这些事实和情况是否构成对耶鲁大学政策的违反作出结论。UWC 主席可要求事实调查员澄清某些事实以及作进一步调查。事实调查员的最终报告形成后，UWC 秘书应向各方当事人送达报告副本，并告知他们听证的日期和地点。

UWC 期望当事方和证人配合进行事实调查，要求当事人和证人在 UWC 程序的所有阶段提供真实的信息，不提供真实信息或任何妨碍 UWC 程序的企图可能导致听证小组作出给予更严厉处罚或移交纪律处分的建议。

---

① UWC 正式投诉处理程序中聘请的事实调查员通常是经过培训的具有法律背景的人，比如律师和职业调查员，他们不是耶鲁大学的工作人员，而是临时接受耶鲁大学的聘任就某一性不端行为的正式投诉进行事实调查。耶鲁大学按小时费率计算事实调查员的报酬。

② 当事人在与事实调查员会见时，可以提供其预先收集到的证据，包括手机短信、电子邮件、照片以及日记等，也可以提供证人名单。

⑤举行听证、事实结论及处理建议。

A. 举行听证。

对正式投诉的听证应在当事人各方收到事实调查员最终报告后的5天内举行。除非双方要求共同出庭，否则投诉人和被投诉人在听证的任何阶段不会共同出庭。不出现在听证小组面前的一方当事人将在一个单独房间里通过音频传输设备参与听证过程。为避免双方当事人直接接触，当事人将由UWC的工作人员陪同在不同的时间进入或离开听证现场。

听证前，UWC秘书应当将投诉书、答辩书、与投诉和答辩相关的文件以及事实调查员的调查报告提交给听证小组成员。如果一方当事人认为听证小组应会见证人，则该当事人必须至少在听证日4天前向UWC秘书提交证人的姓名和证词内容。通常，只有在证人可以提供其未曾向事实调查员提供的潜在相关信息时，听证小组才会传唤除当事人以外的证人，且证人出席听证的目的不能单是为一方的性格作证。此外，听证小组可审查考虑执法机关或其他调查人员的报告和收集的证据。在确定被投诉人的责任时，听证小组还可考虑被投诉人以前因其他性不端行为而受到的正式纪律处分，以及因此次被投诉事件而受到的刑事处罚。

听证会的主要目的是使听证小组能够就事实调查员的报告听取当事人的意见。听证开始，首先，由听证小组主席解释投诉的实质内容以及所指控违反的学校的具体政策。其次，投诉人和被投诉人分别向听证小组作不超过10分钟的简短陈述。在双方陈述之后，听证小组将分别会见投诉人和被投诉人。会见结束时，当事人有机会表达对投诉事件的最终想法和看法。听证小组可自行决定要求其他证人作证。① 当事方和证人都只能接受听证小组询问，双方不能互相质询。但是，每一方当事人各有一次机会向听证小组递交他要

① 在第9条协调员代表现在或曾经都不是耶鲁大学社区人员提出投诉的情况下，被代表的人希望出席听证，则听证小组必须听取此人的证词。

质询另一方当事人或证人的问题，听证小组将自行决定是否向另一方或证人提出或提出哪些问题。

根据 UWC 程序规则规定，当事人有权选择顾问（advisor），陪同参加 UWC 程序的任何阶段。[①] 如果当事人选择了一个顾问，其应当向 UWC 秘书提供其顾问的姓名和联系信息，如果当事人更换了顾问，也必须通知秘书，除非当事人另有要求，UWC 秘书会向顾问发送 UWC 文件的副本。顾问可以向当事人提供个人和道义支持，帮助当事人准备与投诉有关的会见、审阅相关报告以及对报告作出回应等。但是当事人的顾问不得在 UWC 程序的任何阶段直接或间接地代表一方提交文件，亦不得在当事人与事实调查员面谈或正式听证期间代表当事人发言。[②] 如果当事人聘请律师担任其顾问，则必须在该顾问将出席的任何会议前至少 4 天通知 UWC 的秘书。

B. 事实、结论和处罚建议。

听证会后，根据事实调查员的报告以及听证会上获得的证据，听证小组将根据优势证据标准，讨论确定被投诉人是否违反了学校的相关政策。听证小组采用无记名投票方式（不允许弃权）以多数票得出结论。如果发现一方违反了学校政策，听证小组将就处罚提出建议。就最后的处罚建议，听证小组仍然采用无记名投票方式（不允许弃权）以多数票确定听证小组的处罚建议，听证小组的建议还可以包括处罚以外的补救办法。

在最后一次听证会结束后的 10 天内，听证小组将完成一份听证报告，列出其认定的事实，这些事实是否构成对学校政策的违反，以及构成违反政

---

① UWC 鼓励正式程序中的当事人聘请顾问，以陪同并帮助他们更好地准备会见、文件和参与听证。UWC 有经过培训的顾问的名册（包括来自耶鲁大学不同学院或部门的教师和行政管理人员等），供当事人从中选择。当然，当事人也可以另从他处选择自己的顾问，比如，聘请律师作为自己的顾问。参见 https：//uwc. yale. edu/who - we - are/advisers。

② 根据 2020 年 OCR 新规的要求，学校应允许当事人聘请律师，并允许律师在听证程序中对当事人进行交叉询问。根据这一要求，耶鲁大学 UWC 相关程序中不准顾问进行发言、提问的规定应当会被修改。

策时相应的处罚建议。

UWC 秘书将向投诉人和被投诉人提供听证小组的事实调查结果和行为性质认定结论的副本，当事人在收到后的 3 天内，向 UWC 秘书提交一份书面答复。UWC 秘书将当事人的答复分别向另一方当事人进行送达。

⑥作出决定。

听证小组完成听证报告后，UWC 秘书将听证小组的报告以及当事人对报告的书面答复递交给相应的决定者（decision - maker）作出处理决定。① 根据耶鲁大学政策规定，被投诉人的身份不同，对其作出处理决定的主体亦不同：被投诉人是教师的，决定者是教务长；被投诉人是学生或受训者时，决定者是其所在学院的院长；被投诉者是员工的，决定者是学校人力资源部的协理副总裁。② UWC 秘书应向投诉人和被投诉人发出通知，③ 告知他们作出处罚决定者的姓名及他们对处罚决定作出者的参与有提出异议的权利。异议必须在收到通知后的 2 天内以书面形式提交给 UWC 秘书，并说明其认为决定者无法公正作出决定的理由。UWC 主席将对异议是否合理作出最终决定。如果认为异议合理，UWC 主席将要求耶鲁大学其他学院的院长或通常听取申诉的人对被投诉人作出处罚决定。对更换后的决定者，当事人还有一次提出异议的机会。

决定者可以依据自己的疑虑或者当事人在对小组报告书面答复中提出的疑虑，可以要求听证小组重新审查或澄清事实调查结果。如有必要，听证小组可提交订正报告。决定者将接受听证小组的事实调查结果，但可以全部或部分接受、拒绝或改变听证小组对行为的性质认定结论或处罚建议。是否施

---

① 在 UWC 程序中，除了通过 UWC 秘书向决定者递交对听证小组报告的书面回应外，当事人或者他们的代表人均不得与决定者就未决案件进行沟通，决定者也不会考虑第三方代表当事人提交的任何文件。

② 参见 https：//uwc. yale. edu/who - we - are#decisionmakers。

③ 告知当事人决定者姓名及当事人异议权的通知，通常跟告知当事人听证小组成员姓名及当事人异议权的通知一起发给当事人。

加处罚或者施加什么处罚的权限属于相应的决定者。如果决定者考虑对听证小组的结论或建议进行实质性改变或予以否决，决定者应当与听证小组多数成员会面，讨论拟议的决定。

决定者应在收到听证小组报告后7天内以书面形式作出决定。决定应列出决定者的结论和处罚（如果有的话）。UWC的秘书将向当事人、听证小组成员、UWC主席以及校级第9条协调员送达决定和处罚（如果有的话）的书面通知。

⑦对决定不服的提出申诉。

任何一方当事人均可以对决定者的决定向相应主体提出申诉（appeal）。[①] 申诉必须在处理决定作出后5天内以书面形式提交给UWC的秘书，且申诉只能基于以下两个理由提出：一是程序错误，以致听证小组或决定者无法公正地判断此事；二是在UWC听证会之前申诉方无法合理获得某些事实，且该事实能够支持或反驳对性不端行为的指控。

UWC秘书收到申诉书后，应向另一方提供申诉书副本。如果另一方愿意作出答复，则必须在收到申诉书副本后5天内向UWC秘书提交书面答复。在收到申诉书后14天内，校长、教务长或副总裁将对申诉作出支持与否的决定。

如果校长、教务长或副总裁作出支持申诉的决定，则该事件将被退回听证小组进行重新审议。校长、教务长或副总裁可以在其支持申诉的决定中就重新审议的性质和范围向听证小组作出指示。听证小组应尽快采取行动，重新审议此事，并重新向决定者提供一份修订报告，决定者将尽快作出新的处理决定。决定者重新作出的决定是最终决定。

⑧记录并归档。

正式投诉处理程序结束后，秘书应当将在UWC程序中的下列记录和文

---

① 教师就教务长作出的决定不服，应向校长提出申诉；受训生或学生就其所在学院院长作出的决定不服，应向教务长提出申诉；员工就人力资源部协理副总裁作出的决定不服，应向该部门副总裁提出申诉。

件归档保存：a. UWC 收到的所有投诉；b. UWC 回应非正式投诉采取的所有行动；c. UWC 收到的关于正式投诉的所有补充文件和证据；d. 所有事实调查员的报告；e. 每次 UWC 听证会的时间记录；f. 听证小组的报告；g. 向投诉人和被投诉人提供决定者作出的决定的书面通知；h. 申诉及对申诉的决定。

UWC 秘书将对 UWC 收到的每一个关于性不端行为的正式投诉和解决方式进行总结，并在每个投诉得到解决后尽快向学校的第 9 条协调员提交总结。应总结包含足够的信息，以使学校的第 9 条协调员能够评估耶鲁大学遵守第 9 条要求的情况。每半年，耶鲁大学第 9 条协调员将发表一份统计摘要，介绍耶鲁大学对性不端行为投诉的处理情况，包括采取的任何纪律处分。这些摘要将不包含任何能够透露当事人身份的信息。

6. 学校的法律责任

首先，教师和其他员工性骚扰学生的学校责任。

对于教师或其他员工实施的性骚扰，学校是否有责任部分取决于骚扰是否发生在教师或员工向学生提供帮助、福利或服务的背景下。根据第 9 条的规定，学校有义务向学生提供非歧视的帮助、福利和服务，而学校通常是通过员工来为学生提供帮助、福利和服务。如果员工在履职或合理表现出是在履行相应职责（包括教学、咨询、监督、指导和运输）过程中对学生进行了性骚扰，并且限制或剥夺了该学生参与学校相应项目的能力，那么学校本身构成对第 9 条的违反，而无论学校是否被告知了性骚扰的发生。同时，学校在得知性骚扰发生后，应当积极采取措施补救性骚扰对受害者造成的任何影响，以及结束性骚扰和防止性骚扰再次发生。当然，根据 OCR 的行政执法依据，OCR 在收到对学校的投诉时会向学校发出实际通知，给予学校机会在可能失去联邦资金之前采取适当的纠正措施。

判断对学生的性骚扰是否发生在教师或员工向学生提供援助、福利或服务的责任范围内，应根据个案情况综合考虑各种因素予以确定。如果负责为学生提供援助、福利或服务的员工以学生顺从性行为作为提供上述援助、福利或服务的条件时（交换性骚扰），则性骚扰显然是在员工提供援助、福利或服务的责任范围内发生的。在教师或员工的行为制造了敌对环境时，OCR将考虑以下因素来确定性骚扰是否是在教师或员工履职范围内发生：（1）给予雇员的责任种类和程度，包括正式和非正式的权力向学生提供帮助、福利或服务，以及指导和控制学生的行为，或对学生进行一般纪律管束；（2）该教师或员工对所涉特定学生的影响程度，尤其是在性骚扰发生情况中的影响程度；（3）性骚扰发生的地点和时间等。

有时，虽然学校教师或员工对学生的性骚扰并非发生在其履行向学生提供援助、福利或服务的职责情况下，但是如果性骚扰足够严重则可以构成敌意环境性骚扰。例如，某大学历史系的一名教师在几周内，在等候大学穿梭巴士、乘坐巴士和下车时，反复碰触一名工程专业研究生的身体，并发表性暗示言论，结果导致该学生停止使用校园班车，该学生需要步行很远的距离去上课，这就构成敌意环境性骚扰。在这种情况下，因为性骚扰行为没有发生在员工履职过程中，学校不会被直接认定违反了第9条。但是，因为该行为足够严重，制造了一个敌意环境，剥夺或限制了受性骚扰学生参与或受益于学校项目的能力。因此，在收到性骚扰通知后，学校有责任采取迅速和有效的行动，制止骚扰，防止骚扰再次发生。如果学校在被告知后没有采取适当措施阻止性骚扰，那学校就构成了第9条所禁止的歧视，在这种情况下，学校不仅要采取阻止措施，可能还要对它本应避免却没有避免的影响和后果进行补救。

其次，其他学生或第三方性骚扰学生的学校责任。

如果性骚扰是发生在学生和学生之间，性骚扰行为严重到足以剥夺或限制受骚扰学生参与或受益于学校项目的能力，并且学校知道或应该知道性骚扰的发生，那么，学校在收到性骚扰通知后采取迅速有效的行动，制止性骚扰、防止性骚扰再次发生，学校就履行了第9条的义务。反之，如果学校接到通知后未能采取迅速、有效的行动，学校本身的不作为使学生遭受敌对环境影响，被限制或剥夺参与或受益于学校项目的能力，在这种情况下，视为学校构成对第 9 条的违反。此后，如果学校不采取积极措施补救，则可能面临失去联邦财政支持的风险。

同样，第三方对学生的性骚扰行为，如果学校知道或应该知道该性骚扰行为后，迅速采取有效行动，消除敌对环境，防止骚扰再次发生，那么学校将不会被视为违反了第 9 条的禁止歧视义务。学校可采取的适当措施类型将因学校对第三方性骚扰者的控制程度而异。例如，如果来访运动队的队员性骚扰主校的学生，主校可能无法对来访运动员进行纪律处分。但是，它可以建议该运动员所在学校采取适当行动，防止进一步事件的发生。如有必要，主校也可以选择不再邀请其他学校的运动队来访。

如何认定学校知道或应当知道性骚扰的发生？《2001 年指引》明确，学校可以通过许多不同的方式收到关于性骚扰的通知。学生可能向第 9 条协调员投诉，或向教师或其他负责的员工投诉；受性骚扰学生、其家长或其他个人向学校其他相关人员，如校长、校园保安、校车司机、教师、平权行动官员或学生事务办公室的工作人员告知性骚扰事件；学校教师或其他负责的员工可能目睹了性骚扰。学校也可能会间接收到性骚扰通知，比如来自当地社区成员或媒体报道等。学校还可能从分发或张贴在学校周围的传单中了解到有关性骚扰事件。在某些情况下，如果学校对已经知道的性骚扰事件尽到合理谨慎调查，就会发现其他性骚扰事件。还有，如果性骚扰普遍存在、公开实施或为学生和教职员工所熟知，那么就足以得出学校应该知道性骚扰存在的结论。

根据《2001 年指引》，学校在知道或者应当知道性骚扰发生后，无论是由员工、其他学生还是第三方所为，学校都应立即进行合理回应。合理的回应包括采取适当步骤进行调查，或以其他方式确定发生的情况并采取合理设计的及时有效步骤，以结束任何性骚扰，消除敌意环境（如果已形成），并防止性骚扰再次发生。无论受到性骚扰的学生是否投诉或是否以其他方式要求学校采取行动，采取上述这些步骤都是学校的责任。学校在调查投诉期间可以根据需要采取临时措施帮助受害人或者防止骚扰的再次发生。比如，如果一学生声称她受到另一名学生的性侵犯，在学校的调查过程中，学校可以通过改变住房或指令性骚扰者不得再与受性骚扰学生接触等措施来保障受性骚扰学生的安全；如果被指控的性骚扰者是教师，学校可以将受性骚扰学生转到其他班级。在涉及可能存在犯罪行为的案件中，学校相关人员需要确定是否应通知适当的执法机关。在所有情况下，学校应尽一切努力防止披露各方当事人的个人信息，除非为进行调查所必需。如果学校经调查确定发生了性骚扰，应采取合理、及时和有效的纠正措施。例如，学校相关人员可能需要根据性骚扰的严重程度，对性骚扰者进行辅导、培训、警告或采取纪律处分。如果初始步骤在制止性骚扰方面无效，则需要一系列进一步的举措。所有回应措施的设计和实施应尽可能减少对受性骚扰学生造成的负担。在某些情况下，学校可能需要向受到性骚扰的学生提供其他必要的服务，以解决性骚扰对该学生的影响。例如，如果教师因学生未能回应他的性要求而给学生学业作出低分评价，在可行的情况下，可能要求学校对学生的学业进行重新评估，并相应地改变成绩；安排学生重新上不同导师的课；提供辅导；进行学费调整；提供专业咨询的报销，或采取其他适合情况的措施。如果学校延迟对获知的性骚扰信息作出反应或反应不当，例如学校无视学生关于他或她受到同学性骚扰的投诉，学校将被要求纠正学校如果迅速有效地作出回应本来可以避免的不利影响。学校还应采取措施防止对提出投诉者或作为证人提供信息的学生进行任何报复。

美国教育部2020年第9条新规依据联邦最高法院先例及第9条要求学校必须在下列情况下作出回应：（1）学校实际知道发生了性骚扰。该新规将“实际知道”扩大到包括向任何小学或中学员工进行通知，并规定任何人（例如据称的受害人或任何第三方）可以亲自或通过电子邮件、电话或邮件向第 9 条协调员报告。(2) 性骚扰发生在学校的教育项目或活动中。该新规明确规定，学校的"教育计划或活动"包括学校进行实质性控制的情况，以及由高等教育机构正式承认的学生组织拥有或控制的建筑物，如兄弟会和联谊会的房子。(3) 性骚扰是针对在美国境内的人实施。根据联邦最高法院的先例，如果学校根据其已知情况对性骚扰的回应明显不合理，将构成对第 9 条的违反。该新规要求学校必须调查每一项正式投诉（由受害人提出或者由学校第 9 条协调员提出）。

三、启示与借鉴

我国港台地区高校性骚扰防治机制的建立发展历程与利弊得失，对在内地（大陆）构建高校性骚扰防治机制具有重要启示。

（一）法律应对防治高校性骚扰作出专门规定

高校性骚扰问题有其特殊性，法律应对其概念、认定标准与防治措施等作出专门规定。目前内地（大陆）缺乏对于高校性骚扰的专门法律规定，《民法典》第 1010 条虽提及学校"应当采取合理的预防、受理投诉、调查处置等措施，防止和制止利用职权、从属关系等实施性骚扰"，但该规定是一个原则性规定，没有规定学校违反规定的法律责任，使其实效大打折扣。教育部发布的《关于建立健全高校师德建设长效机制的意见》规定，教师不得对学生实施性骚扰或与学生发生不正当关系，如有违反，依法依规分别给予警告、记过、降低专业技术职务等级、撤销专业技术职务或者行政职务、解除聘用合同或者开除。在部门规章中对高校性骚扰作出规定固然是一个进步，但仅将其作为师德失范行为不利于民众正确认知高校性骚扰及其违法性，也不利于对其进行有效防治。法律与道德并非截然两分，在我国台湾地区，教师性骚扰学生也属“行为不检有损师道”[①]，但这并未妨碍“性别平等教育法”对其作出规定。不得实施性骚扰是“社会交往的基本而必要的道德正当原则”[②]，将其转化为法律规则是保证其实现的必要路径。

（二）加强教育行政部门的指导和监督

性骚扰防治对多数高校而言是一项比较具有挑战性的工作，高校在制定性骚扰防治政策、处理性骚扰投诉等方面需要得到指导与协助；高校防治性骚扰的工作也须受到监督，以确保高校妥善履行职责，因此明确高校性骚扰防治的主管机关极为必要。高校性骚扰发生在高校教职员工与学生之间，教育部是全国高等教育工作和教师工作的主管机关，有权认定普通高等学校的教师资格，对于品行不良、侮辱学生的教师有行政处分和解聘的权力[③]，并制定有《关于建立健全高校师德建设长效机制的意见》等文件，由其作为高校性骚扰防治的主管机关当属必然。在美国，第 9 条作为防治校园包括性骚扰在内性格歧视行为的主要法律，条文内容非常扼要概括，主要通过 OCR 颁布指引和规章的形式指导学校落实第 9 条，同时，OCR 通过对学校的政策和投诉处理程序进行评估、处理对学校提起的投诉等方式，对学校履行第 9 条及第 9 条规章和指引的情况进行监督，这种模式非常值得我们借鉴。《民法典》用一个条文规定了学校防治性骚扰的责任，这一概括性条文如果落实，有赖于教育部出台具体的规范性文件对学校进行指导，并对学校遵守《民法典》规定和教育部规章的情况进行监督。如果性骚扰受害人认为高校处理性骚扰的措施不合理，或者对于学校漠视性骚扰投诉的行为，可以向 OCR 提起投诉，由 OCR 对学校进行调查处理。通过教育行政部门的外部监

---

① 参见台湾地区“教师法”第 19 条。

② 参见［美］E. 博登海默：《法理学：法律哲学与法律方法》，邓正来译，中国政法大学出版社 1999 年版。

③《高等教育法》第 14 条；《教师法》第 5 条、第 13 条。

督敦促学校积极履行防治性骚扰义务。

作为高校性骚扰防治的主管机关，教育部应主要负责制定高校性骚扰防治指南，为高校制定性骚扰相关政策、处理性骚扰事件等提供指引；监督高校履行性骚扰防治职责，实行奖惩机制；对高校性骚扰防治相关人员开展培训或进修，推动高校性骚扰防治研究的发展和相关课程的开发；协调及整合相关资源，推动性别平等教育的发展；等等。

（三）明确高校防治性骚扰的主体地位

高校是教学活动的组织者和实施者，高校有义务建构友善、尊重及平等的校园环境，维护学生人格尊严、人身安全与受教育权益，向学生和教职员工提供一个安全、包容、尊重的，免于性骚扰侵害的学习和工作环境。而且高校具有防治高校性骚扰的时间、空间优势和方便与双方当事人沟通等便利条件，可以最小成本换取最大收益。强调学校的主体责任才能有力督促学校积极采取措施防治性骚扰，防治性骚扰的效果才会更加明显。港台地区均以高校作为防治高校性骚扰的主体力量，不仅明确了高校预防性骚扰和处理性骚扰事件的职责，还规定了高校未采取合理可行的防治措施可能承担的法律责任，内地（大陆）构建高校性骚扰防治机制，高校承担主体责任是应有之义。

我国《民法典》第1010条规定了学校防治性骚扰的义务，彰显了禁止性骚扰的鲜明态度，如何让《民法典》的概括规定落地，由高校依据法律以及教育行政机关的规章指引制定防治性骚扰的政策和处理性骚扰投诉的程序已是刻不容缓。政策不仅有观念教育作用、行为指引作用，还是出现争议时认定行为性质并进行相应处理的依据，从而保证对处理结果的预期和公正性。好的政策会起到鼓励受害人投诉、揭露性骚扰和性侵害事件的作用，这是外力进行干预的前提。有效的政策不仅仅是为了履行法律的义务，对于构建安全、健康、平等、包容、相互尊重的校园文化和环境，保障每个人充分、平等获得教育和发展的机会也是至关重要的。

（四）确立具有弹性的高校性骚扰处理程序

畅通、有效以及公正适用的投诉处理程序，对于保障当事人的程序和实体权益，及时阻止和预防性骚扰再次发生甚为关键。高校性骚扰的形态多样、程度各异，为更好地体现公权力干预的比例原则，有必要在处理机制上作出具有弹性的安排，以满足当事人的多元需求。

我国台湾地区对性侵害、性骚扰与性霸凌概念的区分实际上正是基于对不同程度性侵事件作不同处理的考虑，但是就高校性骚扰事件的处理而言，“性别平等教育法”只提供了正式程序，而缺乏类似香港特别行政区的非正式程序，并因此受到诟病。美国耶鲁大学明确规定了性不端行为的投诉处理程序，设立多元的性骚扰解决程序，包括非正式的和正式的程序，为投诉人提供了选择的空间，使受害人能够根据自己的需要选择适合的解决程序。在非正式程序中，强调尊重当事人意愿和当事人的主体地位，可以适用调解解决争议，由当事人作为纠纷解决的主体，决定自己能接受的纠纷解决方案。在这个过程中，可以通过当事人的对话沟通，也可以对行为人进行教育和培训。正式投诉处理程序因为将对性骚扰行为人进行纪律处分，因此更强调通过程序正义获得结果正义。耶鲁大学的 UWC 程序的权力分置、同等对待、程序公开、裁判者中立等制度设置，体现了司法程序中的正当程序要求，有利于促进公正结果的产生。另外，针对性骚扰争议中存在的举证难问题，UWC 程序采用优势证明标准，以及聘请独立的调查员进行事实调查，有利于减轻投诉人的举证负担，客观上可以鼓励受害人积极投诉。

我国在处理高校性骚扰事件时，有必要提供更具弹性的程序选择：情节相对轻微的，采用简易且带有修复式正义精神的非正式处理程序，① 使当事人及相关人员共同面对处理该事件所造成的伤害，通过责任补偿以达到疗伤及矫正的目的；② 情节相对严重的，则采用正式的调查处理程序，以有效惩处行为人、保护被害人。

（五）注重预防，加强性别平等教育

高校性骚扰防治的重点在预防。我国港台地区在预防高校性骚扰方面作出了卓有成效的探索，既有建立安全校园空间，开展防治性骚扰宣传教育等一般意义上的预防措施，又有对性骚扰行为人进行的心理辅导、聘用人员前的信息查询等针对特定对象的预防高校性骚扰再次发生的措施，值得内地（大陆）参考与借鉴。

此外，我国港台地区都非常注重性别平等教育，目的是希望透过教育改变过去社会普遍的性别迷思与谬论，塑造性别地位的实质平等、维护人格尊严[4]，进而提高人们防范性骚扰的意识和智慧，达到从根本上预防或减少高校性骚扰的目的。值得一提的是，我国港台地区的性别平等教育和两性关系教育不仅在高校开展，更是前移至中小学阶段，使学生自性别意识观念形成之初即具有先进、平等的性别理念，从而有利于缔造无分性别、互相尊重的文化，在根本上改变性骚扰产生的社会环境。内地（大陆）也有必要在家庭教育、学校教育中强化性别平等教育的内容，培养民众的性别平等意识，从根本上改变滋生高校性骚扰的社会环境。

---

① 参见吴志光：《法入校园——“性别平等教育法”处理校园性别事件之回顾与展望》，载《性别平等教育季刊》2014 年第 8 期。

② 参见罗灿煐：《修复式正义之校园性骚扰处理模式》，载《法学新论》2010 年第 7 期。

第五章

我国国家层面高校性骚扰防治机制建构

高校性骚扰的双重属性、内在驱动复合性的防治机制功能定位，应同时实现一般性防治功能和特殊性防治功能的复合性功能。这种复合性使单纯依靠私法或者公法，单纯依靠国家层面的立法、教育行政主管部门的文件或高校内部的校规均难以实现。公私法综合、多个法律层级并存、多项功能全方位兼顾调整是法律技术层面回应综合性防治需求的必然选择。为此，高校性骚扰防治的一般性防治功能以及特殊性防治功能应分别内化在两个各有侧重的防治体系中，前者是以受害人私权保护为中心、以国家层面的综合性法律为载体、旨在实现对所有性骚扰的一般性防治体系；后者是以性骚扰行为预防为本、以高校内部的自治性规范为载体、旨在实现针对高校性骚扰的特殊性防治体系。采取内外兼治的防范机制是高校性骚扰兼具一般性和特殊性的当然要求，也是我国港台地区以及美国等国外高校性骚扰防治的共同路径选择。

本章主要讨论国家层面高校性骚扰防治机制问题。相较于高校性骚扰防治机制，它属于外部防治机制；相较于教育行政机关性骚扰防治机制，它以法律为主要防治手段。它是国家通过立法将性骚扰纳入法律调整范畴，通过确认权利、明确义务、追究相关主体法律责任的方式，以国家强制力保护受害人、惩戒行为人，在学校外部构建起预防和制止高校性骚扰的一整套机制。

一、功能定位

国家层面防治性骚扰是通过法律调整、规制性骚扰行为。需要注意的是，法律介入的度就是公民行使权利的边界，用法律调整性骚扰，必须把握适度原则，法律界定的程度、指向和目的均要适度，特别是手段应当与性骚扰行为的危害程度相匹配。从性骚扰行为的表现来看，有的情节较轻，损害后果较小；有的情节较重，如持续时间长、手段恶劣等，给受害人造成严重损害后果，单一的责任方式无法实现权利救济和责任追究，应具体情况具体分析。借鉴域外立法，无论是采用专门立法规制性骚扰行为的国家和地区，还是采用综合各种法律手段调整性骚扰行为的国家和地区，均是民事、行政、刑事等多种法律责任并行。① 我国虽然仅在民法典中规定了性骚扰的民事责任，但是并不意味着不可以追究性骚扰的行政或刑事责任，民法典规定的意义在于举轻以明重。鉴于本课题将性骚扰限定在尚未构成刑事犯罪的违法性相对轻微的侵权行为中，区别于性暴力，所以法律对于性骚扰的调整、责任追究应综合运用民事、行政等手段，不包括刑事手段，以适应危害程度不同的性骚扰行为。

高校防治性骚扰必须有所遵循，防治所遵循的法律必有追求的法律功能，解析高校性骚扰防治机制的功能定位并使之内化在具体法律规范中，是构建高校性骚扰防治体系的重要基础。从功能上看，国家层面高校性骚扰防治是以受害人私权保护为中心、以国家层面的综合性法律为载体、旨在实现对所有性骚扰的一般性防治。从防治手段上看，国家层面高校性骚扰是针对所有性骚扰（包括高校性骚扰）所具有的共性的一般性防治机制，以受害人和加害人之间法律关系的调整为重点，以适用于所有性骚扰的一般性防治手段为基准，综合采用民事、行政等不同法律手段。从行为性质上看，所有性骚扰均构成民事侵权行为，如果危害社会治安还构成治安违法行为。全面系统防治性骚扰，应综合地采取民事手段和治安行政手段等防治手段，这两种法律防治手段的功能各异。“民事法律旨在确认和保障私权，对侵权行为人课以侵权责任、对受害人的损害进行救济。”② 民事法律通过确权实现分配正义，通过民事救济措施实现矫正正义，体现法律所具有的复原功能，使性

① 如我国台湾地区性骚扰防治法中规定了性骚扰的三类法律责任；法国对于性骚扰的三类责任分别规定在不同的部门法中。

② 林建军：《规制夫妻暴力民事立法的功能定位与制度完善》，载《中国法学》2012 年第 6 期。

骚扰受害人获得精神慰藉和赔偿。治安行政法律旨在惩戒性骚扰行为人，保护受害人权益，避免违法行为再次发生，同时维护社会公共秩序。两种防治手段比较而言，民事确权是根本性功能，是惩戒加害人、救济受害人以及维护社会公共秩序等功能的前提和基础。只有在民事立法中确认了公民享有人格尊严以及性自主权，才能以此权利为逻辑起点，从保护民事权利出发推演出相应的义务以及违反义务所应承当的法律责任，从而使采取民事手段、治安行政手段追究行为人法律责任具有了权利基础。

国家层面高校性骚扰防治的法律是防治所有性骚扰的立法，可以一体适用于各类性骚扰，包括高校性骚扰、职场性骚扰、公共场所性骚扰等各类性骚扰。该法律体系是立足于高校外部的国家层面的综合性立法，是包括《民法典》《治安管理处罚法》《妇女权益保障法》等法律在内的以民事私权保护为核心的法律体系。

二、现行法律规定评析

（一）现行法律规定

近年来，我国相继出台系列法律法规防治性骚扰，形成了以《宪法》为核心，包括《民法典》《治安管理处罚法》《妇女权益保障法》《女职工劳动保护特别规定》等法律法规在内的防治性骚扰的一般性防治体系。《宪法》作为根本法，确认了公民享有人格尊严。《宪法》第 38 条规定："中华人民共和国公民的人格尊严不受侵犯。禁止用任何方法对公民进行侮辱、诽谤和诬告陷害。"《妇女权益保障法》明确性骚扰的概念以及相关主体的防治义务和法律责任，改变了之前法律规定以宣示性为主、不具有可操作性的问题。[①]《女职工劳动保护特别规定》第11条规定“在劳动场所，用人单位应当预防和制止对女职工的性骚扰”。《民法典》第1010条第1款以受害人意愿为标准，明确了性骚扰的私法请求权基础，为权利人主张权利、追究侵权人法律责任提供了法律依据；第2款规定了学校等单位负有防止和制止利用职权、从属关系等实施性骚扰而采取措施的义务，这些单位“应当采取合理的预防、受理投诉、调查处置等措施”，涵盖事前预防、事中受理和事后调查处置各个环节。《妇女权益保障法》进一步完善性骚扰预防、处置机制，第23条明确性骚扰的判断标准和基本类型，第24条和第25条分别确定学校和用人单位的预防和处置机制，第80条明确加害人、学校和用人单位的法律责任。《治安管理处罚法》主要调整因性骚扰干扰他人正常生活，扰乱社会治安秩序的治安违法行为，根据第42条第5项和第44条的规定，多次发送淫秽信息、猥亵他人或者在公共场所故意裸露身体，扰乱他人生活，情节恶劣的，可以处以行政处罚。

（二）现行法律规定的不足

上述法律规定积极回应了防治包括高校性骚扰在内的所有性骚扰的客观现实需求，有助于有效遏制性骚扰行为，完善了性骚扰防治有关规定，认定标准更加清晰，在防治校园和职场性骚扰方面也更具针对性。但全面梳理检审现行法律规定，特别是从全面系统地应对高校性骚扰的角度来看，我国现行法律规定还有待进一步深化、具体化和体系化。

其一，性骚扰的概念不够明晰。虽然《民法典》《妇女权益保障法》对性骚扰的概念有所涉及。但是从严格意义上讲，均未准确界定性骚扰的概念，只是指出性骚扰是违背受害人意愿的行为，同时例示规定了性骚扰的行

---

① 如2005年《妇女权益保障法》第40条规定：“禁止对妇女实施性骚扰。受害妇女有权向单位和有关机关投诉。”《女职工劳动保护特别规定》第11条规定：“在劳动场所，用人单位应当预防和制止对女职工的性骚扰。”

为方式，并没有全面概括性骚扰的“性本质”等本质特征，也没有概括高校性骚扰的独特意涵，仍有待进一步完善。

其二，欠缺请求权基础。“请求权是民法（私法）的构造性概念，整个民法就是请求权基础构成的”①，“无论何种权利，当受到侵害时，都将衍生出请求权以获得保护”②。《民法典》将人格权独立成编，是我国《民法典》的重大创新，其中将性骚扰置于人格权编中加以防治，表征着对性骚扰受害人人格尊严的保护，同时规定了侵犯公民人格尊严应承担的侵权法律责任。但遗憾的是，《民法典》仍然没有规定性骚扰侵害的更直接客体——性自主权，使性骚扰防治缺失了更为明确具体的权利基础，受害师生无法以性自主权为请求权基础向加害人提出损害赔偿请求。根本原因在于，我国对于性骚扰的法律规制过于倚重以义务和惩罚为本位的公法③，忽视了处罚的逻辑基础，偏离了防治性骚扰的重心——权利保护。

其三，处罚体系不完整。我国现行法律对于性骚扰的处罚可以分为三类：一是承担民事责任。《民法典》第1010条和《妇女权益保障法》第23条规定性骚扰受害人可以向人民法院提起诉讼，请求行为人承担民事责任。二是给予行政处分。《妇女权益保障法》第80条规定对性骚扰实施者，由公安机关给予批评教育或者出具告诫书，并由所在单位依法给予处分。其中，批评教育和出具告诫书不具有强制力，不属于处罚手段或惩戒措施。三是给予行政处罚。《治安管理处罚法》对“发送淫秽信息”、“猥亵”和“在公共场所故意裸露身体”三种行为规定了行政处罚措施。④ 对其他性骚扰行为如何进行行政处罚，存在空白。法律完整性和周延性的一个主要体现应该是，

---

① 王泽鉴：《请求权基础：法学方法与民法发展》，载中国私法网，http：//www. privatelaw. com. cn/web_ p/n_ show/? News_ CPI = 24&PID = 10028。

② 段文波：《民事裁判构造论：以请求权为核心展开》，载《现代法学》2012年第1期。

③ 参见杨立新、张国宏：《论构建以私权利保护为中心的性骚扰法律规制体系》，载《福建师范大学学报（哲学社会科学版）》2005年第1期。

④ 参见《治安管理处罚法》第42条第5项、第44条。

随着同一类行为危害他人、危害社会程度的增加，法律对它的评价和处罚应该越来越严厉，现行法律关于性骚扰的处罚链条尚不够完整。[①]

其四，对特殊防治责任主体不履行义务的法律责任规定不全面。如前文所述，《民法典》和《妇女权益保障法》规定学校负有防治性骚扰的法定职责，明确学校应当采取合理的预防、受理投诉、调查处置等措施，防止和制止利用职权、从属关系等实施性骚扰，属于特殊防治机制。但是如果学校不履行该职责应承担的法律后果，只有《妇女权益保障法》第 80 条规定了行政责任，法律责任体系不完整。

三、立法模式选择

性骚扰行为因发生场域、主体关系、侵权类型以及行为危害程度等不同，当事人之间的法律关系性质有较大差异，会涉及不同的部门法，甚至一个性骚扰行为会同时涉及几个部门法，因此性骚扰立法是一个非常复杂的问题，[②] 各国和地区防治高校性骚扰在立法模式上有专门立法和综合分散立法之分，后者又可以分为个人权利保护主义和学校保护主义。考虑到我国实际情况，课题组认为我国国家层面采个人权利保护与学校保护并举的综合性分散立法模式较为妥当。

（一）综合性分散立法模式

鉴于性骚扰问题的复杂性，不是短时间内一部法律可以完成的任务。虽然专门立法的模式优势明显，但是考虑到立法成本和立法效率以及我国现有的法律条件，采用综合分散立法、化整为零的立法方式，更易于操作，不至

---

① 李玲、董长青：《关于性骚扰立法的几点思考》，载《人民检察》2004 年第 3 期。

② 我国台湾地区有关性骚扰防治的规定有三个，分别是“性骚扰防治法”、“性别工作平等法”和“性别平等教育法”。这在一定程度上可以印证对性骚扰进行规制的复杂性，特别是我们采用广义性骚扰的概念更是如此。

于使法院和有关部门处理性骚扰问题长期无法可依。[①] 从我国现有法制基础看，也基本符合综合分散立法的模式。《民法典》《治安管理处罚法》《妇女权益保障法》适用于所有的性骚扰类型；《劳动法》（包括《女职工劳动保护特别规定》）、《教育法》、《教师法》、《高等教育法》等部门法调整发生在特定场合、当事人间具有特殊权利义务关系的特殊性骚扰。两类法律形成一般法与特别法的关系，特别法在适用上优先于一般法，一般法构成对特别法的补充。这样既可以兼顾特定场合性骚扰的特殊性，又可以弥补特别法规定不全面的问题。具体到高校性骚扰的法律规范，可以包括《民法典》《治安管理处罚法》《妇女权益保障法》等一般法，以及《教育法》《高等教育法》《教师法》等特别法，共同构成国家层面防治高校性骚扰的法律体系。

（二）个人权利保护与学校保护并举

高校性骚扰不仅是加害人违反法定义务，侵害受害人合法权益的行为，一定程度上也是学校未履行法定职责，违反法定义务的结果。相应地，对于受害人的权利救济，既要追究加害人个人责任，学校也应承担相应责任，二者分别构成高校性骚扰一般防治机制和特殊防治机制。

1. 个人权利保护主义的一般性骚扰防治机制

个人权利保护主义以人格权为权利基础，以追究行为人侵权责任为救济方式，以受害人权利保护为价值取向，不以行为人与受害人之间存在特殊关系为前提，适用于所有性骚扰，属于性骚扰的一般防治机制。

虽然性骚扰侵害的具体权益类型有所不同，可能侵害身体权、健康权、名誉权等具体人格权以及性自主权等，但是无论是哪种情形，性骚扰都侵害了主体的人格权。[②] 人格权是以主体固有的人格利益为客体，以维护和实现

① 参见王恒涛：《性骚扰立法研究》，载《环球法律评论》2006 年第 5 期。

② 2018 年 12 月 12 日《最高人民法院关于增加民事案件事由的通知》（法〔2018〕344 号）首次将“性骚扰损害责任纠纷”作为独立案由规定在“侵权责任纠纷”中。

人格平等、人格尊严、人身自由为目标的权利。[1] 人格权的保护，不仅是民法的问题，而且是宪法以及各个部门法通盘考虑、通力协作的问题。对于人格权，我国现行法已形成完整的多层次、全方位的保护模式，确立了从民事、行政、刑事各方面予以综合治理的法律机制，只是各个部门法的保护机制各有偏重。民法主要是事后救济，行政法和刑法注重事先预防和事后惩治的结合。因此，性骚扰受害人可以从人格权保护的角度寻求多种法律手段的救济，这是适用于所有类型性骚扰的一般防治机制。

2. 学校保护主义的高校性骚扰特殊防治机制

高校性骚扰虽然发生在教师与学生之间，学校不是性骚扰的直接当事人，但是基于学校与教师之间、学校与学生之间法律上的权利义务关系，学校对于高校性骚扰的防治负有不可推卸的责任。相比其他性骚扰的防治机制，学校保护是高校性骚扰的特殊防治机制。

（1）从学校与学生之间的法律关系分析。

学校与学生之间既有公法上的行政管理关系，又有私法上的民事权利义务关系。与确定高校性骚扰法律责任有关联的法律关系主要有两个：一个是行政法律关系。学校对学生负有行政管理职责，如学籍管理、奖惩学生、毕业证书发放以及对学生进行日常行为管理等，[2] 学生有遵守学校管理制度的义务。[3] 另一个是民事法律关系。[4] 学生有受教育的权利，学校有保护学生受教育的义务。

公民的受教育权是我国《宪法》规定的公民的基本权利之一，民法并未规定受教育权是一种人格权。因此受教育权受到侵害能否在民事上得到救济

---

① 参见王利明：《人格权法》，中国人民大学出版社2009年版，第5页。

② 参见《教育法》第29条。

③ 参见《教育法》第44条。

④ 学校与学生之间的另外一类民事法律关系是交易性质的民事关系，如基于食堂、宿舍、学校设施的使用、相关物品的买卖等交易关系发生的法律关系。该类民事法律关系与高校性骚扰基本不相关，故本书不予讨论。

一直在我国法学界存在争议。法院对此有两种截然不同的做法：否定观点认为，“受教育权是我国宪法规定公民的一项基本权利，我国立法采用人格权法定，公民享有人格权仅限于法律的明文规定。受教育权既非具体人格权，亦非《民法典》调整的一般人格权。单纯的受教育权受到侵害不被私法所调整，不能适用民法典的规定获得救济”。[①] 因此法院认为受教育权并非人民法院应当受理的民事诉讼的范围，不符合起诉的条件。实践中许多法院采此观点。[②] 肯定观点认为，受教育权可以得到民法救济，有的法院认为“受教育权既是我国现行宪法赋予公民的一项基本权利，也是《教育法》规定的一项民事权利，任何个人、组织和法人都不得侵犯”。[③] 有的法院虽然没有明确表明受教育权是一种民事权利，但是认为受教育权可以成为侵权的客体，受教育权被侵害，要求赔偿相应损失，系侵权之诉。[④]

受教育权作为宪法的基本权利能否在民法上得到救济，我国民法学者结合基本权利的发展变化也做了相关探讨，为实务界提供理论支持。“二战”后，基本权利的观念和功能发生根本性变化，基本权利具有了主观公权利和客观法（价值）的双重属性。[⑤] 从基本权利与民事权利之间的关系看，基本权利可以分成两类：一类与民事权利没有关联。强化国家权力的正当性，确

---

① 武汉市中级人民法院民事判决书，（2016）鄂01民终355号。另注：《民法通则》《侵权责任法》均已废止，现适用《民法典》规定。

② 重庆市中级人民法院民事判决书，（2015）渝五中法民终字第04926号；襄阳市中级人民法院民事判决书，（2015）鄂襄阳中少民终字第00063号。

③ 佛山市中级人民法院民事判决书，（2017）粤06民终9001号。法院认为学校的过错行为给罗某1造成了一定的损失和精神损害，根据《侵权责任法》第6条“行为人因过错侵害他人民事权益，应当承担侵权责任”以及最高人民法院《关于确定民事侵权精神损害赔偿责任若干问题的解释》第8条的规定，侵权人应当承担包括对罗某1精神损害赔偿在内的民事责任。对于精神损害抚慰金的赔偿数额，应当综合考虑学校的过错程度、侵权行为的具体情节予以确定。因此，学校侵害罗某1的受教育权，一审法院酌情确定广外附校赔偿罗某1损失500元及精神损害抚慰金2000元。

④ 徐州市中级人民法院民事判决书，（2016）苏03民终4200号；嵊州市人民法院民事判决书，（2017）浙0683民初3014号。

⑤ 参见谢鸿飞：《中国民法典的宪法功能——超越宪法施行法与民法帝国主义》，载《国家检察官学院学报》2016年第6期。

定国家义务、国家责任，彰显宪法是国家与公民立约文件的观念，需要国家通过公法以公权力的方式予以保障实现，如教育权、诉讼权、参政权等；另一类与民事权利可以相互转化。基本权利所承载的价值透过部门法浸润于整套法规范体系，尤其是私法领域。民法主要通过民事权利制度来完成此任务。其中对关乎人之为人的那些重要价值，尤其是以人格尊严为核心的价值，民法通过人格权制度中的一般人格权与之衔接。一般人格权是人之为人的重要价值在民法中的映射，是宪法价值民法化的民法工具。一般人格权的内容具有不确定性，只能在具体个案中确定其权利的具体范围。[①] 在知识经济时代，受教育权的实现程度直接影响着人的生存与发展，是人之为人的重要价值，可以纳入一般人格权范畴，通过一般人格权得到救济。

从现行法律规定来看，《教育法》规定了受教育权的内容[②]，并强调学生的合法权益受法律保护[③]，侵犯学生受教育权的，应当依法承担民事责任[④]。相应地，学校负有维护学生合法权益的义务。[⑤] 因此，学校应当采取措施保证学生在公平、公正、安全的教育环境下完成学业，包括保护学生免受教师的性骚扰。这不仅是学校行政管理职责所在，也是学校应当承担的法定义务。如果学校履行职责不当，违反法定义务，导致学生合法权益受损，学校应当承担相应的法律责任，包括行政责任和民事责任。

（2）从学校与教师之间的法律关系分析。

学校与教师之间既有教育行政法律关系，也有民事法律关系。首先，在

---

① 参见姚辉、周云涛：《关于民事权利的宪法学思维——以一般人格权为对象的观察》，载《浙江社会科学》2007 年第 1 期。

② 参见《教育法》第 43 条，如参加教育教学计划安排的各种活动，使用教育教学设施、设备、图书资料；按照国家有关规定获得奖学金、贷学金、助学金；在学业成绩和品行上获得公正评价，完成规定的学业后获得相应的学业证书、学位证书的权利。

③ 参见《高等教育法》第 53 条。

④ 参见《教育法》第 83 条。

⑤ 参见《教育法》第 30 条。

教育行政法律关系中，学校有权对教师的思想政治表现、职业道德、业务水平和工作实绩进行考核，考核结果作为聘任或者解聘、晋升、奖励或者处分教师的依据，教师负有以教学和培养人才为中心做好本职工作的义务。[①] 利用学术权力对学生实施性骚扰是严重违反职业道德的行为，学校作为教师的管理者负有管理职责，因其管理不当造成的损害，学校应承担相应法律责任。其次，学校与教师遵循平等自愿的原则签订聘任合同。[②] 这种聘任关系以平等自愿为基础，以提供劳务为标的，类似于劳动关系。教师利用学术权力对学生实施性骚扰，也类似于职场性骚扰，学校应与用人单位一样承担雇主责任。因此，学校应当对教师负有法定管理职责，若管理不当致教师实施损害学生利益的行为，学校应当承担相应的法律责任，包括行政责任和民事责任。

四、构建个人权利保护主义的一般性骚扰防治机制

国家层面的一般防治机制是从保护个人权利出发，面向所有性骚扰的防治机制，主要以国家强制力保护受害人合法权益、追究加害人法律责任为主要方式，具体的法律责任包括民事责任、行政责任和刑事责任。

（一）科学界定性骚扰概念

科学界定性骚扰是国家防治性骚扰的第一步。任何概念都是人们对当时所认识到的事实和情形运用语言进行总结概括的结果。从强化受害人救济的角度，将性骚扰定义为侵害人格权的行为更符合现代社会人们对性骚扰问题的认识。需要注意的是，纳入法律调整的性骚扰范围要适当，既不能泛化，也不能窄化。

---

① 参见《高等教育法》第51条、第52条。

② 参见《高等教育法》第48条。

首先，被纳入国家法律调整的性骚扰应当具备一定的条件，达到一定的危害程度，应避免泛化。性骚扰是具有“性本质”特征的行为，不能把一切与性有关的问题全部归为性骚扰，或者将所有与性相关的犯罪都归结为性骚扰。① 泛化有可能使人们不敢谈论与性相关的任何话题，使人们谈性色变，这是几千年封建思想的表现，是一种性歧视，无法适应现代社会对性的基本认识。② 同时，泛化性骚扰的范围会使性骚扰概念过于庞大，在法律上会导致“法不罚众”的结果。

其次，法律调整的性骚扰亦应避免过于狭窄。有学者借鉴美国性骚扰的概念，将性骚扰作为性别歧视的一种，看作男性对女性的歧视行为；而且法律主要调整发生在职场上的性骚扰，其他损害人格的骚扰行为不属于性骚扰范畴。这种认识将女性对男性、男性对男性、女性对女性的骚扰行为以及职场以外发生性骚扰均排除在法律调整的范畴之外。窄化的认识不仅与现代世界各国防治性骚扰的主流观点相违背，而且与我国社会现实脱节。特别是将职场以外的性骚扰排除在法律调整范畴之外，这对于许多性骚扰受害者的权益维护极为不利。因此，法律对于性骚扰的界定要适当，要认识到其本质，确定适度的范畴。

结合《民法典》第1010条第1款的规定和前文的分析，课题组建议将性骚扰定义为：行为人为满足性需求，通过言语、文字、图像、肢体行为等方式对他人故意实施的，违背他人意愿或不受他人欢迎的，性侵害犯罪以外的侵犯他人人格权的行为。相比《民法典》对性骚扰的规定，此概念增加了两个要素。第一，性骚扰行为具有满足性需求的主观目的。出于性需求，满

---

① 参见沈奕斐：《“性骚扰”概念的泛化、窄化及应对措施》，载《妇女研究论丛》2004年第1期。

② “性由个人与社会结构之间的互动而构建，其充分发展为个人、人际和社会健康幸福所必需。性的权利仍普世人权，以全人类固有之自由、尊严与平等为基础。”参见世界性学会《性权宣言》。转引自赵合俊：《性权与人权——从〈性权宣言〉说起》，载《环球法律评论》2002年第1期。

足行为人的“性需要”。某些与性相关的行为，不是出于性需要，只是将其作为一种侮辱的方式，如为侮辱某人，脱掉裤子将生殖器裸露在外，行为人没有满足性的意愿和需要，只是将性器官作为行为方式，不构成性骚扰。从这个角度看，性骚扰侵害的客体是与性相关的权利，无论是性自主权还是性权利都更具有针对性，相比人格尊严，更能反映性骚扰的本质。第二，除“违背受害人意愿”外，增加“受害人不欢迎”的主观要素。“违背受害人意愿”要求受害人明确表示拒绝，或者有证据证明当事人是在被胁迫或乘人之危的情况下发生的。受传统文化和性观念的影响，性是一个难以启齿的话题，许多人被性骚扰时，或怕舆论不利于自己，或迫于压力，或为职位、薪酬、考评、晋升、各种机会等利益好处对性骚扰予以容忍和同意。在这些情形中，受害人表面上未抗拒，但内心却对性骚扰行为并不欢迎，同样给她（他）造成精神上的损害。“不受欢迎”的判断标准，能够涵盖此种情形。[①]“不受欢迎”是女权主义法学的重要贡献，相较于违背受害人的意愿，“不受欢迎”可以结合受害人主观感受和理性人的客观标准综合加以判断，其相对于违背受害人意愿的绝对主观标准，相对减轻了受害人的举证责任。第三，对性骚扰与性侵害明确加以区分，性骚扰程度相对较轻，尚未构成刑事犯罪。性骚扰没有对身体造成直接伤害或者伤害程度不严重；性侵害是性暴力的一种，是指任何未经对方同意的性接触，包括强奸、猥亵等。

（二）确认权利

从民事权益的角度来看，所有的性骚扰行为都是对受害人人格权的侵害，但对具体侵害何种人格权存在不同的认识。有人认为性骚扰是对人格尊严的侵害。有人认为不应当引用人格尊严这样抽象的法律规定作为其法律基

---

① 参见胡波：《关于性骚扰立法的几点思考——兼评〈妇女权益保障法〉相关条款》，载《妇女研究论丛》2006 年第 1 期。

础，因为所有的人格权保护问题都涉及人格尊严，以侵害人格尊严界定性骚扰“帽子太大”。还有人认为性骚扰是侵害性自主权的侵权行为，所谓性自主权是自然人自主支配自己性利益的具体人格权。每个自然人都享有性的利益，只要达到一定的年龄，自然人就有权对自己的性利益自主支配，任何人不得干预和侵害。[①] 对不具有性承诺能力或具有一定性承诺能力的人违背其意愿强制性地对其进行性方面的侵扰，就构成对其性自主权的侵害。也有人认为性骚扰侵害的是性权利，不限于性自主权。性权利是基本、普世人权，包括性自由权、性自治权、性完整权、性身体安全权、性私权、性公平权、性快乐权、性表达权、性自由结合权、自由负责之生育选择权、以科学为基础之性咨询权、全面性教育权、性保健权等十三项权利。[②] 但是正如性骚扰行为具有“性本质”的特点，性骚扰侵害的权益亦应体现“性”的特点，如此才能将不同表现形式、侵害不同权益的行为统一至性骚扰范畴，因此性骚扰侵害的权益一定包括与性相关的权益。至于是性自主权还是性权利需要进一步探讨。性权利是从人权的角度界定的，涵盖的内容较多。[③] 许多内容不属于民事权益范围，也不是性骚扰直接侵害的权益，如性教育权、性资讯权、性保健权等。性骚扰主要是违背当事人意愿，对他人身体的逾越、侵入，对他人性利益的玷污、侵犯，侵害的是权利人在性利益方面自主选择自主支配的权利，即性自主权。为更好地防治性骚扰，法律应确认性自

---

① 参见刘建：《试论性骚扰之界定》，载《重庆科技学院学报（社会科学版）》2010 年第 10 期。

② 参见耿殿磊：《性骚扰概念的产生和流变——国际视角的分析》，载《妇女研究论丛》2010 年第 1 期。

③ 根据世界性学会通过的《性权宣言》对性权利的界定，性权利包括“性自由权、性自治权、性私权、性公平权、性快乐权、性表达权、性自由结合权、自由负责之生育选择权、以科学调查为基础之性资讯权、全面性教育权、性保健权”。转引自赵合俊：《性权与人权——从〈性权宣言〉说起》，载《环球法律评论》2002 年第 1 期。

主权是具体人格权。①

（三）构建权利救济及违法行为惩戒等功能兼备的综合性防治体系

国家层面的一般防治机制是从一般侵权行为出发，运用具有普遍意义的权利保护手段，维护受害人合法权益、追究侵权人法律责任，包括民事责任和行政责任。

1. 追究加害人民事侵权责任

适用于所有性骚扰的民法防治机制是以受害人私权保护为中心，以权利确认、受害人救济为主要内容，通过追究性骚扰行为人的侵权责任救济受害人。

（1）侵权责任构成要件。

行为人对受害人实施性骚扰行为，是对受害人人格权的损害，受害人可以追究行为人的侵权责任。由于我国现行法律对性骚扰行为的侵权责任未作特别的规定，因此性骚扰行为属于一般侵权行为。② 行为人承担侵权责任以具备一般侵权行为的构成要件为前提，即违法行为、损害后果、因果关系和主观过错。这四个构成要件在理解上有三点需要特别说明。

第一，行为人实施了具有性本质的违法行为。所谓行为具有性本质，除

---

① 在我国法律尚未承认性自主权或性权利是一种具体人格权的背景下，可以采取变通方式处理，即能够纳入具体人格权保护的，就以具体人格权保护受害人权益，反之，则用一般人格权、一般人格利益或人格尊严保护受害人权益。这是基于具体人格权是相对成熟和明确的人格权，在确定性、指引性和保护程度等方面均好于一般人格利益。（参见刘召成：《论具体人格权的生成》，载《法学》2016年第3期。）司法实践中许多法院就采取了这种处理方式：根据性骚扰行为的具体表现形式认定侵害的权益，如通过肢体行为触碰到受害人的身体，会认为侵害了身体权或健康权；性骚扰行为实施后可能导致社会公众对于受害人的社会评价降低的，会认定侵害了名誉权；只是以言语、文字或图像方式侵扰受害人，会认为侵害人格尊严……

② 我国《教育法》第83条规定，违反本法规定，侵犯教师、受教育者、学校或者其他教育机构的合法权益，造成损失、损害的，应当依法承担民事责任。这是教师侵犯学生合法权益（包括教师性骚扰学生）应当承担民事责任的最直接的法律依据。但是该条款未明确违法行为人应承担何种民事责任、承担民事责任的归责原则、构成要件等基本问题。根据我国民事侵权责任现论，应适用一般侵权责任。

了要求行为与性相关外，还要求行为人主观上具有性需求，行为人实施带有性内容的行为是为了满足自己的性需要，获得性快感。这种性本质的特征是性骚扰与其他类似侵权行为的本质区别。如脱衣服拍视频等，从行为的表现上看，性骚扰带有性特征。例如，有的人并不是为了寻求精神刺激和满足欲望要求，而是为侮辱受害人，甚至是侮辱其家人，这种行为因不具有性本质，构成侮辱行为，而不构成性骚扰。如果法律对此不作区别，将凡是与“性”相关的行为都归入到性骚扰，是对性骚扰侵权行为的泛化。

第二，受害人有损害。性骚扰行为表现形式多样，受害人受到的损害也具有多样性。可以是人身损害，如身体健康的损害、社会评价的降低；也可以是侵害人格权所造成的财产损害；还可以是精神损害。无论哪种情形均要求造成一定的损害后果，没有损害就没有责任。

第三，行为人主观上有过错。结合性骚扰的定义，构成性骚扰需要“违背他人意愿”“不受欢迎”，都是从受害人角度界定，前者表明受害人的主观状态，后者看重受害人对性骚扰的反应。在侵权责任构成要件中，我们要分析的是行为人（加害人）的主观状态。行为人主观上具有过错是指行为人知道或者应当知道其具有性本质的行为违背他人意愿。其主观状态的确定要结合受害人的行为、受害人的主观综合判断。所谓违背他人意愿，包括他人表示厌恶、反感、明确拒绝、警告、以反抗行为表示拒绝；或者曾经愿意进行与两性内容相关的交流或者接触，但后来表示不愿意延续；或者受害人迫于某种压力不得已的应酬或容忍。对无民事行为能力人或者限制民事行为能力人进行的所有骚扰都可以认定为是违背他人意愿的行为。[①] 对于这种“知道或者应当知道”，有人将之称为“有预期”，行为人能够预见对方可能不欢迎其作出的带有性内容的行为，只要有这种认识，就可以认为行为人主观上具有过错，而不要求其在主观上具有损害他人合法权益的故意或过失。有

---

① 参见王成：《性骚扰行为的司法及私法规制论纲》，载《政治与法律》2007年第4期。

些性骚扰的定义也特别强调性骚扰的行为人应当“有预期”。如《英汉妇女与法律词汇释义》对性骚扰的解释，“当一个人对女性提出不受欢迎的性需要，或想获取性方面的好处，或对其做出不受欢迎的性行径，并预期对方会感到冒犯，侮辱或惊吓”。我国香港特别行政区的《公务员性骚扰投诉指引》规定，如果对女性提出不受欢迎的性需要或获取性方面的好处的要求，或对女性做出其不欢迎的涉及性的行径，并预期对方会感到冒犯、侮辱或惊吓，就是对女性做出的性骚扰。[①] 需要注意的是，对行为人能否预期的标准会有个体差异，应具体案件具体分析。

（2）民事责任承担方式。

性骚扰行为主要侵害他人的人格权，不直接损害财产权，故民事责任以精神损害救济为主，承担责任的方式主要是赔礼道歉、停止侵害、消除影响、恢复名誉等非财产性责任方式。注意每种责任方式适用的情形和条件不同。停止侵害是针对正在实施的性骚扰行为，可以有效制止性骚扰的继续发生；消除影响、恢复名誉适用于名誉权受到侵害的性骚扰，如果消除影响、恢复名誉即可弥补受害人的精神损害，法院就无须再判决行为人承担赔礼道歉的责任；赔礼道歉适用于当事人有过错，造成的精神损害超出一般人应忍受的程度的情形。当事人的过错程度和侵权后果的严重程度会决定法院判决赔礼道歉的方式。在较广的范围造成侵害结果的，就在相应的范围内赔礼道歉；反之，则仅需当面口头道歉或者书面道歉即可。

当赔礼道歉等非财产性责任不足以弥补受害人的精神损害时，法院还可以判决行为人给付精神抚慰金。[②] 但是在我国精神损害赔偿数额普遍较低的情况下，性骚扰受害人还要面临因举证困难而败诉的风险，因而受害人会有得不偿失的感觉，从而放弃维权，不追究行为人的法律责任。为保护受害人

---

① 参见唐春生：《“性骚扰”的法律界定和防范机制研究》，载《怀化学院学报（社会科学）》2004 年第 2 期。

② 参见葛云松：《赔礼道歉民事责任的适用》，载《法学》2013 年第 5 期。

权益，惩罚加害人，有效遏制性骚扰再次发生，可以考虑提高性骚扰侵权行为的精神损害赔偿数额，以解决民事责任较轻的问题。

2. 追究违法行为人的行政责任

广义的行政责任包括行政处分和行政处罚，此处的行政责任仅指行政处罚。① 行政处罚属于外部行政法律关系，是行政主体依照法定职权和程序对违反行政法规范，尚未构成犯罪的相对人给予行政制裁的具体行政行为。根据《行政处罚法》，行政处罚的类型包括：警告，罚款，行政拘留，法律、行政法规规定的其他行政处罚。② 国家依法行政要求行政处罚必须坚持法定原则，包括处罚依据法定、处罚种类法定、处罚主体法定、处罚程序法定、处罚形式法定、处罚职权职责法定。没有法定依据或者不遵守法定程序的，行政处罚无效。③ 目前我国追究性骚扰行为人行政责任的法律依据主要是《治安管理处罚法》。该法针对三种性骚扰行为进行行政处罚：一是多次发送淫秽信息，干扰他人正常生活的；二是猥亵他人的；三是公共场所故意裸露身体，情节恶劣的。处罚的形式是罚款和行政拘留。由此可以看出，《治安管理处罚法》主要处罚较为严重的性骚扰行为，大量存在的情节较轻的性骚扰行为无法适用《治安管理处罚法》，导致我国性骚扰行为的行政处罚门槛过高。此外，性骚扰行为可以发生在很多场合，公共交通工具、商场、电影院等公共场所，工作场所、办公室、私人住宅等隐蔽环境，甚至没有特定的

---

① 行政处分是内部行政法律关系中行政机关依照行政隶属关系给予违法失职的工作人员的一种惩罚措施，包括警告、记过、记大过、降级、撤职、开除等。在教育行政法律关系中，教育行政部门对于教师有虐待、猥亵、性骚扰等严重侵害学生行为的，规定了一系列行政处分措施，如撤销荣誉称号、追回奖金；依法依规撤销教育资格，解除教师职务，清除出教师队伍，录入全国教师管理信息系统，不得再从事教学、科研及管理工作。行政处分适用于高校内部学校对违法失职教师的处罚，从高校性骚扰防制机制的角度属于特殊防制机制范畴（下一部分介绍）。

② 《行政处罚法》第9条规定："行政处罚的种类：（一）警告、通报批评；（二）罚款、没收违法所得、没收非法财物；（三）暂扣许可证件、降低资质等级、吊销许可证件；（四）限制开展生产经营活动、责令停产停业、责令关闭、限制从业；（五）行政拘留；（六）法律、行政法规规定的其他行政处罚。"

③ 参见《行政处罚法》第17条。

场所，通过微信、短信、邮件等媒介传递信息等。《治安管理处罚法》偏向于规制公共场合发生的性骚扰，对于隐蔽环境、通过媒介实施的性骚扰缺乏规制。因此建议在《治安管理处罚法》中增加调整性骚扰的专门条款，适当放宽行政处罚标准，将更多的性骚扰纳入行政法调整范围。为体现违法情节与责任相适应，对于情节较轻的性骚扰，可以采用警告、罚款等处罚方式。

五、构建学校保护主义的特殊防治机制

国家层面特殊防治机制[①]是在遵循私权保护中心的前提下，突出学校保护义务，以明确学校法定职责、法定义务为基础，确定学校法律责任的防治机制。国家层面特殊防治机制与高校层面特殊防治机制均指向学校，旨在建立学校保护机制。不同之处在于，国家层面特殊防治机制属于外部防治机制，是国家通过立法明确学校在防治高校性骚扰上的职责和义务，以及违反职责和义务应承担的法律责任（包括民事责任和行政责任），以此督促学校积极采取措施预防和制止高校性骚扰的发生，加快学校内部防治机制的建立。

（一）明确学校的民事责任

1. 学校承担民事责任的性质

民事责任主要是违约责任和侵权责任。违约责任的承担以当事人之间存在有效合同为前提。高校性骚扰是教师利用学术权力对学生实施的性骚扰，损害的是正常的教育教学关系。就教育教学关系而言，在学校与学生之间是否存在合同关系是个复杂问题，既涉及我国高校的性质、定位问题，又与我国教育体制改革密切相关，争议较大，尚未有定论。实践中以教育合同纠纷

---

① 此外，国家层面特殊防治机制是全国人大及其常委会以及国务院等立法机关通过法律和行政法规规制高校性骚扰，不包括教育行政部门以部门规章或规范性文件方式规制高校性骚扰的防治机制，后者在下一章予以专门阐述。

为案由的诉讼主要与学费的返还和违约金相关，基本不涉及人身权益的损害问题。所以关于高校性骚扰，学校应承担的民事责任主要是侵权责任。

2. 学校对学生负有安全注意义务

我国《民法典》主要规定了无民事行为能力人和限制民事行为能力人在幼儿园、学校或者其他教育机构学习、生活期间受到人身损害的，学校等教育机构应承担侵权责任。对具有完全民事行为能力的学生在学校受到人身损害的情形未做出规定，这意味着遭受高校性骚扰的学生能否要求学校向其承担民事责任需具体分析。民事责任是违反民事义务的法律后果，承担民事责任以存在法律义务（约定义务和法定义务）为前提和基础。研究学校对遭受高校性骚扰的学生承担法律责任，需分析学校对学生的人身安全所负的义务。学校对学生负有安全注意义务，既有理论依据，又有法律依据。理论上学校对学生负有安全注意义务是基于分配正义的需要。教师基于学术权力对学生实施性骚扰是学生在学校学习生活引发的风险，学校对由此带给学生的风险负有安全注意义务，应当保障学生在学校学习生活的安全。这也是我国台湾学者王泽鉴先生提出的安全注意义务的一种：因从事一定营业或职业而承担防范危险的义务。① 从危险防范、控制成本的角度看，学校有选任、管理教师的职权，对于性骚扰的发生比学生更具有预见性和控制能力，学校采取必要措施预防和制止性骚扰的发生，成本最低，最经济合理。我国《教育法》第30条规定了学校所负有的各类法定义务，其中第3项规定学校有“维护受教育者、教师及其他职工的合法权益”的义务，这是学校对学生负有安全注意义务的法律依据。

学校安全注意义务的来源具有多元性，内容具有复杂性，不仅种类多，而且会因为学生年龄、学校性质、学校管理方式等方面的差异而有所不同。②

---

① 参见王泽鉴：《侵权行为法》（第1册），中国政法大学出版社2001年版。

② 参见刘媚：《论学校的安全注意义务》，载《教育学术月刊》2010年第5期。

与高校性骚扰相关的安全注意义务主要有两个：一是学校有义务任用德才兼备的优秀教师，保证学生接受良好、安全的教育；二是教师在教学活动中负有保护学生安全的义务，不得侵害学生合法权益。

学校是否适当履行安全注意义务可以引入注意义务的标准进行判断。注意义务是民法判断过失的标准，是过失客观化的体现。应注意或应能注意而未注意，就是违反义务，也意味着学校有过失。“是否应当注意”，一是可以看法律规定，如果法律对于安全注意义务的内容作出明确规定，则直接依法律规定判断；二是采用“理性人”“善意管理人”标准判断。这是在没有法律规定的情形下由法官自由裁量。为保证法律适用的统一性、减少法官自由裁量权，同时为责任追究提供法律依据，建议法律增加学校安全注意义务的相关规定。针对高校性骚扰的防治，可以增加学校建立内部防治性骚扰机制的法定义务和学校选拔教师的条件等。

3. 学校不履行安全注意义务应承担民事侵权责任

学校承担民事侵权责任的类型无外乎一般侵权责任和特殊侵权责任。一般侵权责任适用过错责任原则，应具备四要件：违法行为、损害事实、因果关系和主观过错。该种侵权责任，学生举证责任较重，学生不仅要提供证据证明学校不履行安全注意义务，自己所受到的损害与学校不履行义务之间存在因果关系，而且还要证明学校有过错。特殊侵权责任适用过错推定原则或无过错责任原则，学生举证责任明显较轻，但前提是要有法律的明确规定。从现有法律规定来看，学校对于高校性骚扰的民事责任可以适用用人单位责任（《民法典》第 1191 条）。由于教育的目的具有公共性和个体性双重属性，教师的身份也摇摆于公务员和劳动者之间，既承担了类似公务员的责任，又基于聘任合同与学校建立聘任关系，这种聘任关系类似于劳动关系。而且随着高校人事制度改革，越来越多的高校教师以劳动合同制的方式与学校建立法律关系，学校与教师之间直接适用劳动关系。因此教师利用职务之便对学生实施性骚扰，相当于学校选任、管理教师的义务履行不当，可以参照适用用人单位责任追究学校的侵权责任。学校承担侵权责任后，可以向有故意或者重大过失的工作人员追偿。但是，高校性骚扰的学校责任与用人单位责任又不完全等同。用人单位只对其工作人员因执行工作任务造成的损害承担侵权责任，而与职务行为无关的损害，用人单位不承担责任。然而，学校对于高校性骚扰的责任承担，既不要求侵权行为与履行职务相关，也不论行为是否发生在校园内，只强调行为人的教师身份。只要行为人利用其教师身份对学生实施性骚扰，学校就需承担侵权责任。所以相比用人单位，学校承担了更重的法律责任，这缘于学生对教师的天然信赖关系，使学生自我保护意识较弱。[①] 因此，法律有必要对高校性骚扰的学校责任做出特别规定。

综上所述，虽然《民法典》第1010条规定了学校负有防治高校性骚扰的法定义务，但没有规定违反该法定义务应承担的民事责任，因此目前学校对于高校性骚扰只能承担一般侵权责任，根据其过错程度、对学生造成的损害后果，承担相应的民事责任。若学校适当履行了该注意义务，如建立并实施了性骚扰申诉、处置机制，选任教师尽到了应尽的注意义务等，即使仍然发生高校性骚扰，学校也可以相应地免除或减轻民事责任。

4. 明确学校责任的主体范畴

为避免不当扩大学校责任，高校性骚扰的主体身份应具有限定性。实施性骚扰的主体应是掌握一定学术权力的教师，可以是专任教师，包括导师、专任老师、兼任老师、代理教师、代课教师等讲授具体课程的老师，也可以是不讲授具体课程，从事行政管理岗位的教师，但不包括学校保安、保洁人员等。因为这些主体虽然是学校的职工，但是不掌握也不享有学术权力、无法利用学术权力对学生实施性骚扰。学生范围较为广泛，既包括具有学籍的

① 本课题调查结果显示有54.6%的被访者认为学生自我保护意识差是高校性骚扰与其他类型性骚扰最主要的特点之一。

学生，也包括交换生、进修生等。

（二）明确学校相关责任主体的行政责任

根据我国《教育法》的规定，学校与教师、学生之间存在教育行政管理关系。学生对教师侵犯其人身权、财产权等合法权益的行为，有权向学校提出申诉。相应地，学校作为教育行政管理机关，既负有维护学生合法权益的法定职责，又有管理教师、规范教师行为的职责。[①] 若教师存在违规违纪，学校有权对其予以行政处分。《妇女权益保障法》第 80 条规定，对妇女实施性骚扰的，由公安机关给予批评教育或者出具告诫书，并由所在单位依法给予处分。此处的“依法”可以依据《教师法》。《教师法》第 8 条规定教师有“关心、爱护全体学生，尊重学生人格，促进学生在品德、智力、体质等方面全面发展”的义务，第 37 条规定教师“品行不良、侮辱学生，影响恶劣的”，所在学校、其他教育机构或者教育行政部门可以给予行政处分或者解聘。教师对学生实施性骚扰是不尊重学生人格、品行不良的具体表现形式之一，禁止性骚扰是上述两个条款的应有之义，因此学校可以依据《教师法》第 37 条对实施性骚扰的教师予以行政处分。

此外，若学校不履行法定职责（包括怠于履行法定职责），如对性骚扰不采取合理的预防、受理投诉、调查处置等措施；或者有伪造、变造、毁损或隐匿证据，包庇违法行为人等严重违反职责的行为，也可以追究学校相关负责人的行政责任《妇女权益保障法》第 80 条规定，对未采取必要措施预防和制止性骚扰，造成妇女权益受到侵害或者社会影响恶劣的学校，由上级机关或者主管部门责令改正；拒不改正或者情节严重的，依法对直接负责的主管人员和其他直接责任人员给予处分。

上述措施从明确学校民事责任、追究违法教师和相关负责人的行政责任

---

① 参见《教育法》第 30 条、第 43 条。

等方面提高学校和相关责任人对高校性骚扰防治的重视，该类防治措施直接针对高校性骚扰中相关责任主体，属于国家层面对高校性骚扰的特殊防治措施。

综上所述，我国国家层面高校性骚扰防治涉及多个主体、多种责任，不可能在一个部门法框架内解决，应建立相互衔接、相互配套、相互周延的综合性防治法律制度体系，坚持个人权利保护与学校保护并举，分别构建高校性骚扰的一般防治机制和特殊防治机制。

第六章

我国高校层面性骚扰防治机制建构

高校性骚扰防治机制是国家层面和高校层面并存的综合性多层级防治机制，是一个私法公法综合并用、国家立法、教育行政机关文件以及高校校规等多层级规范并存、多项功能全方位兼顾的防治体系。其中，高校层面应构建有针对性地防治高校性骚扰的机制，突出学校的责任主体地位，重点架构以高校性骚扰行为预防为本，以确定学校职责为主要举措，以高校内部的自治性规范为载体，以组织架构、制度架构、程序架构为基本架构，以防治主体、防治内容（行为预防、行为处置与受害人保护）、防治程序等结构性要素为核心内容的高校内部制度性规范体系。

一、教育行政机关防治高校性骚扰机制

高校是防治高校性骚扰的主体力量，不仅要预防高校性骚扰的发生，更要居中调查处理高校性骚扰事件，对行为人加以惩处，对被害人予以救济和保护。然而，仅靠高校自发、自觉，而无外部的激励和约束，高校可能因缺乏防治性骚扰的动力和压力而怠于履行防治职责。

（一）功能定位

教育行政机关代表公权力介入高校性骚扰防治，目的在于为弱势的一方赋权，以实现社会的公平正义，彰显个人的自由权益。[①] 一方面，高校有关人员可能对性骚扰存在错误认知，将性骚扰行为视作教职员工个人的失德，而不认可其公共性；[②] 另一方面，也是更重要的，高校与教职员工在一定程度上是利益共同体，性骚扰事件的曝光可能影响高校声誉，如果性骚扰行为

---

① 参见刘旭东：《高校性骚扰法制化治理路径探析》，载《复旦教育论坛》2019 年第 1 期。

② 参见李军：《学术性骚扰的共犯性结构：学术权力、组织氛围与性别歧视——基于国内案例的分析》，载《妇女研究论丛》2014 年第 6 期。

人是知名学者、学科带头人等拥有较高学术地位者，对其进行调查惩处还可能造成高校学术资源流失、学科地位降低等后果，因此高校往往倾向于息事宁人，以维护学术共同体的“利益”。教育行政机关应从外部对高校进行监督，促使高校积极建立性骚扰防治机制，认真履行性骚扰防治职责。此外，教育行政机关还应为高校性骚扰防治提供规范和指导，使其既有自治空间，但又必须满足最低的防治要求；在必要时，教育行政机关可以为高校提供人力、智力等方面的支持与协助，弥补高校自身在防治性骚扰方面的缺陷与不足。

（二）现行规范性文件的不足

自2014年以来，教育部通过了一系列规范性文件，包括2014年9月29日教育部《关于建立健全高校师德建设长效机制的意见》、2016年11月30日《中小学（幼儿园）安全工作专项督导暂行办法》、2018年11月8日教育部《中小学教师违反职业道德行为处理办法》（2018年修订）、2018年11月8日教育部《新时代高校教师职业行为十项准则》、2018年11月8日教育部《新时代中小学教师职业行为十项准则》、2018年11月8日教育部《新时代幼儿园教师职业行为十项准则》、2018年11月8日教育部《关于高校教师师德失范行为处理的指导意见》、2018年12月12日教育部办公厅《关于进一步加强中小学（幼儿园）预防性侵害学生工作的通知》、2019年11月15日教育部《关于加强和改进新时代师德师风建设的意见》，明确中小学以及高校教师职业行为准则，禁止教师对学生实施性骚扰，并要求学校建立相应处理机制。2018年12月12日，最高人民法院发布《关于增加民事案件案由的通知》，在“教育机构责任纠纷”中增加了“性骚扰损害责任纠纷”案由，畅通了各类教育机构性骚扰受害人的司法救济通道。此外，2018年10月19日最高人民检察院向教育部发出第一号检察建议书，建议健全预防性侵害中小学学生的顶层制度设计，建议“教育部和各地教育行政部门推动落实性违法犯罪人员从业禁止、校园性侵强制报告”等制度。该检察建议虽然直接指向中小学校的性侵害违法犯罪行为，但同样有助于威慑高校的性骚扰行为。

上述各项举措积极地回应了高校防治性骚扰的急迫现实需求，明文禁止高校教师对学生实施性骚扰，并规定了对实施性骚扰行为的高校教师的处理意见，有助于遏制高校性骚扰行为，其中教育部从职业准则、师德建设入手规制性骚扰问题，不失为独特的中国方案。

从有效防治的角度出发审视现行法律规定和教育部规范行文件，虽然《民法典》明确规定学校应当约束性骚扰，但没有明确规定学校不作为的法律责任，使该规定沦为倡导性规定。教育部相关规范性文件同样没有明确规定高校建立性骚扰防治机制义务和责任，没有积极去监督高校落实文件，都将性骚扰问题放在道德而非法律层面予以规制，高校不履行防治义务所应该承担的法律责任缺失，这种道德软约束难以有效调动高校构建防治性骚扰机制的积极性。从实际情况看，教育部的上述规范性文件颁布后，部分高校并未建立相应的预防和治理机制，难以满足防治高校性骚扰的现实需求。根据课题组调研结果，仅 2.0% 的被调查学生报告目前所在学校有防治性骚扰的相关规定，74.0% 的被调查学生报告不知道目前所在学校是否有防治性骚扰的相关规定。

（三）防治工作机构的建议

目前，我国高校性骚扰防治工作是作为师德建设的一部分，由各级教育行政机关中负责教师工作的部门承担。但是教育行政机关承担的高校性骚扰防治工作不仅使工作人员职责繁重，而且有很强的专业性，仅仅依靠负责教师工作的部门无疑难堪重负。借鉴美国和我国港台地区的经验，我国各级教育行政机关有必要设置专门的性骚扰防治委员会，配备专业人员，以履行其高校性骚扰防治职责。

教育行政机关高校性骚扰防治委员会的委员由教育行政机关聘任，分为两类：一类是由教育行政机关内部人员出任的当然委员，包括由教育行政机关正职负责人或者分管教师工作部门的副职负责人担任的主任，以凸显性骚扰防治委员会的重要性和权威性；由教育行政机关教师工作部门的负责人担任秘书长，以便于处理委员会的日常工作，协调委员会与教育行政机关的关系。此外，教育行政机关负责高校学生或高等教育的部门也有必要派员参加性骚扰防治委员会的工作，从保障学生权益、对学生开展防治性骚扰的教育培训等角度发表专业意见。[①] 另一类则是来自教育行政机关外部的教育、法律、社会工作、心理、医学、社会性别等领域的专家。当然委员的任期与其在教育行政机关的职务任期保持一致，其余委员每届任期 3 年，可以连任。性骚扰防治委员会的委员人数以 13－25 人为宜，具体可由各级教育行政机关根据实际情况和需要确定，但专家人数应不少于委员总人数的 2/3，且女性委员人数须达委员总人数的半数以上。

教育行政机关性骚扰防治委员会每季度召开一次定期会议，由秘书长召集；遇有重大事件或需求，有必要进行集体讨论的，秘书长可召集临时会议。委员会会议须有半数以上委员出席方为有效；委员会对高校性骚扰防治课程开发、研究计划、科研课题规划、年度工作方案等一般事项作出决议，须经出席会议的委员过半数同意；对委员会调查处理的高校性骚扰案件投诉、申诉等重要事项作出决议，则须经出席会议的委员 2/3 以上同意。

（四）具体防治职责的建议

1. 制定高校性骚扰防治指南等，推动相关立法及其完善

《民法典》第 1010 条首次从法律层面规定学校“应当采取合理的预防、

---

① 就目前教育行政机关的机构设置和职能划分而言，性骚扰防治仅是教师工作部门的职责，高校学生部门和高等教育部门并不负有这方面的工作职责。本书建议教育行政机关负责高校学生或高等教育的部门参与性骚扰防治委员会的工作，首先应扩展其职责范围。

受理投诉、调查处置等措施，防止和制止利用职权、从属关系等实施性骚扰”，使防治高校性骚扰具有了明确的法律依据。近年来修订的《未成年人保护法》和《妇女权益保障法》则进一步明确了学校提高女学生防范性骚扰的自我保护意识和能力，建立有效预防和科学处置性骚扰的工作制度，及时报告并配合相关部门依法处理性骚扰女学生的违法犯罪行为等具体职责。[①] 教育行政机关应利用这一契机，积极推动高校性骚扰防治相关立法的出台与完善，通过修改《教育法》《高等教育法》等法律、制定地方法规等，界定高校性骚扰的概念，明确高校性骚扰防治的义务主体，明晰各方的义务和责任。

与此同时，教育部还应制定《高校性骚扰防治指南》等规章，为高校构建合理有效的性骚扰预防、处理、救济机制提供参考和指引。例如，明确高校的性骚扰防治政策应具备的主要内容、高校性骚扰防治委员会的机构设置和人员配备要求；列举高校性骚扰的常见表现形式，确立性骚扰认定的证据标准；细化高校性骚扰案件的调查程序、时限及注意事项；针对不同高校性骚扰行为的惩戒、辅导、救济措施；等等。地方教育行政机关则可在此基础上，结合自身实际情况制定更加具体的规范性文件，进一步落实和细化高校性骚扰防治的职责与任务。

2. 开展高校性骚扰防治研究，开发性别平等教育课程

目前，我国高校性骚扰防治还处于起步阶段，法律法规尚不健全，实务做法也不成熟，迫切需要加强相关理论研究。教育行政部门应制定研究计划、规划科研课题、举办研讨会或工作坊等，组织协调相关专业人员开展高校性骚扰防治研究，了解域外高校性骚扰防治的先进经验和最新动态，调研我国高校性骚扰的现实状况和本质特征，总结实务工作中的经验与不足，解决实践中的重点、难点问题等，为高校性骚扰防治立法和实务工作提供理论

① 参见《未成年人保护法》第40条、《妇女权益保障法》第24条。

支撑。

域外高校性骚扰防治的实践表明，预防高校性骚扰的一个有效措施是开展性别平等教育，改变学生对性骚扰和两性关系的错误认知，而且此种教育并非仅针对高校学生，中小学也应采取协同的应对行动，以从根本上改变性骚扰产生的社会环境。性别平等教育不等同于传统的性教育，不限于两性生理知识的传授。教育行政机关应组织专家进行研究论证，针对不同阶段学生的生理、心理特征和现实需求设计不同的教学内容，或融入既有课程，或专门开设新课，循序渐进地帮助学生树立正确的性观念和性别平等观念。针对这些课程，教育行政机关性骚扰防治委员会还应组织编写教材或教学大纲，建议教学时数，为各级学校确立相对明确的标准，并可制作、提供必要的教学资源。

3. 开展高校性骚扰防治工作人员和师资培训

鉴于高校性骚扰防治工作的重要性和专业性，教育行政机关须对以下两类人员进行培训：一是在高校从事性骚扰防治工作的人员，包括高校性骚扰防治机构中专门承担性骚扰防治职责的工作人员、性骚扰案件的调查人员等；二是对高校教职员工、学生开展性骚扰防治培训的人员。此外，地方教育行政机关性骚扰防治委员会的工作人员应接受上一级教育行政机关组织的培训。

教育行政机关的培训内容既包括有关高校性骚扰的法律法规和政策，高校性骚扰的预防措施、救济途径与调查处理程序等共性内容，也包括针对不同类别人员的各有侧重的内容。如对高校性骚扰工作人员，应培养其调查处理性骚扰案件的敏感度和会谈、取证等技巧，提升其危机处理、心理调适等专业技能；应帮助高校性骚扰培训人员掌握现代的、多元的宣传培训方法和手段，提升其针对不同对象开展有针对性培训的能力；等等。

教育行政机关应明确不同类别人员在任职前后接受培训的时数要求。前述人员须完成特定时数的培训并取得教育行政机关颁发的培训证书，方可承担高校性骚扰防治的相应职责；其在任职期间每年还应接受一定时数的进修培训，以不断更新高校性骚扰防治知识，提升实务工作能力。

4. 指导、协助高校开展性骚扰防治工作

教育行政机关应对高校开展性骚扰防治工作提供规范性的指导和必要的协助。对高校在制定性骚扰防治政策文件、设置性骚扰防治专门机构、调查处理性骚扰案件等过程中遇到问题进行咨询的，教育行政机关应当及时予以解答或回复；对高校在防治性骚扰过程中存在的困难，如专业人员不足等，教育行政机关也应设法予以协助。

目前我国高校普遍尚未建立性骚扰防治机制，也缺乏调查处理性骚扰案件的实践经验，教育行政机关可以通过公布典型案例的方法为高校提供指导。事实上，教育部此前已经有过在网站公开曝光包括高校性骚扰案件在内的师德违规典型案例的做法，只不过曝光目的主要在于宣示教育部对师德违规问题“零容忍”的态度，警示、震慑师德违规行为人[①]，因此曝光内容仅有师德违规行为的类型和高校名称、行为人姓名[②]和处理结果，而不涉及调查处理的程序，不能充分发挥其指导作用。诚然，高校性骚扰案件的调查处理应遵循保密性要求，但这并不影响教育行政部门对典型案件进行加工处理后在一定范围内的合理运用。教育行政机关高校性骚扰防治委员会可以组织专家对选出的高校性骚扰典型案例进行编写，以代号代替行为人、被害人姓名，略去性骚扰行为的时间、地点等具体细节，重点展现高校在调查处理过程中的可圈可点之处。加工后的案例可视情况用于在培训中研讨，或是印发给所属高校的性骚扰防治机构，以供其参考借鉴。

5. 监督、考核高校的性骚扰防治工作情况

为促使高校切实履行性骚扰防治职责，特别是公平公正地调查处理高校

---

① 参见教育部《关于加强和改进新时代师德师风建设的意见》第 13 条。

② 有的仅曝光行为人的姓氏。

性骚扰案件，避免高校基于各种理由包庇纵容性骚扰行为人，教育行政机关应加强对其管辖高校的性骚扰防治工作的监督和考核。一方面，高校对其调查处理的性骚扰案件，应在校内程序终结后一定时间内将调查报告、处理决议、相关会议记录等文件提交给教育行政机关。另一方面，高校应按教育行政机关的要求，定期提交性骚扰防治工作报告，阐述其性骚扰防治政策的制定与落实、对师生、员工开展性骚扰防治宣传与培训、调查处理性骚扰案件的数量与结果等情况。教育行政机关性骚扰防治委员会应对高校提交的报告进行复查，检核其性骚扰案件的调查处理程序是否规范、结果是否合理，考评其性骚扰防治工作是否充分到位。

为对高校的性骚扰防治工作形成有效的激励和约束，教育行政机关还应建立奖惩机制。目前教育部对包括性骚扰在内的违反师德行为建立的惩处机制主要是针对性骚扰行为人个人的处罚，在高校层面，教育部《关于建立健全高校师德建设长效机制的意见》确立了高校主要负责人对严重违反师德行为监管不力、拒不处分等的责任，教育部《关于高校教师师德失范行为处理的指导意见》首次规定高校需向上级主管部门做出说明，并引以为戒，进行自查自纠与落实整改，如有学校反复出现师德失范问题，高校应在上级主管部门的督导下进行整改。尽管这在一定程度上增强了高校防治性骚扰的外部压力，但因为尚无实质性处罚，恐怕对高校的约束力较为有限，而且只有约束没有激励，也不利于从内部激发高校防治性骚扰的积极性和主动性。因此，我国应借鉴美国、我国港台地区防治高校性骚扰的经验，由教育行政机关根据高校性骚扰工作的考核结果，对性骚扰防治绩效优良的高校给予表扬，对防治绩效不良的高校则予以批评和限期整改，并将高校的性骚扰防治绩效与其获得的科研项目、财政拨款等机会相挂钩，以促使高校更好地履行性骚扰防治职责，不断改善防治效果。

6. 受理并调查、处理高校性骚扰投诉或申诉案件

高校性骚扰案件一般由高校进行调查和处理，但在以下例外情形中，为

确保程序公正和结果公平，教育行政机关应直接对高校性骚扰案件进行调查和处理。

（1）性骚扰行为人是高校党委书记或校长。党委书记和校长是高校中最高党政权力拥有者，也是教育部《关于高校教师师德失范行为处理的指导意见》确立的“师德建设第一责任人”。如果实施性骚扰行为的是党委书记或校长，其地位、权力或致校内程序受到不当干扰，故应准许被害人直接向高校所属的教育行政机关投诉，由高校所属的教育行政机关进行调查和处理。

（2）性骚扰行为人调任其他高校。高校性骚扰的行为人与受害人通常为同一高校的教职员工和师生，但也不排除一种例外情形，即性骚扰行为发生时双方当事人系属同一高校，但当受害人进行投诉时，行为人已调任其他高校。[①] 此时，若由原高校受理投诉，则存在调查与处理相分离的问题；若由现高校受理投诉，又会存在调查取证上的诸多不便。反之，由两所高校共同所属的教育行政机关受理投诉，可以更好协调其关系，使之配合调查处理，从而可以更加公平、高效地处置性骚扰案件。

（3）当事人对高校调查、处理结果不服。无论是美国还是我国港台地区，都在高校性骚扰调查处理程序中为双方当事人提供了平等的申诉机会，我国也应如此。任何一方当事人不服高校对性骚扰案件的调查或处理结果，向高校所属的教育行政机关提出申诉的，教育行政机关应当受理。教育行政机关若发现高校的调查程序有重大瑕疵，或有足以影响原调查认定的新事实、新证据，可以重新进行调查；若发现处理程序有重大瑕疵，或处理结果畸轻畸重的，可以在高校认定的事实基础上重新作出处理决定。

教育行政机关受理高校性骚扰投诉或申诉案件后，由其性骚扰防治委员会秘书处从专家委员中选取三人组成调查小组，对案件进行调查，出具调查

---

① 在高校教职员工对准学生实施性骚扰行为，或性骚扰行为发生后，受害人因升学等原因离校，性骚扰双方当事人也分属不同高校，性骚扰投诉由行为人所属高校受理，只要行为人任职高校不发生变动，对案件的调查处理就无太大影响，故此处不予讨论。

报告并给出处理建议，性骚扰防治委员会召开会议对调查报告和处理建议进行讨论并作出决议。教育行政机关对高校性骚扰投诉或申诉案件作出的处理决议是终局的，如果当事人不服，可另行通过司法程序寻求救济。

7. 建立高校性骚扰行为人黑名单和教职员工入职查询制度

为构建安全的校园环境，防范高校性骚扰行为的发生，高校对其聘用的教职员工应作严格审查，避免实施过性骚扰行为的人有机会再次进入高校工作，危及学生人身权益和受教育权益。目前高校在聘用教师前多进行政审，若发现其实施过性骚扰行为，会以其生活作风有问题而拒绝录用，但政审可能因被考核人所在单位、组织不了解相关情况而无法发现其性骚扰历史，甚至一些岗位的招聘因无强制要求而根本无须经过政审环节，因此无法完全避免出现性骚扰行为人再度进入高校任职的情形。

为织就严密的高校性骚扰防治网络，将有再度实施性骚扰行为可能的人隔离在高校之外，教育行政机关应着力构建高校性骚扰行为人黑名单制度，即对经高校、教育行政机关或司法机关查证属实的性骚扰、性犯罪行为人，中央教育行政机关应将其列入黑名单。同时，建立高校教职员工入职查询制度，要求所有高校在聘用任何教职员工之前，均须向其所属的教育行政机关进行信息查询，若拟聘用人员为黑名单上所列之人，则一律不予聘用。我国台湾地区“性别平等教育法”规定，对曾有性侵害行为或情节重大的性骚扰行为者，高校一律不得聘任、任用、进用或运用；对有性骚扰行为但非属情节重大者，则经学校性别平等教育委员会或依法组成的相关委员会审酌案件情节，议决 1 年至 4 年内不得聘任、任用、进用或运用。这一做法更符合“比例原则”的要求，有利于对性骚扰行为人进行教育和改造，值得借鉴。但这也要求教育行政机关事先明确标准，对性骚扰行为的情节重大与否作出明确区分。

二、高校防治性骚扰的机制

（一）功能定位

高校性骚扰防治体系的创设，必有欲求的法律功能，“法律功能是法律规范的内在灵魂。法律的有效运行，取决于法律规范的完善和法律功能的完整耦合”①。解析高校性骚扰防治的功能定位并使之在具体法律规范中内化是构建高校性骚扰防治体系的重点。高校性骚扰防治的功能定位应当体现高校内部治理机制主导的预防为本、行为人惩处和受害人保护兼顾的功能定位。

从防治手段及其功能看，基于高校性骚扰有别于一般性骚扰的特殊性，高校性骚扰防治应主要依赖内部自治手段；基于高校性骚扰的隐蔽性、复杂性、循环型，高校应全面系统地应对性骚扰，构建行为预防与处置、受害人保护与行为人惩戒功能兼备的体系化综合性干预体系，重点应立足于预防，营造对性骚扰“零容忍”的校园环境。针对性骚扰行为人，高校自治规范应旨在实现对性骚扰行为的预防与行为制止、对行为人惩处的功能定位。针对受害学生，高校自治规范应旨在实现保护救济的功能定位，在学生遭受教师性骚扰后，在尊重受害学生自身意愿的前提下，高校应提供必要的学业支持、生活救助，以及心理辅导等。

从特殊性防治的法律载体看，高校内部治理的介质主要是校规，对性骚扰特殊防治的规范载体自然以高校校规为主。根据产生依据的不同，高校校规分为法源性规范和自治性规范。② “法源性规范系高校依据上位阶的法律、法规、规章的明确性授权而制定”③，是国家法律规范在高等教育领域的延

---

① 林建军：《规制夫妻暴力民事立法的功能定位与制度完善》，载《中国法学》2012 年第 6 期。

② 参见徐靖：《高校校规：司法适用的正当性与适用原则》，载《中国法学》2017 年第 5 期。

③ 徐靖：《高校校规：司法适用的正当性与适用原则》，载《中国法学》2017 年第 5 期。

伸，这些法源性规范应侧重规定性骚扰一般性防治层面的内容。“自治性规范系高校依据法律、法规、规章的概括性授权或成员让渡的社会公权力而制定，其内容主要是法律、法规、规章所未明确规定且只能由高校自主决定的事项，是高校内部自治的基本表征，只能对内产生规范约束力，故仅可视为纯内部规范，不应被纳入国家教育行政法律渊源体系。”① 高校性骚扰特殊性防治的内容应主要依据高校的自治性规范。

（二）制度困境

高校性骚扰特殊防治功能的充分有效实现，离不开符合高校内在规律性的完备制度及其科学运行，离不开明确的主管机构及职责分工。

在目前高校性骚扰的特殊防治体系中，主要是教育行政主管部门的四个文件，包括2014年教育部发布的《关于建立健全高校师德建设长效机制的意见》②、2018年11月教育部先后发布的《新时代高校教师职业行为十项准则》③《关于高校教师师德失范行为处理的指导意见》和2019年11月15日教育部发布的《关于加强和改进新时代师德师风建设的意见》对包括性骚扰行为在内的教师师德失范行为进行了相对体系化的规范。《关于建立健全高校师德建设长效机制的意见》将性骚扰定性为违反高校教师职业道德的行为，明确加以禁止，并通过师德建设机制加以规范；《新时代高校教师职业行为十项准则》将高校教师不得实施任何形式的猥亵、性骚扰行为奉为基本准则；《关于高校教师师德失范行为处理的指导意见》则规定了针对高校教师师德失范行为的处理原则、措施等，并明确要求高校建立师德失范行为受

① 徐靖：《高校校规：司法适用的正当性与适用原则》，载《中国法学》2017年第5期。

② 参见教育部《关于建立健全高校师德建设长效机制的意见》三、四、五。

③ 参见《新时代高校教师职业行为十项准则》“六、坚持言行雅正。为人师表，以身作则，举止文明，作风正派，自重自爱；不得与学生发生任何不正当关系，严禁任何形式的猥亵、性骚扰行为。”

理与调查处理机制。上述文件回应了当下高校防治性骚扰的迫切现实需要，为高校处理性骚扰行为提供了基本遵从，形成了初步的防治框架。但从高校防治性骚扰所涉及的行为预防、行为受理、行为处置、行为惩处等庞杂问题看，上述规定相对笼统，有待高校通过校规校纪进一步具体化。

从目前情况来看，除了个别高校建立了师德失范行为处理办法，如北京航空航天大学于 2019 年 4 月 18 日公布并实施了《北京航空航天大学教师师德失范行为预防和处理办法》，设立了师德建设工作领导小组以及投诉处理程序，[①] 以规制性骚扰。绝大多数高校的校规普遍缺乏防治学术领域性骚扰内容的制度性规范，更谈不上对防治主管机构、防治内容、处理及申诉等程序的规定。高校校规中防治性骚扰制度本身缺失，性骚扰概念不清、性骚扰防治责任主体不明、防治制度、防治程序几乎空白。可以说，高校性骚扰防治的结构性制度要素缺失，使高校防治学术领域性骚扰的内部治理功能难以发挥，在一定程度上纵容了高校性骚扰行为，挫伤了受害人的求助积极性。

（三）制度架构与内容安排

高校性骚扰防治功能定位的复合性，使法律部门的选择单纯依靠私法或者公法，立法层级上单纯依靠国家层面的立法、教育行政主管部门的文件或高校内部的校规都难以实现。公私法综合、多个法律层级并存、多项功能全方位兼顾调整可谓在法律技术层面回应综合性防治需求的必然选择。为此，高校性骚扰防治的一般性防治功能以及特殊性防治功能应分别内化在两个各有侧重的防治体系中，前者是以受害人私权保护为中心、以高校外部国家层面的综合性法律为载体的防治体系；后者是以行为人的行为预防为本、以高校内部的自治性规范为载体的防治体系。

---

① 《一张图读懂师德制度》，载北京航空航天大学党委教师工作部 2019 年 4 月 25 日，http://jgb.buaa.edu.cn/info/1113/1629.htm? from = singlemessage&isappinstalled = 0。

针对特殊防治体系的制度性、结构性缺失，高校性骚扰特殊防治功能的实现，应主要依凭高校校规，制定防治主体、防治内容、防治程序等结构性要素齐备、功能完整耦合的制度性规范。并力求责任主体明确、责任分工分明、处置内容完备、处理申诉渠道畅通，特别是体现预防为本的价值理念。为此，高校有必要出台专门校规，明确专门机构，并在制度层面重点涉及以下内容：

1. 科学界定高校性骚扰概念

性骚扰法律概念的界定并非可有可无，法律概念具有描述现实和规范现实的双重价值，概念描述得越科学严谨，规范作用就愈加明显。同时，性骚扰这一核心法律概念的界定可以确保所有相关法律适用范围的明确及所有法律规范体系指向的统一。各高校应对高校性骚扰概念加以明确界定，以统一判断标准。

建议各高校明确界定性骚扰的概念，对性骚扰的主体、构成要件、行为类型等作出明确规定。本课题组认为，高校性骚扰就是主体一方为高校师生的性骚扰，是行为人通过语言、行为等多种方式，违背受害人意愿所实施的具有性意味、性色彩的骚扰行为，其中，教师滥用学术权力性骚扰学生，侵害了学生接受高等教育的权利，损害了学生学业成绩或学术发展等利益。对教职员工和学生的范围，课题组主张借鉴我国港台地区的相关规定，采取宽泛的解释，其中，教师包括所有从事教学、科研、管理工作的人员，以及以本校名义从事教学、科研的兼职教师、外籍教师、访问学者等。学生则既包括具有学籍的学生，也包括接受进修或交换的学生，也包括正在谋求获得该高校雇佣或谋求成为该高校学生的人，即高校对上述主体遭受的性骚扰负有防治义务和责任。

对高校性骚扰的认定与处理需要特别放在本土的社会文化脉络里理解与

分析。[①] 过于宽泛的校园性骚扰概念难以适应有效防治高校性骚扰的需求。例如我国台湾地区将性别歧视纳入性骚扰范畴，主要是基于我国台湾地区推行性别平等教育多年，民众普遍具有先进的性别理念，而大陆目前尚不具备这样的社会现实条件。故对高校性骚扰的界定必须科学严谨，重点应反映其在行为性质、当事双方的关系、侵害客体以及行为后果方面有别于其他性骚扰的特殊性。[②] 一味扩大其外延，可能与民众对高校性骚扰的社会认知脱节，造成理解适用上的困惑；在司法资源、社会资源较为有限的情况下，也可能陷入防治效果低下的尴尬境地，效果未必理想。

2. 组织架构——设立机构

防治高校性骚扰，设立机构或指定专人负责是重要举措。高校应在二级学院或部门层面成立教师师德建设工作组或指定专门人员；在学校层面设立防治性骚扰的专门机构，具体负责性骚扰防治日常事务和受理投诉等工作，也可在现有机构中明确上述职责；指定一名主管全校法务工作的副校长负责全校性骚扰防治工作。本课题组对1631份调查问卷的统计数据显示，多达77.3%的被调查学生认为高校有必要成立专门防治性骚扰的机构，8.3%的被调查学生则认为高校没有必要成立专门防治性骚扰的机构。

性骚扰防治专门机构的主要职责包括：其一，宣传培训性骚扰防治相关法律政策。特别是对入学新生和新入职员工的宣传培训，培养其遵守法律、尊重生命的意识以及性别平等、对性骚扰“零容忍”的理念。对承担性骚扰防治职责的人员进行培训和指导，确保其能够公正、规范、专业地处理性骚扰案件。其二，提供性骚扰防治相关问题的咨询。为当事人提供必要的心理辅导，为受害人提供必要的救济和帮助，包括生活方面的、学业方面的、心

① 参见黄囇莉、毕恒达：《当西方菁英碰上本土原生：校园中性骚扰的定义与申诉案件处理之社会文化脉络》，载《女学杂志：妇女与性别研究》2002年第5期。

② 参见林建军：《高校学术领域性骚扰防治体系的功能定位及其建构》，载《妇女研究论丛》2019年第2期。

理和精神层面的救济等。其三，接受性骚扰投诉。对性骚扰投诉进行调查，在调查基础上进行认定和处理。其四，组织调研。评估学校防治性骚扰政策的有效性，并对政策进行不断完善。例如，“美国大学普遍设立了以维护校园安全为目标的防范性骚扰行为的专门机构，并且经常对外发布声明，表明学校反性骚扰行为的立场”。[①]

学校层面的性骚扰防治专门机构是独立于现有机构之外的专门机构，还是在现有的相关部门中明确性骚扰防治职责，可由高校根据自身的组织架构决定。如果是前者，可成立一个职能集中、权威性和专业性较强的性骚扰防治专门机构，该机构中可设立委员会，聘请兼职人员担任委员，委员尽可能包括中立的、背景多元化的成员，如教师代表、学生代表、具有社会性别意识的专业人员等，并应包括一定比例的女性，为防止高校为维护自身“名誉”而使调查及认定处理的程式化、表面化，性骚扰防治机构的组成人员尽可能导入适当比例的校外第三方专业人员，以确保专门机构的公平公正。同时，尽可能克服我国港台地区防治性骚扰委员会、性别平等教育委员会等专门机构在实务运作中的困境，[②] 设计更加合理的委员推选办法，建立奖励制度，鼓励具有性别意识和相应专业素养的人员担任委员，积极参与并推动性骚扰防治工作。如果现实条件不允许设立专门机构，高校也可先拓展现有部门的性骚扰防治职能，如可由人事处或纪检监察办公室负责处理针对教师的性骚扰投诉，由教务处（本科生）或研究生院（研究生）负责处理针对学生的性骚扰投诉。

---

① 张伟、段世飞：《美国大学校园性骚扰行为及其应对机制研究》，载《比较教育研究》2007年第4期。

② 从目前我国港台地区各高校性骚扰防治专门机构的实际运作情况来看，其比较突出的问题包括：仅着重于性骚扰事件的处理，多未积极致力于性别平等校园环境之建构；委员任期较短，人员更迭较为频繁，委员会的运作普遍处于“摸索与学习”的状态；教职员工担任委员的意愿不高，被遴选或推派之委员接受社会资讯的主动性低，甚至对校内法令很不熟悉，通常抱持消极、服从、附和的态度参与会议，间接影响了高校性骚扰事件处理结果的合法性与公正性。

3. 制度架构

（1）性骚扰行为预防机制。

高校性骚扰防治的重要内容是预防，预防高校性骚扰行为发生及其进一步蔓延的代价更小，成本更低，意义深远。

其一，严格教师选聘条件，严把教师入口关。在选聘教师时重视教师的道德素养，考察其是否存在过性骚扰、性侵害的行为，一旦查询有此行为者一律不得聘用。基于高校性骚扰的重点是教职员工利用权力或职务实施性骚扰，故而预防的特别重点在于防止教职员工滥用职务和学术权力。应对教师的任职资格作出较一般职业资格更为严格的要求，对有性骚扰等性违法犯罪记录的人员禁止其取得教师职业资格和从事教师职业，建立教职员工入职查询制度，高校对聘用的教职员工应进行严格审查，如果拟聘用人员被列入教育行政机关性骚扰行为人黑名单的，高校一律不得聘任；在教师入职协议中明确规定禁止性骚扰等内容。

其二，明确师生间的互动行为规范，禁止教师发展有违专业伦理的关系。良性健康的师生关系是高校完成神圣育人使命的基石，可借鉴我国港台地区以及美国耶鲁大学等高校的经验，明确师生互动的行为规范，重点是对教师行为加以必要引导，禁止教师发展有违专业伦理的关系，禁止特定教师如任课教师、指导教师、管理教师等与学生发展恋情，以“避免掌握权力的一方滥用其权力，使得表面看起来像是师生恋的关系，其实可能是一种交换式的性骚扰”①。此外，应明确要求教师不得寻求与本科生建立恋爱关系或者发生性关系；教师不得与其承担直接教学职责、指导职责或直接监管责任的学生建立恋爱关系或发生性关系。因为师生间性关系会造成利益冲突，可能影响公平的学习环境。教师违反上述规定的，可以视情节轻重给予警告、记过、降低专业技术职务等级、撤销专业技术职务或者行政职务、解除聘用

① 黄河：《社会性别视野下校园性骚扰的迷思与反思》，载《中国青年研究》2010年第10期。

合同或者开除。

其三，制定性骚扰防治规章制度，使防治性骚扰有章可循。高校应制定出台旨在防治性骚扰的规章制度，特别是建立教师性骚扰行为预防机制。高校性骚扰频发且得不到及时处理的重要原因是制度缺失。从美国等国家的域外经验看，高校自身制定防治性骚扰政策是预防的有效举措。高校是否有防治性骚扰的积极意愿以及是否有完善的规章制度，会直接影响师生员工对性骚扰的态度和行动。高校无视和放任性骚扰行为，必然会导致性骚扰泛滥。高校应积极制定、出台防治性骚扰的规章制度，在形式上，既可以制定专门的防治性骚扰政策，也可以在高校现行规章制度中嵌入防治性骚扰的内容。相比较而言，专门防治政策更凸显了高校对性骚扰防治的重视和决心，也更有利于明确规范和指引师生的行为。

其四，开展防治性骚扰相关规定和知识的宣传教育。意识的培养、知识的传递是根本的预防之道，“教育被视为防治性骚扰的核心元素，是建立一个‘无性骚扰’校园的基础”①。应尊重教师主体地位，注重教育和示范引导，积极引导教师自觉捍卫人格尊严和职业尊严，珍惜教师声誉，提升道德情操修养，自觉抵制性骚扰行为。宣传教育的内容主要是高校防治性骚扰的规章制度及“各种性与性别交往的帮助教育、力量培养”② 等。宣传教育的对象主要是新生及新入职的教职员工。宣传教育的形式可以灵活多样，如入职培训以及在课程、讲座中增加性骚扰防治的相关内容等。本课题组对1631份调查问卷的统计数据显示，被调查大学生认为，高校最应该采取的预防性骚扰的措施分别是：开设相关课程或讲座，使被调查大学生了解与性骚扰相关的知识，预防出现性骚扰行为；建立相关的规定和制度，加强对高校性骚

① 刘爱生：《美国大学的性骚扰防治政策解析——以爱荷华大学为例》，载《重庆高教研究》2017年第1期。

② 赵军：《话语建构与性骚扰刑事对策的本土之维》，载《河南大学学报（社会科学版）》2017年第4期。

扰的监督和管理；制定相应的投诉机制和程序，对实施者和受害者均进行教育和辅导。

其五，加强安全校园环境建设，不断改善校园空间系统、标示系统、求救系统、照明系统等。本课题组对九所高校学生总计 1631 份问卷调查显示，高校性骚扰常发生的地点主要是校园中比较隐蔽的地方。被调查学生认为，高校性骚扰主要发生在校园中比较隐蔽的地方（48.9%），其次是校园外（20.5%）及教师办公室（19.2%）。学校相关部门应定期对校园环境进行检视，发现具有潜在危险的校园空间，应采取设立警示标志、安装监控设施、加强巡逻等方式，定期检视并改善校园环境，降低性骚扰行为发生的风险。

（2）明确对受害人的救济措施和对行为人的惩戒措施。

明确对受害人的救济措施。高校性骚扰侵犯了学生的性自主权和平等受教育权等权利，还严重摧残了学生的身心健康，其心理创伤很难在短时间内平复。高校对遭受学术领域性骚扰侵害的学生，应及时回应其诉求，并提供必要的心理疏导、学业支持、生活帮助、法律咨询等专业支持和救助。保护和救助应以受害人为中心，本着自觉自愿原则，充分尊重受害人意愿，且力求保护及时和针对性。学校有必要建立专门的心理咨询服务中心或者配备心理咨询师，主要为性骚扰受害人提供专业心理辅导，提供咨询需严格遵守保密原则，不得对当事人以外的第三人（包括学校）泄露当事人的相关信息。

明确对行为人的惩戒措施。应发挥制度规范的约束作用，建立对实施性骚扰师生的惩处机制。教育部《关于建立健全高校师德建设长效机制的意见》中明确指出："对学生实施性骚扰或与学生发生不正当关系……依法依规分别给予警告、记过、降低专业技术职务等级、撤销专业技术职务或者行政职务、解除聘用合同或者开除。对严重违法违纪的要及时移交相关部门。建立问责机制，对教师严重违反师德行为监管不力、拒不处分、拖延处分或推诿隐瞒，造成不良影响或严重后果的，要追究高校主要负责人的责任。”①针对高校教职工滥用学术权力或职务实施性骚扰的后果，应视情节轻重给予教师相应地处理，包括对教师进行批评教育、责令检查或通报批评，取消教师评奖评优、职务晋升、职称评定、岗位聘用、工资晋级、干部选任等方面的资格，给予行政处分、撤销专业技术职务或者行政职务、解除聘用合同、开除等处罚。性骚扰行为人是学生的，经调查属实，学校可以给予警告、严重警告、记过、记大过、留校察看、开除学籍等不同处罚。

4. 程序架构——建立受理、处理程序

预防机制旨在事先防范，对已经发生的性骚扰事件，学校应建立事后的纠纷受理、处理程序。完备的、环环相扣的防治程序至少应包括投诉受理、投诉调查、投诉认定和对处理结果不服的申诉程序。流程图如图 6－1 所示。

其一，投诉受理程序。高校性骚扰受害人应提交书面投诉申请，高校性骚扰防治专门机构在接到书面投诉申请后，应根据申请理由及必要的证据等及时评估，决定是否受理。对实名投诉申请的，应及时作出受理决定，并告知申请人；对匿名投诉的，如果没有具体事实，则不予受理。各高校负责处理性骚扰案例的部门应密切关注舆论反映的教师性骚扰问题，并作出相应地处理。如果高校性骚扰行为人是高校党委书记或校长，因党委书记和校长是教育部《关于高校教师师德失范行为处理的指导意见》中确立的“师德建设第一责任人”，其地位、权力会致校内程序受到不当干扰，故应准许被害人直接向高校所属的教育行政机关投诉，由后者进行调查和处理。

① 参见教育部《关于建立健全高校师德建设长效机制的意见》“三、建立健全高校师德建设长效机制的主要举措。”

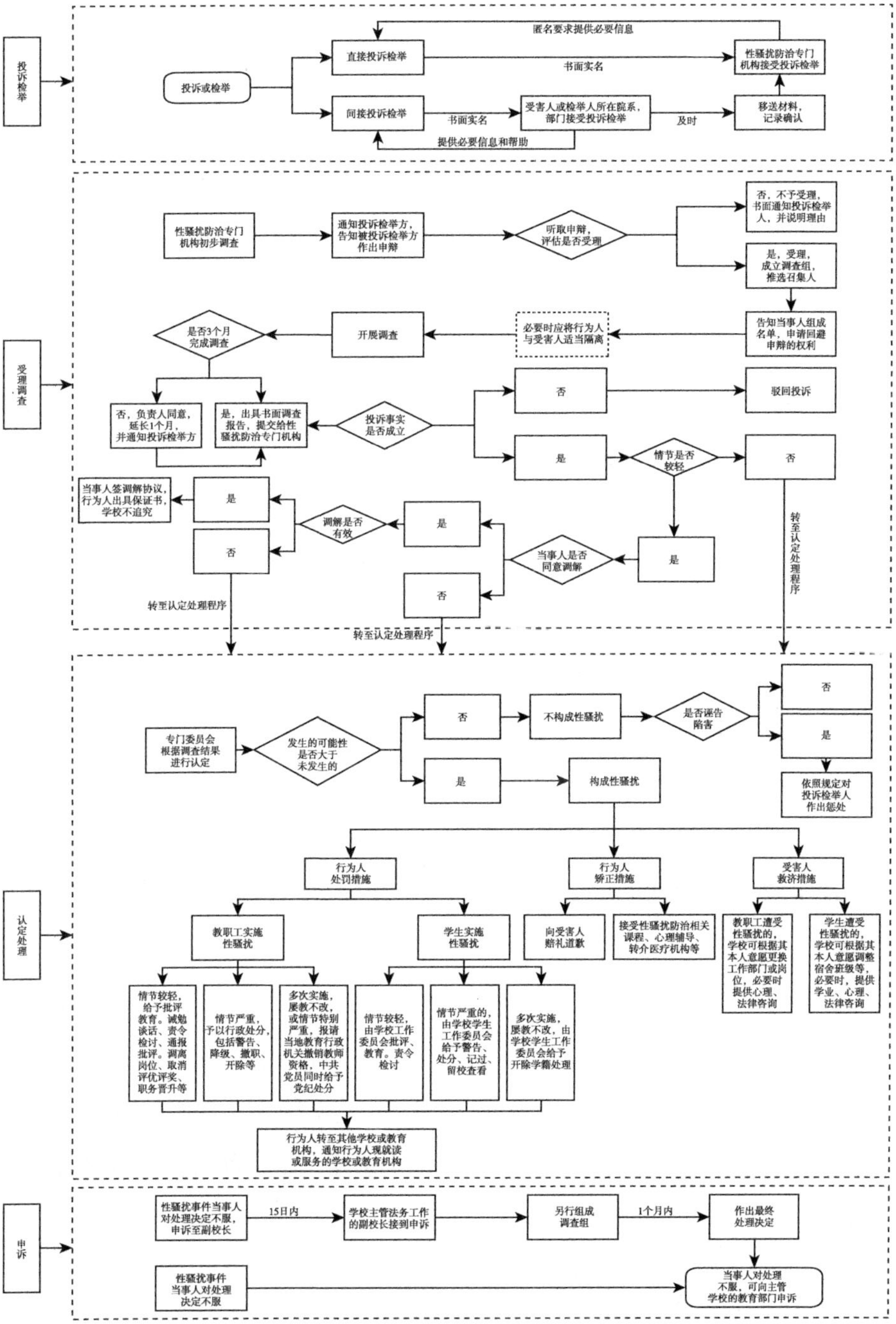

图 6－1　校园性骚扰防治投诉处理程序流程

其二，投诉调查程序。处理部门作出案件受理的决定后，应通知双方当事人，并指派专门小组进行调查，同时将调查小组的组成名单告知当事人，明确双方当事人有申请回避的权利。开展调查的手段包括：听取当事双方的解释，与当事双方及其提出的重要证人约谈，收集相关文件资料等。[①] 调查小组在开展调查过程中，应借鉴美国耶鲁大学等高校的经验，力求满足正当程序原则，应保障当事人申辩抗辩的权利，保证其有机会参加听证，被投诉者在被调查过程中有权了解投诉者的控告并进行辩护，调查小组的成员也有义务听取陈述。此外，专门小组应在规定时间内向双方当事人及有关人员调查核实有关情况，并在规定时间内完成调查、提交书面调查报告。如果初步调查后认定投诉的事实清楚，则根据投诉事实成立与否决定是转入认定和处理环节还是驳回投诉。调查报告一般应包括双方当事人陈述的事件基本情况、专门小组调查的事件经过以及对事件的处理建议等。

其三，投诉认定和处理程序。高校负责处理性骚扰事件的部门应根据调查报告，对案件性质进行认定。经调查，事实清楚，投诉成立的，应对案件进行认定。认定程序应与调查程序分离，“在澳大利亚高校，性骚扰投诉的调查与性骚扰投诉的认定通常是分离的，由不同人员负责。调查人员往往是案件处理部门的工作人员或者是调查小组的成员。认定者则多为校级负责人，他们根据调查报告的事实陈述以及建议，做出最终的认定结果。调查与认定分离的制度设计有助于保障处理的公正性”[②]。针对高校教职工滥用学术权力或职务实施性骚扰的后果，应视情节轻重给予教师相应地处理，如教师性骚扰行为情节轻微的，可以对教师进行批评教育、责令检查或通报批评。如果教师性骚扰行为较轻的，可以由人事处、组织部等部门取消教师评

---

① 参见张冉、欧阳添艺：《高校性骚扰投诉的处理机制与程序分析——以澳大利亚高校为例》，载《教育发展研究》2018年第21期。

② 张冉、欧阳添艺：《高校性骚扰投诉的处理机制与程序分析——以澳大利亚高校为例》，载《教育发展研究》2018年第21期。

奖评优、职务晋升、职称评定、岗位聘用、工资晋级、干部选任等方面的资格；还可以由研究生院限制教师招生名额、停止招生资格或取消导师资格等。如果教师性骚扰行为较重的，可以由人事处给予行政处分、撤销专业技术职务或者行政职务、解除聘用合同、开除、报请主管教育部门撤销教师资格等；也可以由纪检监察办公室给予党纪处分。性骚扰行为人是学生的，经调查属实，学校可以给予警告、严重警告、记过、记大过、留校察看、开除学籍等不同处罚。此外，对行为人的处置，不应止步于惩戒，还应积极加以矫治；必要的，可以要求行为人接受课程培训、心理辅导等。对认定构成性骚扰的师生作出处理决定，并应以书面形式告知双方当事人调查报告查明的事实和证据以及处理结果，同时告知双方当事人对处理结果不服可以在规定时间内进行申诉。

其四，申诉程序。申诉是高校处理性骚扰投诉的不可或缺的环节，是双方当事人对处理结果不满表达意见的正规救济渠道。当事人对高校处理决定不服的，有权在规定期限内向高校负责受理申诉申请的部门提出申诉。受理申诉的部门可以重新组织人员进行调查，并根据调查结果作出认定。在申诉环节，为避免受之前处理机构的影响或者存在利害关系，申诉处理部门应该是有别于投诉处理部门的新部门，经常是高校最高行政管理部门，并由高校校级领导负责，如分管副校长。“悉尼大学的校规也强调，对上诉的审查需由学校高层级领导负责。在该校，学生投诉由学生处负责受理和组织调查，处分决定由负责注册的代理副校长参考调查报告做出，上诉则需要由之前并未参与该案调查认定且与该案没有利益冲突的另外一名代理副校长负责。”① 申诉程序是高校内部救济的最终程序，若性骚扰事件当事人仍然不服，则只能向高校外部的教育行政机关提起投诉，教育行政机关应当受理。教育行政

① 张冉、欧阳添艺：《高校性骚扰投诉的处理机制与程序分析——以澳大利亚高校为例》，载《教育发展研究》2018 年第 21 期。

机关若发现高校的调查程序有重大瑕疵，或有足以影响原调查认定的新事实、新证据，可以重新进行调查；若发现处理程序有重大瑕疵，或处理结果畸轻或畸重的，可以在高校认定的事实基础上重新作出处理决定。当事人对高校调查、处理结果不服的，可以向高校所属的教育行政机关提出申诉的，教育行政机关应当受理。教育行政机关若发现高校的调查程序有重大瑕疵，或有足以影响原调查认定的新事实、新证据，可以重新进行调查；若发现处理程序有重大瑕疵，或处理结果畸轻或畸重的，可以在高校认定的事实基础上重新作出处理决定。

此外，性骚扰的隐蔽性使举证成为此类案件的难点，高校在相应的处理程序中有必要明确证据标准，有证据表明性骚扰行为发生的可能性大于未发生的可能性，即形成优势证据时，可以认定性骚扰发生。总之，在处理学术领域性骚扰投诉与申诉的过程中，高校应始终“坚持客观性、公正性和保密性的原则”①，以实现实体正义及程序正义，提升当事人双方对高校性骚扰处理机制的信心。

在调查处理阶段，应注意保障被投诉人的权益，主要包括如下两个方面：第一，在调查阶段，确立回避原则，规范调查方式，保障陈述申辩的权利；第二，在认定处理阶段，明确申诉的权利，且申诉不加重处理。

---

① 张伟、段世飞：《美国大学校园性骚扰行为及其应对机制研究》，载《比较教育研究》2007年第4期。

参 考 文 献

1. 骆东平、谭彬：《欧盟式性骚扰概念界定的深层分析》，载《山西师大学报（社会科学版）》2012 年第 1 期。
2. 张挺、徐文海：《程序法视角下日本高校性骚扰防治体系探析》，载《比较教育研究》2019 年第 12 期。
3. 胡田野：《美国性骚扰法律制度及其借鉴意义》，载《河北法学》2004 年第 6 期。
4. 黄淑玲、游美惠主编：《性别向度与台湾社会》，台北，巨流图书股份有限公司 2018 年版。
5. 宋少鹏：《何为性骚扰?：观念分歧与范式之争——2014 年教师节前后“性学派”对“女权派”的质疑》，载《妇女研究论丛》2014 年第 6 期。
6. 高凤仙：《性骚扰及性侵害之定义》，载《月旦法学杂志》2012 年第 8 期。
7. 中国社会科学院语言研究所词典编辑室编：《现代汉语词典》，商务印书馆 1980 年版。
8. 林杰：《美国高等教育反性骚扰的法案与判例》，载《比较教育研究》2015 年第 3 期。
9. 张伟、段世飞：《美国大学校园性骚扰行为及其应对机制研究》，载《比较教育研究》2007 年第 4 期。
10. 李惠宗：《教育行政法要义》，台北，元照出版有限公司 2004 年版。
11. 李仁淼：《教育法与教育人权》，台北，元照出版有限公司 2017 年版。

12. 许育典：《学校法制与学校行政》，台北，元照出版有限公司 2014 年版。

13. 刘春玲：《美国防治高校性骚扰的制度与实践——第九条下高校的主要义务》，载《妇女研究论丛》2018 年第 1 期。

14. 萧昭君：《校园性骚扰：不可小看的性别歧视》，载黄淑玲、游美惠主编：《性别向度与台湾社会》，台北，巨流图书股份有限公司 2018 年版。

15. 林建军：《性骚扰的法律界定》，载《法学杂志》2007 年第 5 期。

16. 黎敏：《"宪法体系化"再思考——限权宪法原理下的限权原则体系与宪法价值秩序》，载《政法论坛》2017 年第 2 期。

17. 周小李：《学术领域性骚扰中的寒蝉效应分析》，载《山西师大学报（社会科学版）》2016 年第 2 期。

18. ［美］克拉拉·宾厄姆、［美］劳拉·利迪·甘斯勒：《洛伊斯的故事——一个改变美国性骚扰立法的里程碑案件》，纪建文译，法律出版社 2004 年版。

19. 卢青：《性骚扰立法及其叙事模式》，载《人民法院报》2011 年 10 月 28 日，第 7 版。

20. ［德］卡尔·施米特：《宪法学说》，刘锋译，上海人民出版社 2016 年版。

21. 魏振瀛主编：《民法》，北京大学出版社、高等教育出版社 2000 年版。

22. 孟金梅：《澳大利亚关于性骚扰的立法发展及法律原理》，载《北京政法职业学院学报》2005 年第 1 期。

23. 郑爱青：《欧盟及其主要成员国反性骚扰立法的主要内容》，载《妇女研究论丛》2006 年第 S1 期。

24. 骆东平：《美国性骚扰概念界定的深层分析》，载《法学论坛》2011 年第 4 期。

25. 蒋梅：《性骚扰立法的比较研究——兼论中国反性骚扰法之设计》，载《环球法律评论》2006 年第 4 期。

26. 南莲·哈斯贝尔等：《拒绝骚扰——亚太地区反对工作场所性骚扰行动》，唐灿、黄觉等译，湖南大学出版社 2003 年版。

27. 曾世雄：《损害赔偿法原理》，中国政法大学出版社 2001 年版。

28. 林建军：《高校学术领域性骚扰防治体系的功能定位及其建构》，载《妇女研究论丛》2019 年第 2 期。

29. 安琪：《高校性骚扰案件预防及应对机制探讨——以被害人救济路径为考察中心》，载《中国青年社会科学》2018 年第 6 期。

30. 吴亮：《论美国对高校骚扰言论的管制与调查——以“敌意环境型”骚扰言论为中心》，载《比较教育研究》2015 年第 7 期。

31. 刘少雪：《试论大学的社会责任》，载《上海交通大学学报（社会科学版）》1999 年第1 期。

32. ［美］理查德·A. 波斯纳：《法律的经济分析》，蒋兆康译，中国大百科全书出版社 1997 年版。

33. 钟华、张韵然：《借鉴香港高校经验　建立健全内地高校防止性骚扰机制》，载《人民法治》2018 年第 4 期。

34. ［美］E. 博登海默：《法理学：法律哲学与法律方法》，邓正来译，中国政法大学出版社 1999 年版。

35. 吴志光：《法入校园——“性别平等教育法”处理校园性别事件之回顾与展望》，载《性别平等教育季刊》2014 年第 8 期。

36. 罗灿煐：《修复式正义之校园性骚扰处理模式》，载《法学新论》2010 年第 7 期。

37. 林建军：《规制夫妻暴力民事立法的功能定位与制度完善》，载《中国法学》2012 年第 6 期。

38. 汪明亮：《治安违法与治安犯罪一体化探讨》，载《河北法学》2002 年第 4 期。

39. 杨立新、张国宏：《论构建以私权利保护为中心的性骚扰法律规制体系》，载《福建师范大学学报（哲学社会科学版）》2005 年第 1 期。

40. 段文波：《民事裁判构造论：以请求权为核心展开》，载《现代法学》2012 年第 1 期。

41. 李玲、董长青：《关于性骚扰立法的几点思考》，载《人民检察》2004 年第3期。

42. 王恒涛：《性骚扰立法研究》，载《环球法律评论》2006年第5期。
43. 王利明：《人格权法》，中国人民大学出版社2009年版。
44. 沈奕斐：《“性骚扰”概念的泛化、窄化及应对措施》，载《妇女研究论丛》2004年第1期。
45. 赵合俊：《性权与人权——从〈性权宣言〉说起》，载《环球法律评论》2002年第1期。
46. 胡波：《关于性骚扰立法的几点思考——兼评〈妇女权益保障法〉相关条款》，载《妇女研究论丛》2006年第1期。
47. 刘建：《试论性骚扰之界定》，载《重庆科技学院学报（社会科学版）》2010年第10期。
48. 耿殿磊：《性骚扰概念的产生和流变——国际视角的分析》，载《妇女研究论丛》2010年第1期。
49. 刘召成：《论具体人格权的生成》，载《法学》2016年第3期。
50. 王成：《性骚扰行为的司法及私法规制论纲》，载《政治与法律》2007年第4期。
51. 唐春生：《“性骚扰”的法律界定和防范机制研究》，载《怀化学院学报（社会科学）》2004年第1期。
52. 葛云松：《赔礼道歉民事责任的适用》，载《法学》2013年第5期。
53. 王泽鉴：《侵权行为法》（第1册），中国政法大学出版社2001年版。
54. 刘媚：《论学校的安全注意义务》，载《教育学术月刊》2010年第5期。
55. 刘旭东：《高校性骚扰法制化治理路径探析》，载《复旦教育论坛》2019年第1期。
56. 李军：《学术性骚扰的共犯性结构：学术权力、组织氛围与性别歧视——基于国内案例的分析》，载《妇女研究论丛》2014年第6期。
57. 徐靖：《高校校规：司法适用的正当性与适用原则》，载《中国法学》2017年第5期。

58. 黄曬莉、毕恒达：《当西方菁英碰上本土原生：校园中性骚扰的定义与申诉案件处理之社会文化脉络》，载《女学杂志：妇女与性别研究》2002 年第 5 期。
59. 黄河：《社会性别视野下校园性骚扰的迷思与反思》，载《中国青年研究》2010 年第 10 期。
60. 刘爱生：《美国大学的性骚扰防治政策解析——以爱荷华大学为例》，载《重庆高教研究》2017 年第 1 期。
61. 赵军：《话语建构与性骚扰刑事对策的本土之维》，载《河南大学学报（社会科学版）》2017 年第 4 期。
62. 张冉、欧阳添艺：《高校性骚扰投诉的处理机制与程序分析——以澳大利亚高校为例》，载《教育发展研究》2018 年第 21 期。